Como Gertrudes
ensina suas crianças

FUNDAÇÃO EDITORA DA UNESP

Presidente do Conselho Curador
Mário Sérgio Vasconcelos

Diretor-Presidente / Publisher
Jézio Hernani Bomfim Gutierre

Superintendente Administrativo e Financeiro
William de Souza Agostinho

Conselho Editorial Acadêmico
Divino José da Silva
Luís Antônio Francisco de Souza
Marcelo dos Santos Pereira
Patricia Porchat Pereira da Silva Knudsen
Paulo Celso Moura
Ricardo D'Elia Matheus
Sandra Aparecida Ferreira
Tatiana Noronha de Souza
Trajano Sardenberg
Valéria dos Santos Guimarães

Editores-Adjuntos
Anderson Nobara
Leandro Rodrigues

COMISSÃO EDITORIAL DE COLEÇÕES E LIVROS DA SBHE
Carlota Boto
Gizele de Souza

Coleção
DIÁLOGOS EM HISTÓRIA DA EDUCAÇÃO

JOHANN HEINRICH PESTALOZZI

COMO GERTRUDES ENSINA SUAS CRIANÇAS

Tradução
Cauê Polla

Apresentação
Vera Teresa Valdemarin

© 2023 Editora Unesp

Título original: *Wie Gertrud ihre Kinder lehrt*

Direitos de publicação reservados à:
Fundação Editora da Unesp (FEU)
Praça da Sé, 108
01001-900 – São Paulo – SP
Tel.: (0xx11) 3242-7171
Fax: (0xx11) 3242-7172
www.editoraunesp.com.br
www.livrariaunesp.com.br
atendimento.editora@unesp.br

Dados Internacionais de Catalogação na Publicação (CIP) de acordo com ISBD
Elaborado por Vagner Rodolfo da Silva – CRB-8/9410

P476c

Pestalozzi, Johann Heinrich
    Como Gertrudes ensina suas crianças / Johann Heinrich Pestalozzi; traduzido por Cauê Polla; apresentação por Vera Teresa Valdemarin. – São Paulo: Editora Unesp / SBHE, 2023. [Coleção Diálogos em História da Educação].

    Tradução de: *Wie Gertrud ihre Kinder lehrt*
    ISBN: 978-65-5711-166-6

    1. Educação. 2. Ensino. 3. Crianças. 4. Pedagogia. I. Polla, Cauê. II. Título.

2023-22   CDD 370
                                                                                                                              CDU 37

Editora afiliada:

SUMÁRIO

Apresentação: Johann Heinrich Pestalozzi,
  pensador da moderna pedagogia   7
  Vera Teresa Valdemarin

Carta de Pestalozzi a um amigo
  sobre sua estadia em Stanz, 1799   17

Prefácio à segunda edição (1820)   51

Carta 1   61

Carta 2   97

Carta 3   117

Carta 4   129

Carta 5   137

Carta 6   141

Carta 7   149

Carta 8   193

Carta 9   201

Carta 10   207

Carta 11   225

Carta 12   231

Carta 13   241

Carta 14   251

Johann Heinrich Pestalozzi, pensador da moderna pedagogia

É em boa hora que a Sociedade Brasileira de História da Educação e a Editora da Unesp publicam uma obra canônica da educação, traduzindo do original alemão *Como Gertrudes ensina suas crianças*, de 1801, que transformou Johann Heinrich Pestalozzi, ainda em vida, na grande referência da pedagogia moderna. A remoção da dificuldade linguística que se interpunha aos leitores brasileiros contribuirá para a circulação do texto entre professores, estudantes e pesquisadores, mas também entre o grande público interessado nas questões educacionais e em suas potencialidades emancipatórias.

Johann Heinrich Pestalozzi (1746-1827) nasceu em Zurique, Suíça, numa família de fé protestante que tinha como ocupações principais a medicina e a religião. Aprendeu a ler, escrever e contar no âmbito familiar e deu continuidade aos estudos formais em escolas de boa reputação. Por volta dos dezoito anos, estudou Teologia, a fim de seguir a mesma carreira que o avô. Porém, a primeira tentativa nessa função não se mostrou satisfatória e ele fez estudos na área de Direito sem, no entanto, definir-se profissionalmente.

Em 1774, fixou residência em Neuhof para cuidar da propriedade familiar e envolveu-se pela primeira vez com a educação, criando uma escola que, além da instrução, oferecia atividades industriais e agrícolas para as crianças pobres e órfãs da região.

8 JOHANN HEINRICH PESTALOZZI

A escola funcionou por seis anos e revelou-se oportunidade para canalizar as ideias liberais e republicanas experimentadas no ambiente acadêmico, bem como o desejo de minorar o sofrimento humano, vivenciado por meio da atuação profissional do pai e do avô. Embora acostumado à vida de pequenas posses, Pestalozzi não conseguiu evitar a falência desse empreendimento e, para garantir a sobrevivência familiar, escreveu um romance bucólico que, alcançando grande sucesso à época, teve continuidade em mais três volumes, entre 1781 e 1787. Trata-se de *Leonardo e Gertrudes*, no qual o tema da melhoria humana por meio da educação se manifesta em traços iniciais ao lado da descrição dos costumes, das dificuldades e dos valores das pessoas mais simples. Organizou, no mesmo período, na forma de livro, os estudos que fez sobre o desenvolvimento humano de acordo com os princípios da natureza (*Meine Nachforschungen über den Gang der Natur in der Entwicklung des Menschengeschlechts*), obra que não obteve a mesma repercussão que a anterior.

Nos anos seguintes, o tateamento profissional de Pestalozzi ganharia marcas e definições devido à guerra e suas consequências. É aos órfãos da guerra que passa a se dedicar, são os movimentos das batalhas que ora o desalojavam de suas escolas, ora o impeliam para a abertura de novos estabelecimentos e, por fim, a constituição dos estados nacionais explicitou a necessidade da criação de sistemas educativos para a escolarização popular e de práticas pedagógicas adequadas à nova ordem social, que impulsionaram a disseminação de suas ideias e do trabalho que realizou.

Em guerra contra a Áustria para expansão de seus domínios, o exército napoleônico invadiu o território onde hoje se localiza a Suíça e, vencedor, criou, em 1798, a República Helvética. Em 1799, Pestalozzi começou a atuar num convento abandonado em Stanz, cidade devastada pelos combates e pelo massacre da população insurgente pelas tropas francesas. Enfrentou ausência de recursos, condições precárias da edificação, desconfiança da população e a penúria intrínseca à vida e à saúde das crianças às quais se dedicava.

Essa experiência é descrita na célebre *Carta de Stanz*, de 1801, que abre a presente tradução brasileira. Considerado um patrimônio pedagógico, esse texto narra em tons dramáticos os conflitos que afetaram a escola, mas também o fortalecimento das convicções de Pestalozzi sobre as possibilidades da educação, desde que desenvolvida de modo diferente daquele então em uso. Guiado por princípios nos quais se mesclam convicções de cunho religioso e filosófico sobre a natureza humana e amparado na observação diuturna das crianças, Pestalozzi delineou as bases de sua ação educativa. Tratava-se de desenvolver a aprendizagem sem a imposição arbitrária de conhecimentos e valores preestabelecidos, mas valendo-se das forças inerentes aos seres humanos desde a infância: a percepção, a atenção, a capacidade para formar juízos claros. Os ensaios do autor quanto aos procedimentos e materiais a serem adotados na instrução reforçaram seus propósitos, apesar do crescimento das dúvidas sobre os caminhos mais viáveis para provocar o conhecimento duradouro e autônomo nas crianças. Em pouco tempo, cerca de seis meses, os resultados dessa experiência já podiam ser percebidos. Entretanto, foram interrompidos quando o convento foi requisitado para funcionar como hospital no atendimento aos feridos de guerra.

O reconhecimento do caráter inovador das propostas de Pestalozzi veio com o convite para trabalhar numa escola já existente em Burgdorf, onde permaneceu entre 1800 e 1804. Com a criação da república helvética, pensou-se num sistema educacional para atendimento da educação popular e as experiências por ele já realizadas mostravam-se promissoras para tal objetivo. As pretensões do governo em Burgdorf eram grandes e abrangiam a criação de um seminário para a formação de professores, escola primária, pensionato e orfanato, isto é, atendimento tanto de crianças que podiam pagar pela escolarização quanto daquelas desprovidas de condições financeiras. Para objetivar tais pretensões, a proposta pedagógica a ser implementada em Burgdorf deveria ser sistematizada e estruturada em termos dos métodos, materiais e conteúdos a fim de que o trabalho pudesse ser amplamente difundido. Ficou acordado que parte da renda obtida com os escritos de Pestalozzi seria revertida para a manutenção da própria instituição.

10 JOHANN HEINRICH PESTALOZZI

Como Gertrudes ensina suas crianças é obra resultante desse acordo e, nela, Pestalozzi descreve os fundamentos que deveriam presidir a educação, os princípios estruturantes do método para ensinar, a organização do conteúdo escolar, os novos materiais criados para tal fim, a colaboração essencial de outros professores nessa empreitada, os resultados obtidos e a alegria que obtê-los provocava no autor.

O livro, publicado pela primeira vez em 1801, reúne catorze cartas dirigidas a Heinrich Gessner, um amigo incentivador de seu trabalho e importante editor, destinatário também da *Carta de Stanz*. O estilo epistolar produz uma impressão muito vívida do processo de construção de uma teoria da educação. Os objetivos de transformação social e diminuição das desigualdades conduzem todas as cartas; nos fundamentos filosóficos, percebem-se ressonâncias de Jean-Jacques Rousseau indicando possibilidades; os dilemas enfrentados para transformar princípios em procedimentos de ensino comportam ensaios e fracassos, mas expressam, sempre, confiança na capacidade humana para desenvolver-se, alimentando a perseverança do autor.

A grande ruptura provocada por Pestalozzi – fundamentar o ensino na intuição sensível e não na memorização – permeia, em maior ou menor grau, grande parte do texto, assim como a articulação entre o cultivo das faculdades perceptivas, a expressão linguística e o progresso do conhecimento nas crianças. O autor explicita um sentido para o método de ensino que contraria a noção que o entende como conjunto de regras a serem aplicadas para a obtenção de determinados resultados; para ele, o método é um processo inventivo que estimula a elaboração de materiais e de novos procedimentos em resposta às necessidades dos alunos; envolve também a inversão, a alteração ou a seleção criteriosa do conteúdo a ser ensinado, ou seja, diz respeito a grandes mudanças culturais. Emerge do texto a compreensão de que, se a pedagogia é atividade que deve ser instaurada na prática, a prática não é mecânica; ela é a tradução de um movimento que envolve tanto concepções abstratas quanto o acompanhamento dos efeitos produzidos no próprio indivíduo e nos

COMO GERTRUDES ENSINA SUAS CRIANÇAS **11**

outros. As cartas são, assim, uma espécie de diário de campo acompanhado de profundas reflexões.

Na descrição desse processo, Pestalozzi nomeia seus parceiros (muitos deles atuariam em outros países, tornando-se também divulgadores) e esclarece as circunstâncias da elaboração de obras complementares, como o *ABC da intuição* (1803) e o *Livro das mães* (1804). O conjunto das cartas permite ao leitor o contato com um Pestalozzi pensador, que formula justificativas para a constituição da escola primária que, por terem sido conformadas intrinsecamente, acabaram obscurecidas.

É surpreendente a difusão do trabalho de Pestalozzi, considerando-se as limitadas condições de comunicação de seu tempo. As notas do tradutor, Cauê Polla, informam sobre uma extensa rede de relações mencionadas nas cartas, que incluem autoridades e intelectuais com cujas ideias ou proposições o autor dialoga. Os impressos decorrentes de suas atividades, obviamente, contribuíram para despertar o interesse sobre a experiência que se desenvolvia em Burgdorf, criando um círculo de leitores atentos às inovações ali produzidas. A presença de visitantes na instituição para conhecer *in loco* a nova organização também era frequente: estiveram em Burgdorf, entre outros, o filósofo Arthur Schopenhauer; Daniel Alexandre Chavannes, um dos primeiros divulgadores de Pestalozzi na França, e Johann Friedrich Herbart, pedagogo alemão que, simultaneamente, dedicava-se a teorizar a aprendizagem infantil numa perspectiva mais idealista. Pode-se dizer que as tentativas iniciadas em Neuhof e continuadas em Stanz, mesmo em condições muito adversas, foram amadurecidas, sistematizadas e disseminadas a partir de Burgdorf.

Pestalozzi deixou a instituição em 1804 em circunstâncias não muito claras, possivelmente relacionadas a conflitos administrativos decorrentes da tentativa de atender públicos muito diversos. Em 1805 começou a atuar na cidade de Yverdon, naquela que seria sua experiência mais duradoura, ali permanecendo até 1825. Com a reputação de reformador já estabelecida, o fim das turbulências das guerras napoleônicas e uma estrutura escolar mais complexa que

12 JOHANN HEINRICH PESTALOZZI

incluía edificações adequadas, muitos professores e diferentes níveis e modalidades de instrução (elementar, secundária, industrial, normal e educação para surdos-mudos), o Instituto Pestalozzi se tornou uma referência europeia em educação, para onde continuaram a acorrer visitantes, que descreviam entusiasticamente o que haviam observado. É desse período a segunda edição de *Como Gertrudes ensina suas crianças* (1820), entre muitos outros textos.

Nas décadas subsequentes, o projeto para a educação descrito nesta obra seminal foi tomado como sinônimo da pedagogia moderna, difundido em outros países e "adaptado às condições locais", na expressão de seus adeptos. Essa adaptação, inerente à dinâmica de circulação do conhecimento, teve como foco prioritário a formação de professores, preparando-os para atuar na escola primária de acordo com o método pestalozziano. A criação de sistemas educacionais organizados em escolas graduadas projetava a ampliação do atendimento às crianças, principalmente das classes populares, e a resposta à necessidade de padronizar procedimentos e conteúdos veio com a proliferação de manuais destinados a sintetizar brevemente os princípios formulados por Pestalozzi e apresentar modelos de lições a serem utilizados na sala de aula para desenvolvimento da percepção dos sentidos e da linguagem mediadas pelos objetos postos à observação infantil. A mudança de escala deslocou a ênfase dos princípios para as regras metodológicas, das ideias para os modos de uso, do método de Pestalozzi para o método pestalozziano.

Nos países de confissão protestante, a recepção do método pestalozziano foi mais positiva do que na França, onde *Como Gertrudes ensina suas crianças* só foi traduzido em 1882. Charles Mayo, pastor inglês que esteve no Instituto de Yverdon entre 1819 e 1822 para conhecer seu funcionamento, ao retornar dedicou-se à implantação do método em cursos de formação de professores, a partir de 1836. Elizabeth Mayo, sua irmã, elaborou manuais constituídos por modelos de lições que obtiveram grande circulação: *Lessons on Shells*, em 1838, e *Lessons on Objects, as Given to Children between the Ages of Six and Eight, in a Pestalozzian School at Cheam, Surrey*, que, em 1855, já havia alcançado a 14ª edição. Nos Estados Unidos, os

COMO GERTRUDES ENSINA SUAS CRIANÇAS **13**

manuais de Edward A. Sheldon adaptaram as prescrições de Elizabeth Mayo às condições locais acrescidas de lições elaboradas por H. Krüsi, filho de um dos primeiros colaboradores de Pestalozzi em Burgdorf, contratado para atuar no condado de Oswego (Nova York): *A Manual of Elementar Instruction, for the Use of Public and Private Schools and Normal Classes; Containing a Graduated Course of Object Lessons for Training the Senses and Developing the Faculties of Children*, que, em 1862, estava na sexta edição. No Brasil, a recepção ocorreu principalmente pela rota norte-americana; originário do mesmo sistema educacional da cidade de Oswego, o manual de Norman A. Calkins, *Lições de coisas*, foi traduzido no Brasil em 1886 por Rui Barbosa, a partir de sua quadragésima edição, e, após a proclamação da República, o método de ensino intuitivo tornou-se um dos símbolos da renovação pedagógica instaurada no estado de São Paulo. A prática da Escola Modelo era conduzida e ensinada por professoras que adquiriram experiência e formação nos Estados Unidos – *Miss* Marcia Browne e dona Maria Guilhermina Loureiro de Andrade – e divulgada nas páginas da revista *A Eschola Publica.*

Durante todo o século XIX, Pestalozzi foi a grande referência invocada para introduzir reformas educacionais mais próximas da experiência infantil, para justificar a adoção de objetos comuns como materiais didáticos e para basear a formação de professores num conjunto de saberes específicos: o desenvolvimento infantil, o conteúdo a ser ensinado e os meios para a condução do ensino. No entanto, as prescrições para a prática pedagógica nos sistemas escolares, postas em circulação por meio de diferentes impressos, prevaleceram sobre o que se poderia denominar como o espírito do método descrito em *Como Gertrudes ensina suas crianças.* As críticas às regras metodológicas não tardaram e Charles Dickens foi um de seus porta-vozes, satirizando sua rigidez na figura de Mr. Thomas Gradgrind nas páginas de *Tempos difíceis* (1854).

Assim, a obra agora lançada no Brasil permite retomar o contato com as ideias de Pestalozzi sem a mediação de seus intérpretes e, por isso, a publicação torna-se tão relevante. O investimento na educação popular, o rompimento das desigualdades sociais, a força inventiva que deve presidir a ação pedagógica e os dilemas enfrentados pelos professores estão aqui apresentados com o drama e com as alegrias que lhe fazem companhia. A obra ainda desenha um campo de conhecimento – a pedagogia – a partir de seus elementos constitutivos e da dinâmica de seu funcionamento, que permanecem válidos e podem afiançar a manutenção de "razoáveis esperanças" no futuro.

Os limites históricos do pensamento de Pestalozzi – a mística religiosa e o conhecimento sobre a psicologia infantil – não invalidam a potência da educação que ele expressa na Carta 7: "Não desejo nem nunca desejei ensinar ao mundo nenhuma arte ou ciência – não conheço nenhuma –, mas desejei e desejo facilitar a aprendizagem do povo em relação aos elementos iniciais de todas as artes e ciências, despertar a força esquecida e embrutecida dos pobres e miseráveis da terra com o acesso à arte, que é o acesso à humanidade".

Vera Teresa Valdemarin
Março de 2023

COMO GERTRUDES ENSINA SUAS CRIANÇAS

UMA TENTATIVA DE ORIENTAR AS MÃES
A INSTRUIR SEUS PRÓPRIOS FILHOS,
EM CARTAS

CARTA DE PESTALOZZI A UM AMIGO SOBRE SUA ESTADIA EM STANZ, 1799

Amigo,[1] desperto mais uma vez do meu sonho, vejo mais uma vez meu trabalho aniquilado e minha força evanescente inutilmente dissipada.

Mesmo tendo sido tão débil e tão infeliz meu experimento, todo coração filantropo[2] se satisfará ao se demorar alguns instantes e ponderar sobre as razões que me persuadiram de que uma posteridade feliz emendará os fios dos meus desejos a partir de onde fui obrigado a deixá-los.

Eu via toda a Revolução[3] desde sua origem como uma *simples consequência de uma natureza humana negligenciada*, e considerava sua

---

1 Refere-se aqui a Heinrich Geßner (1768-1823), que foi um importante editor suíço, tendo atuado como impressor nacional [*Nationalbuchdrucker*] da República Helvética, entre 1798 e 1802. Conhecido por editar autores de suma importância como Christoph Martin Wieland e Heinrich von Kleist, além do próprio Pestalozzi. Todas as notas históricas fazem referência ao *Historisches Lexikon der Schweiz* (Léxico histórico da Suíça) na versão *on-line*, <https://hls-dhs-dss.ch/>, salvo indicação contrária.

2 No original, *"menschenfreundlichen Herzen"*: a temática da filantropia ou amor à humanidade é central para a compreensão dos experimentos de Pestalozzi. Durante todo o século XVIII, a filantropia, em sentido filosófico, esteve muito presente nas discussões acerca da educação, notadamente no âmbito alemão.

3 Pestalozzi se refere à Revolução que levou à criação da República Helvética. Em 5 de março de 1798, a Suíça foi completamente invadida pelo exército

18 JOHANN HEINRICH PESTALOZZI

ruína como uma inevitável necessidade para reconduzir o homem bestializado a uma meditação sobre suas questões essenciais.

Sem acreditar no exterior da forma política que a massa de tais homens poderia dar a si mesma, defendi alguns conceitos utilizados na ordem do dia e alguns vivos interesses como próprios para iniciar, aqui e ali, algo de verdadeiramente bom para a humanidade.

Assim, coloquei em circulação, tanto quanto pude, meus velhos desejos de educação do povo e, em toda a amplitude em que os vejo, os confiei a Legrand[4] (então um dos membros do Diretório Helvético). Ele não apenas mostrou interesse mas julgava, assim como eu, que a República necessitava inevitavelmente de uma transformação do sistema educacional, e ele estava de acordo comigo: *a maior possibilidade de efetivação da formação do povo [Volksbildung] poderia ser alcançada através da completa educação de um número considerável de indivíduos escolhidos dentre as crianças mais pobres do país, se essas crianças, através de sua educação, não fossem retiradas de seu meio; antes, que, pela educação, mais e mais se ligassem a ele.*

Limitei meus desejos a essa perspectiva. Legrand a favoreceu de todos os modos. Ele a achou tão importante que me disse certa vez: "Se eu sair do meu cargo, não o farei até que você tenha começado sua carreira".

Como expus em detalhes meu plano de educação pública para os pobres na terceira e quarta partes de *Leonardo e Gertrudes*[5] (pri-

---

francês e toda a divisão política anterior foi abolida – o sistema de cantões – em prol da centralização do poder. Em 1803, o então primeiro cônsul da República Francesa, Napoleão Bonaparte, negocia um acordo que restitui a confederação com a reconstituição do sistema de cantões.

4 Johann Lukas Legrand (1755-1836) foi uma figura *sui generis*. Dono de uma fábrica de laços de seda (muito em voga na época), teve forte atuação política. Desempenhou papel fundamental na República Helvética, eleito para o Diretório, tendo sido o responsável por enviar Pestalozzi a Stanz.

5 Uma das obras mais famosas de Pestalozzi, *Lienhard und Gertrud*, foi publicada em quatro volumes entre 1781 e 1787. Narra a história de uma família pobre que passa por dificuldades extremas e que, em face de desafios, nunca esmorece moralmente, sobretudo pela força da personagem feminina, a mãe da família, Gertrudes, que a todo momento é um paradigma de retidão peda-

COMO GERTRUDES ENSINA SUAS CRIANÇAS   19

meira edição), não retomo aqui seu conteúdo. Eu o apresentei ao ministro Stapfer,[6] com o entusiasmo das esperanças alimentadas. Ele a favoreceu com o calor de um nobre homem que compreende a necessidade da formação do povo a partir de perspectivas as mais essenciais e elevadas. Assim também o fez Rengger,[7] ministro do Interior.

Meu propósito era o de escolher, para meu objetivo, um local na região de Zurique ou de Aargau[8] que, por reunir as vantagens locais da indústria, da agricultura e de meios exteriores de educação [*äußeren Erziehungsmittel*], me facilitaria o caminho tanto para a extensão da minha instituição quanto para a realização completa de suas finalidades essenciais. Mas a infelicidade de Unterwald (em setembro de 1798) decidiu sobre o local que eu deveria escolher. O governo considerou como urgente ajudar este distrito e me solicitou que realizasse dessa vez a tentativa de minha empreitada em um lugar ao qual realmente faltava tudo que era necessário para um resultado, de algum modo, minimamente feliz.

Fui para lá com prazer. Eu esperava encontrar na inocência do local algo que compensasse o que lhe faltava, e, na sua indigência, um fundamento para a gratidão. Meu fervor em poder um dia realizar o grande sonho da minha vida teria me levado a começar, pode-

---

gógica. O sucesso foi imenso. A figura materna já se mostra em toda a sua potência nessa obra, e a partir de então Pestalozzi insistirá no papel absolutamente crucial da mãe na educação infantil, de um modo quase obsessivo.

6 Phillip Albert Stapfer (1766-1840) foi um filósofo e político suíço, grande admirador de Pestalozzi. Ministro das Artes e das Ciências e ministro da Educação na República Helvética, propôs, em 1799, uma pesquisa que ficou conhecida como *Stapfer-Enquête*, um tipo de censo educacional de enorme abrangência. Existem cerca de 2.400 questionários remanescentes que podem ser consultados em: <https://stapferenquete.ch/>.

7 Albrecht Rengger (1764-1835), figura muito atuante no governo do Diretório, exerceu diversas funções de grande importância. Com estudos em medicina, exerceu a profissão de médico de maneira intermitente.

8 Optamos por manter os nomes das cidades em sua língua original, utilizando nomes aportuguesados somente quando já muito tradicionais, como no caso de Zurique para Zürich.

20 JOHANN HEINRICH PESTALOZZI

ria assim dizer, no cume dos Alpes, sem água nem fogo, desde que apenas me deixassem começar.

O governo designou-me como residência o novo edifício do Convento de Mulheres (Ursulinas)[9] em Stanz. Ocorre que, quando lá cheguei, em parte não estava acabado, em parte não havia sido de forma alguma equipado para a finalidade de servir como orfanato para um considerável número de crianças. Era preciso, portanto, antes de mais nada, deixá-lo em condições de uso. Por tal razão, o governo ordenou que fossem tomadas as medidas para isso, e Rengger administrou as questões com generosidade, força e energia. O governo não deixou faltar, de modo algum, o dinheiro para as instalações necessárias.

Mesmo com boa vontade e apoio, esses trabalhos preparatórios demandaram algum tempo. Mas era justamente tempo o que menos havia, quando a necessidade de cuidar sem demora desse tanto de crianças, algumas abandonadas, outras órfãs pelos acontecimentos sangrentos que acabavam de ocorrer.

Além do dinheiro necessário, tudo faltava, e as crianças se atropelavam para entrar antes mesmo que a cozinha, os quartos ou suas camas pudessem estar em ordem. Isso atrapalhou consideravelmente o início dos trabalhos. Nas primeiras semanas, fiquei confinado em um quarto que não media 24 pés quadrados.[10] A atmosfera era insalubre, ao que se somava o mau tempo, e a poeira da obra enchia todos os corredores, completando o desconforto desse início.

No começo, precisei enviar para suas casas as crianças pobres, para passar a noite. Todas elas voltavam pela manhã carregadas de insetinhos. As crianças, em sua maioria, quando chegaram, estavam em uma condição que é, em geral, consequência necessária da extrema degeneração da natureza humana.

Muitos me procuraram com sarnas tão profundas que mal podiam se aguentar, muitos com as cabeças cobertas de feridas, mui-

---

9 Ordem religiosa fundada na Itália em 1535 por Angela Merici (posteriormente canonizada), tendo como padroeira Santa Úrsula. Inicialmente se dedicava ao ensino de meninas pobres.

10 Equivalente a aproximadamente 2,20 metros quadrados.

COMO GERTRUDES ENSINA SUAS CRIANÇAS   21

tos com gorros carregados de percevejos, muitos magérrimos como esqueletos exaustos, amarelados, rostos com grimaças, olhos cheios de angústia, a testa carregada de rugas de desconfiança e preocupação. Alguns descarados, mendicantes, acostumados à hipocrisia e todo tipo de falsidade, outros, pressionados pela miséria, resignados mas desconfiados, carentes e medrosos. Entre estes alguns mimados, que antes viviam em uma condição tranquila, eram cheios de pretensões, lançavam às crianças mendicantes e de famílias pobres um olhar de desprezo, não se sentiam bem nessa nova igualdade, e a lida com os pobres, tal como era, não estava de acordo com seus velhos hábitos, e por isso não correspondia a seus desejos. Apatia e inação, falta de exercício das disposições do espírito e, principalmente, de aptidões corporais, eram gerais. Uma criança entre dez mal sabia o seu ABC, e acerca de outras instruções escolares [*Schulunterricht*] ou elementos essenciais de formação pela educação, menos ainda se podia dizer.

A total falta de formação escolar [*Schulbildung*] era justamente o que menos me incomodava, pois, confiante nas forças da natureza humana que Deus também depositou nas crianças mais pobres e abandonadas, não apenas me ensinou a experiência prévia desde há muito que a natureza desenvolve, em meio ao atoleiro de rudeza e selvageria, as mais magníficas disposições e capacidades, mas também eu vi em minhas crianças, em meio a sua rudeza, surgir por toda parte essa força viva da natureza.

Eu sabia até que ponto a indigência e as necessidades da vida contribuem para tornar visível ao homem as relações essenciais que existem entre as coisas, a desenvolver nele bom senso e são juízo, e a despertar forças que parecem realmente cobertas de sujeira nas profundezas de sua existência, mas que, uma vez purificadas da lama circundante, brilham com um claro brilho. Isso é o que eu queria fazer. Queria tirá-las desse atoleiro para as instalar em um ambiente doméstico simples, mas limpo. Eu tinha certeza de que apenas isso bastava para que o mais elevado de seu bom senso e de sua força de ação aparecessem, e para que elas manifestassem uma avidez apenas pelo que possa sempre satisfazer o seu espírito e falar ao coração em sua mais íntima inclinação.

Vi meus desejos realizados, e estava convencido de que meu coração mudaria a condição de minhas crianças tão rápido como o sol da primavera transforma o solo endurecido do inverno. Não me enganei. Antes que esse sol derretesse a neve de nossas montanhas, já não reconhecia minhas crianças.

Mas não quero me apressar. Amigo, quero que você testemunhe o crescimento de minha planta assim como eu costumava, à noitinha, ver a abóbora que crescia rapidamente em minha casa, mas também não vou esconder de você a larva que mordiscava as folhas dessa abóbora, e não raro atacava o seu miolo.

Sozinho, além de uma senhora que cuidava da casa, sem ajuda, tanto para a instrução das crianças quanto para os afazeres domésticos, me apresentei a elas e abri meu instituto. Somente eu desejava isto, e era absolutamente necessário para atingir meu objetivo. Não havia ninguém nesta terra de Deus que gostaria de defender meus pontos de vista sobre a instrução e sobre como conduzir as crianças. Nesta época, eu também mal conhecia alguém que pudesse ter feito isso. Quanto mais instruída e bem formada era a maioria dos homens com quem eu poderia ter me associado, menos me entendiam e mais se mostravam incapazes de apreender, ainda que teoricamente, os pontos de partida para os quais busquei retornar. Toda a marcha de suas opiniões sobre a organização, sobre as necessidades da empreitada etc., era completamente estranha aos meus pontos de vista. Mas o que mais os contrariava era a ideia e a possibilidade de sua realização sem nenhum auxílio artificial como meio de formação a não ser *apenas a natureza que cercava as crianças, suas necessidades cotidianas e sua atividade sempre alerta.*

No entanto, foi nessa ideia que fundei toda a realização de minha empreitada. Era também o centro ao qual se encadeava uma série de outros pontos de vista e a partir do qual, por assim dizer, eles se desenvolveram.

Professores formados [*Gebildete Schulleute*] não poderiam me ajudar. Com pessoas rudes e não formadas, naturalmente se conse-

COMO GERTRUDES ENSINA SUAS CRIANÇAS **23**

guiria ainda menos. Eu não tinha um fio condutor definido e seguro para colocar nas mãos de um colaborador, e nenhuma realização mais efetiva, objeto de intuição que pudesse tornar palpável minha ideia e meu percurso. Quer eu quisesse ou não, primeiro tinha que erigir uma obra por conta própria e, por meio do que fizesse e empreendesse, esclarecer a essência de minhas ideias, antes mesmo de contar com um apoio externo nesse sentido. Nenhum homem poderia, na situação em que me encontrava, ajudar-me no essencial. Eu tive que me ajudar a mim mesmo.

Minha convicção era concorde com meu objetivo.

Na verdade, eu queria provar com a minha experiência que as vantagens da educação doméstica deveriam ser imitadas pela educação pública, e que esta só tem valor para o gênero humano pela imitação da primeira. Instrução escolar sem uma compreensão plena do espírito que a educação dos homens [*Menschenerziehung*] demanda, e sem uma construção baseada na vida das relações domésticas, não leva mais longe, a meu ver, do que um método artificioso para encolher nossa espécie. Toda boa educação humana requer que os olhos da mãe possam ler com segurança, dia a dia e hora a hora, nos olhos, na boca, na face de sua criança, todas as mudanças de seus estados da alma. Exige essencialmente que a força do educador, vivificada pela existência da total amplitude das relações domésticas , não fosse senão a pura força do pai.

Isso foi o que construí. Que meu coração estava atrelado às crianças, que sua felicidade era minha felicidade, que sua alegria era minha alegria, isto elas deveriam ver, desde manhã cedo até tarde da noite, a todo momento, em minha face e ler em meus lábios.

O homem deseja tanto o que é bom, que a criança de boa vontade lhe dá um ouvido atento. Mas ela não o quer para você, professor, ela não o quer para você, educador, ela o quer para si mesma. O bem, ao qual você a deve conduzir, não deve ser um acaso do seu humor ou de sua paixão, deve ser bom pela natureza mesma da coisa, e que a criança o veja como bom. Ela deve sentir a necessidade de sua vontade de acordo com sua condição e suas carências, antes mesmo de querer. Tudo que a torne adorável, ela quer. Tudo o que lhe traga honra, ela quer. Tudo que desperte grandes expectativas nela, ela quer. Tudo o que lhe dá força, tudo o que a faz dizer "eu posso", ela quer. Mas essa vontade não é produzida por palavras e sim pelo cuidado integral da criança, pelos sentimentos e pelas forças que são despertadas nela por esse completo cuidado. As palavras não dão a coisa em si, mas apenas uma noção definida, sua consciência.

Acima de tudo, eu queria e precisava buscar conquistar a confiança e o apego das crianças. Se o conseguisse, esperaria certamente ver todo o resto seguir por si mesmo. Amigo, pense na minha situação, a disposição do povo e das crianças, e então poderá sentir os obstáculos que tive que superar. Esta infeliz terra havia experienciado pelo fogo e pela espada todos os horrores da guerra. O povo em sua maioria abominava a nova constituição. Ele estava amargurado com o governo, e considerava até mesmo sua ajuda como suspeita. Por conta do seu caráter naturalmente melancólico, se afastava de tudo o que fosse estrangeiro e se apegava com uma obstinação amargurada e cheia de desconfiança a tudo o que era de sua existência anterior, ainda que fosse miserável.

Estava entre eles como uma criatura da detestada nova ordem. Certamente não como seu instrumento, mas como um meio colocado nas mãos de homens que, por um lado, eles pensavam estar ligados à sua infelicidade, e com o qual, por outro lado, estavam em total oposição quanto aos inúmeros desejos, opiniões e preconceitos, sendo impossível estarem satisfeitos. Esse descontentamento político foi agravado por um descontentamento religioso igualmente intenso. Era considerado um herege que, embora fizesse algum bem as suas crianças, colocava em perigo a salvação de suas almas. Essas pessoas nunca haviam visto um reformado [*Reformierten*] em atividade no serviço público, ainda mais habitando entre eles como educador e professor de suas crianças [*Erzieher und Lehrer*], e o momento favorecia a desconfiança religiosa intimamente associada aos receios políticos, apreensões e, por vezes, à hipocrisia que estavam na ordem do dia em Stanz mais do que nunca.

Imagina, meu amigo, a disposição do povo, minha força tão pouco imponente e minha situação. Imagina ao que eu pessoalmente, diversas vezes, tive que ser exposto, quase publicamente, e quanta boa disposição de ânimo tive que ter sob essas circunstâncias, mesmo entre o povo, para poder seguir de forma desimpedida meu curso.

Se por um lado o desamparo em que me encontrava era tão opressor e doloroso, por outro lado ele era favorável ao mais íntimo de meus objetivos. Ele me forçou a ser tudo para minhas crianças. De manhã à noite ficava praticamente sozinho entre elas. Tudo o que de bom aconteceu a seu corpo e alma saiu de minhas mãos. Toda ajuda, todo auxílio na necessidade, todo ensinamento que receberam, vieram imediatamente de mim. Minha mão repousava sobre suas mãos, meus olhos repousavam sobre seus olhos.

Minhas lágrimas fluíam com as delas, e meu sorriso acompanhava os sorrisos delas. Elas estavam fora do mundo, estavam fora de Stanz, estavam comigo e eu estava com elas. Sua refeição era a minha, sua bebida era a minha. Eu não tinha nada, não tinha um lar, nenhum amigo, não tinha um empregado, eu tinha apenas a elas. Quando estavam saudáveis, eu estava entre elas, quando estavam doentes, eu estava entre elas. Eu dormia entre elas. À noite, eu era o último a ir para a cama, e pela manhã o primeiro a levantar. Eu orava e as ensinava mesmo na cama, até que dormissem, pois era assim que queriam. A todo momento cercado do risco de um contágio redobrado, lidava com a sujeira quase invencível de suas roupas e suas pessoas. Assim, esta era realmente a única possibilidade de ligar gradativamente as crianças a mim, e algumas o fizeram de modo tão amplo e íntimo que, ao ouvirem seus pais ou amigos falarem bobagens ou serem desdenhosos comigo, revidavam. Sentiam que eles eram injustos comigo, e eu poderia dizer que me amavam duas vezes mais por causa disso. Mas de que adianta os filhotes no ninho amarem a mãe se o predador que os ameaça de morte paira todo dia com sua violência sobre o ninho?

A primeira efetivação desses princípios e dessa ação estava longe de ser totalmente satisfatória, e não poderia ser de outro modo. As

26 JOHANN HEINRICH PESTALOZZI

crianças não acreditaram no meu amor com tanta facilidade. Acostumadas à ociosidade, a uma vida desenfreada, à selvageria e aos prazeres desordenados, enganadas pela esperança de serem alimentadas como era costume no convento e continuarem ociosas, muitas logo começaram a reclamar que estavam entediadas e que não queriam mais permanecer ali. Muitos falaram de uma febre escolar [*Schulfieber*] que atinge as crianças quando devem estudar o dia todo. O mal-estar desses primeiros meses foi consideravelmente agravado pela mudança radical do modo de vida, pelo mau tempo e o frio úmido dos corredores do convento que, juntos, deixaram muitas crianças doentes. Logo surgiu uma tosse generalizada que me deixava inquieto, e uma febre malsã,[11] que prevalecia em toda a região, sem demora colocou várias crianças na cama.

Essa febre sempre começava com vômitos. Mas também a mudança radical da alimentação, mesmo sem a presença de febre, causava vômitos. Atribuía-se geralmente seu péssimo estado ao que, como o que se seguiu deixou claro, era uma consequência direta do conjunto das circunstâncias. Contudo, nenhum indivíduo morreu.

E ficou perfeitamente claro, no que se seguiu, que o mal-estar de muitas crianças provinha seguramente da dieta, mas que ela era de fato benéfica para sua saúde. Foi uma experiência notável. As crianças começaram consumindo aveia. As pessoas geralmente atribuíam a tosse persistente a esse alimento. Isso se mostrou verdadeiro, mas não no sentido de que as pessoas falavam da aveia como um alimento ruim. A constituição das crianças foi alterada de modo profundo pela má qualidade da comida que comiam anteriormente, e os poucos que eram saudáveis progrediram desde o início, mas depois também os enfermos. Assim que voltou a primavera, as crianças floresceram de maneira geral e notável, não apenas seu crescimento, mas também sua cor mudou visível e rapidamente, e de uma maneira que os homens só alcançam após curas bem-sucedidas. Tanto era verdade que padres e autoridades [*Vorgesetzte*] que os viram algum tempo depois admitiram a uma só voz

---

11 No original, *Faulfieber*, literalmente, tifo.

COMO GERTRUDES ENSINA SUAS CRIANÇAS   27

que já não reconheciam as crianças pelo tanto que seus semblantes haviam melhorado.

A condição enferma de muitos, no entanto, continuou por muito tempo, e foi ainda mais agravada pela intromissão dos pais: "Minha pobre criança, como você me parece miserável, eu sempre poderei cuidar bem de você, assim como aqui, volte para casa!". Assim falavam muitas mães em voz alta, na frente de todas as crianças, ao entrarem na sala, mães habituadas a mendigar de porta em porta com os seus filhos. O domingo era um dia terrível para mim naquela época. Chegavam mães desse tipo, pais, irmãos, irmãs aos montes, puxavam minhas crianças para as ruas e para todos os cantos da casa, conversando com elas a maior parte do tempo com lágrimas nos olhos, minhas crianças também choravam e ficavam saudosas de casa. Durante meses, quase nenhum domingo se passou sem que várias crianças fossem embora, mas sempre outras chegavam, e era quase como num pombal de onde um voou, enquanto o outro chegou.

Pode-se imaginar as consequências dessas idas e vindas para uma empreitada nascente.

Os pais e as crianças logo pensaram que estavam me fazendo um favor pessoal ao ficar, e muitos perguntaram aos capuchinhos e em outros lugares se eu não tinha outros meios de subsistência, já que eu queria tanto ficar com essas crianças. Essas pessoas acreditavam em geral que eu me submetia a esse esforço somente por causa da pobreza, e esse preconceito dava a seu comportamento em relação a mim um grande ar de indiferença [Nonchalance].

Alguns até exigiram esmola se tivessem que deixar suas crianças, e diziam que seria uma grande perda para eles se não os tivessem ao seu lado para mendigar. Outros, com chapéu na cabeça, diziam que concordavam em experimentar ficar por mais alguns dias, outros queriam impor condições e prescrever quantas vezes eu deveria deixar seus filhos irem para casa.

Assim, meses se passaram antes que eu tivesse a alegria de ver uma mãe ou um pai apertar minha mão, os olhos brilhando de gra-

28   JOHANN HEINRICH PESTALOZZI

tidão. As crianças foram mais rápidas para se recompor. Naquela época, vi muitos chorarem porque seus pais entravam e saíam sem me cumprimentar ou sem dizer o costumeiro "Deus te proteja". Muitos se sentiam felizes e, independentemente do que a mãe lhes dizia, eles respondiam: "Estou melhor do que em casa". Quando eu falava com eles a sós, eles me contavam francamente como eram infelizes. Alguns falavam como tinham que viver diariamente em meio a disputas e brigas, sem jamais ter um único momento de calma e alegria. Outros, que frequentemente durante um dia inteiro não recebiam sopa nem pão. Outros ainda contavam que durante um ano inteiro não tinham cama para dormir, ou como eram perseguidos por uma madrasta e espancados injustamente quase todos os dias. No entanto, foram precisamente essas crianças que partiram no dia seguinte com a mãe.

Por outro lado, alguns – e não poucos! – logo viram que podiam aprender algo comigo e se tornar algo, e perseveraram no apego e no entusiasmo [*Eifer*] que demonstraram desde o início. Não demorou muito para que estes mostrassem um apego tão profundo, uma afeição tão cordial que muitos outros começaram a imitar por ciúmes o que não sentiam.

Obviamente, aqueles que fugiam eram sempre os mais mesquinhos e incapazes.

Eu também tinha certeza de que só buscavam as crianças se estivessem livres de seus vermes e velhos trapos. Pois era visível que muitos entravam com a intenção determinada de se limpar e se vestir, para depois voltar para casa.

Mas, por fim, foi sua própria convicção que pôs fim ao desamor que sentiam quando entraram. O instituto continuava a crescer, tanto que em 1799 tinha quase oitenta crianças. A maioria delas tinha boas disposições e algumas, excelentes. O aprendizado era, em grande parte, inteiramente novo, e tão logo alguns perceberam que haviam alcançado algo, seu entusiasmo tornou-se infatigável. Crianças que, em toda a vida, nunca tiveram um livro nas mãos, que mal sabiam de cor o "Pai-Nosso" e a "Ave-Maria", passaram a estudar, em poucas semanas, com o maior interesse e quase sem interrupções desde as primeiras horas da manhã até tarde da noite. Depois do jantar, especialmente no começo, quando lhes fazia a pergunta: "Minhas crianças, o que vocês preferem agora, dormir ou estudar?", elas costumavam me responder: "Estudar". É verdade que mais tarde seu ardor esfriou, quando tiveram que se levantar mais cedo.

Mas esse primeiro entusiasmo deu um direcionamento a tudo, e o êxito do estudo superou em muito até as minhas expectativas.

No entanto, foi tudo indizivelmente difícil. Encontrar uma boa organização da instrução [*Organisation des Unterrichts*] não era ainda possível.

Porém, mesmo toda a confiança e todo o entusiasmo que demonstrei não foram suficientes para conter a selvageria dos indivíduos e a desordem do todo. Para organizar a empreitada em seu todo, eu precisava ainda procurar um fundamento superior e, por assim dizer, produzi-lo sozinho. Antes que houvesse esse fundamento, não se podia organizar adequadamente a instrução, nem as finanças nem os estudos [*das Lernen*] do instituto. E eu também não queria. As coisas tinham que provir não de um plano preconcebido, mas sim das minhas relações com as crianças. Foi aqui que procurei princípios mais elevados e forças formativas. Deveria ser o produto dos espíritos superiores do instituto e da atenção e atividade harmoniosas das próprias crianças, e provir imediatamente de sua existência, suas necessidades e suas relações comunais. Em geral, não foram nem as finanças nem tampouco algum fator externo que me fizeram sair de meu percurso, e com os quais pude e tive que começar para libertar minhas crianças da lama e da rudeza de seus arredores que as degradaram em seu íntimo e as fizeram selvagens. Tampouco foi possível impor-lhes, a princípio, a restrição rígida de uma ordem e disciplina externas, e enobrecer o seu interior com a pregação de regras e prescrições. Tivesse feito isso, devido à libertinagem e à corrupção de seu ânimo, eles certamente teriam se afastado de mim e teriam dirigido, de imediato, sua força

30   JOHANN HEINRICH PESTALOZZI

natural selvagem contra meus propósitos. Era necessário primeiro despertar e vivificar neles seu íntimo e uma disposição por tudo o que é justo e moral, antes de torná-las igualmente ativas, atentas, interessadas e obedientes em seu agir exterior. Eu não poderia fazer diferente, tive que construir sobre o sublime preceito de Jesus Cristo: "Purifique primeiro o interior, para que o próprio exterior se torne puro".[12] E esse princípio se mostrou mais irrefutável do que nunca em meu percurso.

Minha perspectiva essencial agora era, antes de tudo, tornar essas crianças irmãos e irmãs, cultivando os primeiros sentimentos da existência em comum e desenvolvendo suas primeiras forças, para fundir a casa no espírito simples de uma grande família e, baseado em uma tal relação e na disposição resultante, vivificar o sentimento de justiça e moralidade.

Alcancei esse objetivo com certa felicidade. Viu-se sem demora estes setenta selvagens mendiguinhos [*Bettelkinder*] vivendo pacificamente entre si, com amor, com respeito e uma cordialidade que se encontra entre irmãos e irmãs apenas em um pequeno número de famílias.

Meu modo de agir a esse respeito proveio do seguinte princípio: procura primeiro tornar suas crianças generosas, e aproximar amor e benevolência através da satisfação de suas necessidades diárias, seus sentimentos, suas experiências e suas ações, e assim fundamentará e irá assegurá-los em seu íntimo, tornando habituais diversas aptidões para que possam exercitar com segurança essa benevolência em seu círculo cada vez mais amplo.

Por fim, e por último, chego aos perigosos sinais do bem e do mal, com estas palavras: conecte-as aos acontecimentos e incidentes diários da casa e cuide para que sejam completamente fundadas

---

12 Paráfrase de Mateus 23:26: "Fariseu cego, limpa primeiro o interior do copo e do prato, para que também o exterior fique limpo!". Todas as citações bíblicas referem-se doravante à *Bíblia de Jerusalém*, vários tradutores, São Paulo: Paulus, 2002. Por se tratar de um sistema de indicação comum (capítulo:versículo), a paginação não será fornecida.

COMO GERTRUDES ENSINA SUAS CRIANÇAS 31

sobre estes, a fim de esclarecer às crianças o que ocorre nelas e à sua volta, e para que assim elaborem uma opinião justa e moral sobre a sua vida e suas relações. Mas, se você precisar ficar acordado para dizer em duas palavras o que outros precisam de vinte para dizer, então não lamente suas noites insones.

Pouco dei às minhas crianças esclarecimentos infindáveis. Não lhes ensinei moralidade nem religião; mas quando elas estavam em tal silêncio que se podia ouvir a respiração de todas, perguntei: "Vocês não são mais razoáveis e bem-comportados quando estão assim do que quando fazem barulho?". Quando se agarravam ao meu pescoço e me chamavam de pai, eu perguntava: "Crianças, vocês têm o direito de serem hipócritas com seu pai? É correto me beijar e fazer coisas pelas minhas costas que me deixam triste?". Quando se falava da miséria do país, e elas se sentiam alegres, se sentiam felizes, então lhes dizia: "Não é bom Deus ter criado o coração do homem com compaixão?".

Também lhes perguntava, de tempos em tempos: "Não há diferença entre uma autoridade [*Obrigkeit*] que educa os pobres para que possam se ajudar a si próprios pelo resto da vida e uma que os abandona a si mesmos, ou os alimenta com pão de esmola e os mantém em hospitais, sem realmente ajudá-los a superar sua miséria e dar um fim efetivo a seu vício e ociosidade?".

Com frequência pintei para eles a felicidade calma e pacífica de uma família que, graças a reflexão e diligência, garantiu seu pão e ficou em condições de aconselhar e ajudar homens infelizes, ignorantes e incultos. Pressionando-os contra meu peito, questionei alguns dos mais sentimentais logo nos primeiros meses: "Você também não gostaria de viver em meio aos pobres infelizes, educá-los e fazer deles homens formados [*gebildeten Menschen*]?". Meu Deus, como seus sentimentos se elevaram, como seus olhos se encheram de lágrimas quando me respondiam: "Jesus, Maria! Se eu pudesse fazer isso também!".

Acima de tudo, prevalecia entre elas a perspectiva de não permanecer eternamente miseráveis, mas de poder um dia servir a seus concidadãos com conhecimentos e habilidades formados, ser úteis a eles e desfrutar de sua consideração. Elas sentiram que eu as levava mais longe do que a outras crianças, reconheceram a ligação íntima e vivaz entre meu direcionamento e sua vida futura, e um futuro feliz se apresentava à sua imaginação como acessível e certo. É por isso que o esforço logo se tornou fácil para elas. Seus desejos e suas esperanças estavam em harmonia com sua finalidade. Amigo, a virtude brota dessa concordância, assim como a planta jovem se desenvolve da harmonia do solo com a natureza e com as necessidades de suas mais tenras fibras. Tenho visto crescer nas crianças uma força interior cuja grandeza excedeu em muito as minhas expectativas, e cujas manifestações me encheram de espanto e emoção.

Quando Altdorf[13] pegou fogo, eu os reuni em torno de mim e disse-lhes: "Altdorf pegou fogo, talvez haja neste momento uma centena de crianças sem abrigo, sem comida, sem roupa: vocês não querem pedir à nossa boa autoridade para receber cerca de vinte dessas crianças em nossa casa?". Ainda vejo diante dos meus olhos a emoção com que acompanharam seus "ai, sim! oh sim, meu Deus!". "Mas, minhas crianças", eu disse, "pensem no que almejam. Nossa casa não tem tanto dinheiro quanto seria desejável, não é certo que, por essas pobres crianças, recebamos mais do que antes. Vocês podem vir a estar em uma condição, por causa dessas crianças, de ter que trabalhar mais para sua instrução [*Unterricht*], mais para o seu ensino, tendo menos o que comer e até mesmo tendo que dividir roupa com elas. Portanto, não digam que vocês querem que elas venham, a menos que concordem em recebê-las de todo o coração e francamente, por causa da indigência delas." Disse com toda a força possível, até as fiz repetir o que disse, para ter certeza de que entendiam aonde seu pedido os levaria. Mas elas permaneceram firmes e repetiram: "Sim, sim, mesmo que tenhamos de comer menos, trabalhar mais e compartilhar nossas roupas com elas, ainda nos alegra que elas venham".

---

13 Cidade suíça do cantão de Uri.

COMO GERTRUDES ENSINA SUAS CRIANÇAS   33

Como alguns emigrantes dos Graubünden[14] haviam me passado, com lágrimas silenciosas, alguns táleres[15] para as crianças, não deixei esses homens partirem, chamei as crianças e lhes disse: "Crianças, esses homens fugiram de sua pátria, não sabem se terão um teto ou como sobreviver amanhã, e mesmo em meio a sua indigência, eis o que eles lhes dão, venham agradecer!". A comoção das crianças arrancou altos soluços desses homens.

Assim, antes de falar sobre a virtude, antecipei o sentimento vivido de cada virtude, pois considerava ser ruim falar com as crianças sobre qualquer coisa se também não soubessem o que se diz. Juntei a esses sentimentos exercícios de superação de si mesmo, para dar a esses sentimentos uma aplicação imediata e uma boa conduta na vida.

Uma disciplina organizada do instituto nessa perspectiva era muito pouco provável. Ela também surgiu das necessidades que se interpunham a cada degrau galgado. Alcançar o silêncio como meio de atividade é talvez o primeiro segredo de tal empreitada. O silêncio que exigi quando estive presente e ensinando foi para mim um meio importante para atingir o meu objetivo, assim como exigi que se mantivesse a postura corporal quando estavam sentadas. Com o silêncio, quando o solicitava, era perceptível cada defeito de pronúncia mesmo com todas as crianças repetindo juntas. Também fui capaz de ensinar em voz baixa e sussurrada, sem ouvir nenhum barulho além do que as crianças repetiam depois de mim. Certamente não foi sempre assim.

Solicitei, entre outras coisas, como divertimento, enquanto elas repetiam as frases que eu dizia na frente delas, que mantivessem seus olhos fixos no polegar. É incrível como o apego a pequenas coisas como estas pode servir de fundamento para o educador [*Er-*

---

14 No original, *emigrierte Bündner*. *Bündner* refere-se ao habitante do Cantão de Graubünden, célebre por suas paisagens alpinas e a prática de esportes de inverno.

15 Refere-se à moeda de prata chamada taler (*Thaler*), que circulou na Europa em diversos países durante quase quatro séculos.

34 JOHANN HEINRICH PESTALOZZI

zieher] alcançar grandes fins. Uma moça selvagem que se acostuma a ficar horas em pé com o corpo e a cabeça erguidos, sem deixar vagar o olhar, só por isso já dava um passo na direção da formação moral [*sittlichen Bildung*] em que ninguém acreditaria se não houvesse essa experiência. Essas experiências me ensinaram que os hábitos de uma simples atitude virtuosa contribuem infinitamente mais para a efetiva educação da aptidão virtuosa do que todas as doutrinas e sermões sem a formação [*Ausbildung*] dessas aptidões.

O estado de espírito de minhas crianças também ficou, com o cumprimento desse princípio, obviamente mais claro, mais pacífico e mais aberto a tudo o que é nobre e bom, do que se poderia supor, dado o completo vazio de suas cabeças quanto ao conceito de bom. Esse vazio não era um obstáculo nem me incomodava. Pelo contrário, dada a simplicidade do meu procedimento, achei essa ausência realmente vantajosa, e tive incomparavelmente menos trabalho, na realidade, para fazer que conceitos simples fossem apreendidos por crianças totalmente ignorantes do que por aquelas que já tinham na cabeça uma ideia tortuosa. Também aquelas eram infinitamente menos endurecidas para a simplicidade dos sentimentos do que estas. Mas, quando a rudeza e a selvageria se mostraram nas crianças, fui severo e utilizei corretivos corporais.

Caro amigo, o princípio pedagógico de que por meras palavras é possível empoderar o espírito e o coração de um bando de crianças, e não precisar da impressão produzida pelos castigos corporais, é certamente realizável com crianças felizes em uma condição feliz. Mas, na mistura desigual de meus mendiguinhos, suas idades, seus hábitos arraigados e pela necessidade de, por um meio rápido e seguro, alcançar minha finalidade, era essencial a impressão produzida pelo castigo corporal e injustificada a preocupação de, assim, perder a confiança das crianças. Não são, de fato, ações isoladas que determinam o ânimo e o modo de pensar das crianças, mas sim a quantidade de verdade de seu estado de ânimo repetida diariamente, hora a hora, diante de seus olhos, e é o grau de simpatia ou antipatia demonstrado por eles que determina decisivamente seus sentimentos por você. E sendo assim, cada uma das impressões produzidas por ações isoladas será determinada pela constância da disposição do coração das crianças.

É por isso que os castigos do pai e da mãe raramente causam uma impressão negativa. É bem diferente com os castigos dos professores da escola e outros professores que não vivem dia e noite com as crianças em relações totalmente puras e não formam com elas um lar. A estes falta o fundamento daquelas mil circunstâncias que sustentam os corações das crianças, e, na falta disso, eles permanecem estranhos para as crianças e parecem-lhes homens bastante diferentes daqueles aos quais estão ligadas pela extensão inteira de suas relações puras.

Nenhum dos meus castigos jamais as tornou teimosas; ah! elas se alegraram quando, no momento seguinte, estendi minha mão e as beijei novamente. Com alegria elas mostraram que estavam satisfeitas e felizes com minhas bofetadas. O que de mais forte experienciei a esse respeito foi o seguinte: uma de minhas crianças mais amadas um dia abusou da certeza do meu amor e ameaçou uma outra injustamente, o que me revoltou, e assim, com uma mão pesada, a fiz sentir meu descontentamento. A criança parecia esvanecer em melancolia, chorou um quarto de hora ininterruptamente, e assim que passei de novo pela porta, ela se levantou e foi até a criança que ela havia acusado, pediu-lhe desculpas e agradeceu-lhe por ter denunciado sua vilania contra ela. Amigo, isto não era uma comédia, a criança nunca tinha visto nada parecido antes.

Caro amigo, minhas bofetadas não podem ter causado nenhuma má impressão em minhas crianças, pois estive sempre entre elas o dia todo com toda a pureza de minha afeição e me sacrifiquei a elas. Elas não compreenderam mal minhas ações porque não podiam estar erradas sobre meu coração, situação muito diferente com os pais, amigos, visitantes externos e pedagogos. Isto também era natural, mas eu pouco me importava com o mundo todo, desde que minhas crianças me compreendessem.

Ora, fiz todo o possível para, em tudo que pudesse ativar sua atenção ou despertar suas paixões, tornar claro e distinto para elas por que eu agia como agia. Isso, meu amigo, me conduziu de volta à ação moral em todas as dimensões que ela pode ter em uma relação educativa verdadeiramente doméstica.

A extensão da formação moral elementar [*sittlichen Elementarbildung*] é baseada sobretudo nos seguintes pontos de vista, que são três: alcançar uma disposição de ânimo moral através dos sentimentos puros, exercícios morais de autossuperação e esforço em tudo o que é correto e bom, e, por fim, ocasionar uma noção de moralidade através da reflexão e comparação das relações de direito e moralidade nas quais a criança já esteja engajada por sua existência e seu entorno.

Até agora, caro amigo, chamei sua atenção para alguns pontos de meu método da perspectiva dos dois primeiros pontos de vista. Meu método: produzir em minhas crianças as representações e conceitos de lei e dever era tão simples, e se fundamentava completamente, como nos dois primeiros casos, nas intuições e experiências diárias de seu pequeno círculo. Quando, por exemplo, elas estavam conversando e havia um alvoroço, eu apenas apelava para seus próprios sentimentos, perguntando se era possível estudar assim. Mas nunca esquecerei em minha vida quão forte e constante era seu sentimento de justiça e equidade, lei e justiça, e como a pura benevolência eleva e assegura esse sentimento.

Em todas as ocorrências da casa, voltei-me para elas e para esse sentimento. Perguntava, na maioria das vezes, nas horas calmas da noite, qual era sua opinião. Quando, por exemplo, diziam na aldeia que não tinham o suficiente para comer, eu perguntava: "Minhas crianças, digam-me, não têm aqui melhor cuidado do que em casa? Pensem e digam vocês mesmas: seria bom se fossem mantidas de tal forma que não conseguissem mais, apesar de seu empenho e trabalho, comprar e pagar pelo que estão acostumadas a desfrutar todo dia: ou algo lhes falta? Digam vocês mesmas, vocês acham que posso fazer mais por vocês de modo razoável e justo? Vocês gostariam que, com o dinheiro que tenho, sustentasse apenas trinta ou quarenta crianças, enquanto posso, como vocês podem ver, sustentar setenta ou oitenta? Isto seria correto?".

Fiz o mesmo quando começaram a dizer na aldeia que eu os tratava de forma muito dura. Logo que ouvi isto, perguntei-lhes:

"Vocês sabem o quanto eu os amo, mas me digam, vocês querem que eu pare de os castigar? Consigo, sem bofetadas, desacostumar vocês de hábitos tão longamente enraizados? Sem um tapa, vocês realmente prestam atenção no que eu falo?". Você viu, meu amigo, como eles gritaram diante dos seus olhos, "Deus nos livre, nós merecemos", e com que cordialidade eles me imploraram que não os poupasse se cometessem algum erro.

Seu grande número me impedia de tolerar muitas coisas que alguém facilmente toleraria em uma pequena família, mas em cada caso eu mostrava claramente a diferença, e então sempre apelava a elas mesmas para saber, dadas as circunstâncias, como elas mesmas viam isto ou aquilo, se tolerável ou lamentável. Nunca falei diante delas as palavras liberdade e igualdade, mas as coloquei, em tudo o que dizia respeito à justiça, tão completamente livres e à *l'aise*[16] comigo, que uma respiração diária mais livre e límpida gerava em seus olhos um olhar que, de acordo com a minha experiência, só uma educação muito liberal[17] pode produzir. Eu estava longe de querer obliterar o brilho daqueles olhos. Procurei obter deles uma força cada dia mais assertiva para a autonomia doméstica, sem que aqueles olhos angelicais se tornassem olhos de sapo. Aqueles olhos de anjo me davam muita satisfação. Eu não tolerava testas franzidas, as alisava eu mesmo, então sorriam e evitavam ter a testa enrugada.

Seu grande número dava-me a cada dia a oportunidade de, entre eles, mostrar-lhes o que é belo e o que é odioso, o que é justo e o que é injusto.

Ambos eram diariamente contagiosos precisamente na medida em que o número relativamente grande de crianças aumentava o perigo de ver as múltiplas formas do mal de que os indivíduos eram culpados por sua indisciplina, por seus erros inconscientes e não premeditados, devastando em suas profundezas a essência do instituto. Essa quantidade de crianças também me proporcionou todos

---

16 Em francês no original, "confortável", "à vontade".

17 No original *"sehr liberalen Erziehung"*: liberal tem, neste contexto, o sentido de generoso, sem conotação política explícita.

38 JOHANN HEINRICH PESTALOZZI

os dias uma abundância de pontos de contato e oportunidades para desenvolver e vivificar o bem e lhes dar uma base mais sólida do que seria possível com um número menor. Também falei abertamente sobre isso com minhas crianças. Não esquecerei na minha vida a impressão que isso lhes causou, quando, por ocasião de uma desordem que se instalara entre elas, disse-lhes:

Crianças, aqui entre nós é como em qualquer outra família. Onde há muitas crianças, a confusão e a necessidade, que diariamente resultam da desordem, logo fazem que a mãe mais fraca e negligente trate os filhos com mais racionalidade e deva exortá-los à ordem e ao bom comportamento. O mesmo se passa aqui: mesmo que eu quisesse agir com vocês como um fracote e deixar seus defeitos passarem ignorados, não posso porque vocês são muitos. Porque vocês são muitos e cada um de vocês gostaria de perseverar em seus erros e nos maus hábitos que adquiriram, você corre o risco de ser infectado setenta vezes por todas as formas do mal, e talvez se tornar setenta vezes pior do que poderia se estivesse em casa. Este é sempre o caso neste tipo de família, não se pode suportar coisas cujas consequências maléficas em uma pequena família não chamam a atenção nem causam nenhuma impressão.

Mas se vocês não querem se submeter à ordem que é necessária nestas circunstâncias, a casa não se sustentaria e vocês mergulhariam de volta na velha miséria. Pensem vocês: sua alimentação despreocupada, suas melhores roupas seriam um meio para torná-los miseráveis, pois não teriam se tornado ninguém por conta da fome e da privação. Minhas crianças, neste mundo, o homem aprende apenas por causa da necessidade ou da persuasão. Se ele não quer ser conduzido pela razão, e está a salvo na necessidade, ele se torna desprezível. Pensem, se protegidos da necessidade vocês se entregam à imprudência e à lascívia, se não querem deixar o que é verdadeiro e bom causar nenhuma impressão em vocês, o que será de vocês? Em suas casas vocês tinham sempre alguém que cuidava de vocês e, como eram poucos, era fácil observá-los. E então a necessidade e a pobreza operam por si mesmas um bem, nos obrigam, em muitos casos, a ser razoáveis, mesmo quando não queremos. Mas o oposto também ocorre, quando vocês fazem o correto por convicção, se a indigência não os impediu de fazer algo bom, então aqui vocês podem chegar infinitamente mais longe do que seria possível chegar em casa. Quando vocês almejam livremente o que agora lhes faz bem, como o faziam naquela época, então encontrarão setenta sinais de encorajamento e verão esse bem-agir viver setenta vezes entre vocês.

Falava assim com eles muitas vezes, independentemente de todos entenderem todas as palavras, mas me certifiquei de que a impressão do todo se irradiasse a todos.

Também a representação de imagens vívidas da condição em que se encontrariam mais tarde lhes causou uma forte impressão. Em todo tipo de erro, eu lhes mostrava para onde estavam sendo levados e lhes perguntava: "Vocês não conhecem homens que por causa da linguagem maldosa, seu descaramento, seus discursos insolentes são abominados por todos? Querem, na velhice, ser para seus vizinhos, seus próximos e mesmos suas crianças, objeto de abominação e nojo?". Então os conduzi por suas próprias experiências para terem intuições sensíveis da máxima corrupção à qual nossos erros nos conduzem, e ao mesmo tempo forneci vívidas representações das consequências do que é bom. Acima de tudo, procurei torná-los nitidamente conscientes das consequências muito distintas de uma boa educação e de uma educação negligenciada [*verwahrlosten Erziehung*]. "Vocês não conhecem homens que são infelizes porque na juventude não foram acostumados a refletir e pensar? Vocês não conhecem pessoas que poderiam ganhar três, quatro vezes mais se apenas pudessem escrever e ler, e não pesa nos seus corações que, por sua culpa, na velhice, podem estar sem nenhum trocado, e talvez ser um fardo para suas próprias crianças ou depender de esmolas, se vocês negligenciarem agora sua educação?".

As seguintes considerações também marcaram profundamente as crianças: "Conhecem algo maior e mais belo do que aconselhar os pobres e ajudar os sofredores em sua indigência, em sua miséria?

40   JOHANN HEINRICH PESTALOZZI

Mas, vocês poderiam fazer isso quando não entendem nada, não terão de deixar, com a melhor das intenções, por causa da sua ignorância, as coisas seguirem como estão? Mas, quanto mais vocês souberem, mais poderão aconselhar, quanto mais compreenderem, mais poderão ajudar muitos homens a sair da miséria".

De modo geral, descobri que grandes e amplos conceitos são essenciais e indispensáveis para o primeiro desenvolvimento de atitudes mentais sábias e de um firme caráter.

Grandes princípios desse tipo, que abrangem todas as nossas disposições e relações circundantes, se forem depositados na alma do homem com pura psicologia, ou seja, com simplicidade, com amor e uma força tranquila, o conduzirão necessariamente, de acordo com sua natureza, para uma disposição de espírito benevolente e acolhedora para a verdade e a justiça, da qual centenas e centenas de princípios subordinados a essas grandes verdades provêm, e se fundamentam profundamente em sua faculdade de conhecimento, mesmo que não se possa dar-lhes expressão verbal. A expressão verbal das verdades das quais o homem se utiliza, e segundo as quais age, está longe de ser para o gênero humano [*Menschengeschlech*] tão útil assim, uma vez que em nosso século nos acostumamos com a doutrina cristã e os sermões de uso tão amplo quanto superficial de perguntas e respostas, e já há pelo menos uma geração de autodenominados iluministas [*Aufklärern*] que nos levou ainda mais fundo no mais pobre falatório neste século impotente.

Sobretudo, acredito que os primeiros anos de reflexão das crianças são perturbados por uma instrução prolixa e inadequada à constituição espiritual do aprendiz e suas relações exteriores. De acordo com minha experiência, tudo depende de como cada proposição se apresenta a elas como verdadeira por meio da consciência da experiência intuitiva que se liga a relações reais.

A verdade sem essa base é para elas apenas um mero brinquedo, desproporcional e irritante. Isto é certo: a capacidade do homem para a verdade e o que é justo é em sua essência um sentido elevado, puro, universal, que pode encontrar alimento na simplicidade de opiniões, aspirações e sentimentos não discursivos e mais amplos, dá uma

COMO GERTRUDES ENSINA SUAS CRIANÇAS   41

palpabilidade muito sólida e segura para a verdade e a justiça, sem
que possua muitos sinais exteriores de sua formada força interior.

E isto também é verdade: aqueles princípios do conhecimento
humano que conduzem o homem de forma simples a um sentimento profundamente desenvolvido e não discursivo, do verdadeiro e
do justo – esses princípios são, no íntimo do homem, um verdadeiro
contrapeso para a maioria das consequências graves e perniciosas de
todo tipo de preconceito. Em tais homens, o preconceito nunca permitirá que uma semente ruim da instrução, jogada de lado, germi-
ne, e o preconceito e mesmo a ignorância e a superstição, por piores
que sejam em si mesmos, nunca poderão ser e se tornar entre esses
homens o que são para sempre e permanecerão eternamente entre
os tagarelas, sem amor ou senso de justiça, religião e lei.

Esses princípios do conhecimento humano são como ouro puro,
contra o qual as verdades que estão subordinadas a eles e que deles
dependem devem ser consideradas meramente como moedinhas
[*Scheidemünze*]. Não posso me conter: esses homens que nadam e
afundam em um mar formado por milhares de gotinhas de verdade
me parecem sempre um velho lojista que acabou enriquecendo por
juntar moedas-Kreuzer [*Kreuzervorteile*] e por fim acabou se acos-
tumando a respeitar, não apenas a coleção de moedas-Kreuzer, mas
se acostumou tanto às próprias moedas que teme do mesmo modo
perder uma moeda-Kreuzer ou um *louis d'or*.[18]

Quando a harmonia das forças da alma e suas inclinações é
fundada no curso silencioso do exercício do dever humano, quando a elevada atração do desfrute das relações humanas puras é vivificada e assegurada pelo apego a verdades simples e elevadas,
assim, se subsistirem alguns preconceitos na massa dessas Luzes
[*Erleuchtung*] limitadas, mas reais, o desenvolvimento e o enobreci-

---

18 Moeda extremamente valiosa, introduzida por Luís XIII, e que era estampada
com a efígie do rei. Pestalozzi compara aqui três moedas de valores muito
desiguais, as *Scheidemünze* que seriam como centavos, as moedas-Kreuzer, de
valor um pouco maior, e por último a *louis d'or* de valor muitíssimo superior,
haja vista o fato de ser feita de ouro.

mento puro da sua natureza serão um contrapeso, será como se não existissem, e se desvanecerão por si mesmos, como sombra na luz, quando o desenvolvimento da força desses homens os conduzir a esse ponto.

As reais vantagens do conhecimento e da sabedoria humanas residem, para o gênero humano, na certeza dos fundamentos de onde provêm e sobre os quais se apoiam. O homem que sabe muito precisa, com mais artifício do que qualquer outro, ser conduzido à unidade de seu ser consigo mesmo, à harmonia de seu conhecimento com suas circunstâncias, à uniformidade do desenvolvimento de todas as suas forças da alma. Se isto não se dá, então sua sabedoria é para ele um fogo-fátuo que traz confusão a seu íntimo, e o priva no exterior de um dos prazeres essenciais da vida que é um sentido simples e direto de uma concordância consigo mesmo concedido ao menos desenvolvido e mais comuns dos homens. Estes são, caro amigo, os pontos de vista que considero importantes, que essa harmonia das forças da alma, que nos conduzem à nossa natureza e nossas primeiras relações, não seja corrompida pela errância da arte humana.

Expus a você, meu amigo, minhas opiniões sobre o espírito familiar de uma instituição escolar e minha tentativa para solucionar seus problemas. Agora gostaria de lhe tornar conhecidos alguns princípios essenciais sobre meu modo de instrução [*Unterrichtsganges*] e de aprendizagem das crianças. Não conhecia nenhuma ordem, nenhum método, nenhuma arte que não devesse repousar nas simples consequências da convicção de meu amor pelas crianças. Eu não queria saber de mais ninguém. Desse modo, subordinei também o que lhes ensinava a uma perspectiva superior, estimular em geral seus melhores sentidos, deixar que as relações naturais que eles experienciavam entre si e sob meus cuidados operassem com força total.

Eu tinha o livro de leitura de Gedicke,[19] mas seu uso me pareceu tão sem importância quanto o dos outros livros didáticos

---

19 Friedrich Gedicke (1754-1803), teólogo e pedagogo alemão cuja obra escolar foi muito difundida no século XVIII. Pestalozzi provavelmente se refere ao *Livro das crianças para os primeiros exercícios de leitura sem ABC e soletração*, cuja primeira edição saiu em 1791 e já em 1798 foi reeditado.

[*Schulbücher*], pois considerei a primeira lição a ser dada a essa multidão de crianças de idades tão diversas, acima de tudo, como um meio de unir o todo em um espírito de harmonia com a finalidade que buscava. Também compreendi muito bem a impossibilidade de ensinar na forma regular de um estabelecimento escolar bom e completo.

De modo geral, considerei essa aprendizagem discursiva em vista das palavras que eles tiveram que aprender, e mesmo dos conceitos designados por essas palavras, relativamente sem importância.

Eu pretendia propriamente unir o aprendizado com o trabalho, a instrução com a oficina [*Industrieanstalt*]. Mas não foi sequer possível realizar essa tentativa, não tinha condições do ponto de vista do pessoal, do trabalho e das máquinas necessárias. Um pouco antes do fim, algumas crianças começaram a fiar. E também era claro para mim que, antes que se pudesse falar de uma tal fusão, era necessária a formação elementar do aprendizado e do trabalho em sua pura especificidade e autonomia, e a natureza específica, bem como as necessidades de cada um desses âmbitos, deviam ser esclarecidas.

Contudo, considerei, já nesse ponto inicial, a disposição para o trabalho mais na perspectiva do exercício corporal no trabalho e na capacidade de servir do que no ganho proveniente do trabalho. E também vi o que é propriamente chamado de aprendizagem [*Lernen*] como um exercício em geral das forças da alma, e sustentei especialmente que o exercício da atenção, da ponderação e da memória deve preceder o exercício da arte de julgar e tirar conclusões, pois as primeiras devem ser firmemente fundamentadas para prevenir o perigo para estas últimas, de ser levadas, pela habilidade exterior do esclarecimento discursivo das coisas, à superficialidade de um juízo ilusório e pretensioso. Isto eu considero para a felicidade humana e para a destinação humana muito mais perigoso do que a ignorância de centenas de coisas, que pode, contudo, ser assegurado por um conhecimento intuitivo sólido de suas relações essenciais mais próximas, e por um simples sentimento de força, puro e solidamente desenvolvido. Por outro lado, acredito que os conhecimentos mais

44 JOHANN HEINRICH PESTALOZZI

benéficos para o gênero humano provêm em conjunto desse ponto, e se encontram em abundância na classe de homens mais limitada cientificamente.

Assim, guiado por esses princípios, busquei menos levar minhas crianças longe na soletração, leitura e escrita, do que desenvolver por esses exercícios suas forças da alma, do modo mais universal, diverso e efetivo quanto possível. Eu as fazia soletrar de cor, antes de saberem o ABC, e toda a sala conseguia soletrar de cor as mais difíceis palavras, mesmo sem conhecer nenhuma letra. Imagine o grau da força de apreensão pressuposto em tais crianças.

No começo segui as palavras, que eu os ensinava a soletrar, dos exercícios de leitura de Gedicke. Mais tarde, porém, achei ainda mais proveitoso para um primeiro exercício geral de suas forças, fazê-los montar o alfabeto inteiro cinco vezes com as cinco vogais, e assim fazer as crianças aprenderem totalmente de cor o simples exercício de todas as sílabas. Vou imprimir essa série e meus fundamentos de leitura e escrita. Toda consoante é adicionada a toda vogal, na frente e atrás dela: *ab, ba, ec, ce, di, id, fo, of, gu, ug* etc. Depois, continuei o método com três letras: *bud, dub, bic, cib, fag, gaf, goh, hog.*

Já nessas combinações apareceram associações de sons particularmente difíceis de pronunciar e lembrar, como *ig, igm, ek, ekp, lug, ulg, quast, staqu, ev, evk*.[20]

As crianças devem aprender perfeitamente duas séries de letras por vez, antes de darem um novo passo. Na terceira série seguem-se combinações e ligações de quatro e cinco letras, por exemplo, *dud, dude, rek, reken, erk, erken.* A partir daí, anexo as palavras provenientes desses elementos primordiais simples, por exemplo, *eph, ephra, ephraim, buc, buce, bucephal, qua, quak, quaken, aphor, aphoris, aphorismus, mu, muni, munici, municipal, municipalität, ul, ult, ultra, ultram, ultramon, ultramontanisch.* Mal se pode pressupor

---

20 É preciso lembrar que Pestalozzi refere-se aqui a encontros vocálicos e consonantais típicos da língua falada alemã, o que não impediria a realização do mesmo exercício em outras línguas.

COMO GERTRUDES ENSINA SUAS CRIANÇAS **45**

com que facilidade e correção as crianças aprendem a ler quando essas construções primordiais da leitura se imprimem de modo geral em sua memória, e seus órgãos estão habituados a pronunciá-las. Elas precisam, então, escrever no papel as séries de letras duplas, triplas, quádruplas, assim como elas estão, e não mais soletrar, antes, dar uma olhadela e pronunciar. Mas só mostrei cada uma dessas séries no papel quando foram capazes de soletrá-las completamente de cor, e primeiro apenas escrito, e então impresso, pois, com o exercício para aprender a escrever pode-se ligar uma forma de repetição da soletração que é de dupla utilidade.

Depois de lerem a sequência de construções primordiais que escreveram, dentro de algum tempo leem também as impressas e, depois de mais algum tempo, também leem os caracteres latinos.[21]

Quanto a escrever, meu método era o seguinte: ficar por muito tempo em três ou quatro letras que contêm as principais características de muitas outras, e formar palavras a partir delas e compor com palavras antes que pudessem tentar outras. Assim que souberam escrever *m* e *a*, então tiveram que escrever *man*, e isso até que tivessem escrito a palavra em uma linha perfeitamente reta, e as letras de modo correto.[22] Assim que vinham a conhecer uma nova letra, passava a uma palavra que tivesse conexão com uma que elas já conhecia. Então, escreveram palavras com certo grau de perfeição mesmo antes de poder escrever um terço sequer do ABC. Se as crianças escrevem apenas três letras dessa maneira com um grau notável de correção e fluência, elas aprendem outras com grande facilidade.

Eu havia passado rapidamente com eles os elementos de geografia e história natural contidos no livro de leitura de Gedicke. Antes mesmo de conhecer uma letra, eles sabiam recitar corretamente séries inteiras de nomes de países, e mostraram um grande

---

21 Pela sequência designada por Pestalozzi, é possível supor que se trata primeiro da letra manuscrita, depois da impressão em Fraktur, conhecido como tipo gótico, e por último o tipo latino.

22 Esse princípio será retomado longamente em *Como Gertrudes ensina seus filhos*, e mostra uma preocupação muito grande de Pestalozzi com a grafia correta de cada letra em uma perspectiva caligráfica.

46 JOHANN HEINRICH PESTALOZZI

bon sens[23] para os primeiros elementos da história natural a fim de associar tudo o que conheciam por experiência do reino animal e vegetal com as palavras técnicas que continham os conceitos gerais de sua experiência. Assim, fiquei completamente convencido de que eu poderia, com minha maneira simples e minha habilidade em geral para, em cada âmbito, extrair delas rapidamente tudo o que poderiam saber desse âmbito de acordo com seu círculo de experiência, ter completado com elas um curso definido que, por um lado, abarcaria o todo dos conhecimentos que é essencial e útil para a massa dos homens, e por outro lado, ter fornecido para qualquer criança com algum talento os pré-conhecimentos para lhe facilitar o alargamento do progresso individual de sua própria cultura, sem removê-las todas do espírito simples da limitação que sua condição em geral demanda. Considero a solidez da psicologia humana o meio mais destacado para distinguir corretamente os talentos dos homens, para poder favorecer efetivamente e com força os verdadeiramente excepcionais.

Em todos os casos meu princípio era: levar a perfeição até o mais insignificante que as crianças aprendem e em circunstância alguma voltar atrás. Não deixar que se esqueçam de uma palavra que já aprenderam, nem uma simples letra que elas já tenham escrito, não deixar que a escrevam de forma errada. Com os mais lentos eu era paciente. Mas se um deles fizesse algo de um modo pior do que já havia feito, eu era severo.

O grande número e a heterogeneidade das crianças facilitaram minha abordagem. Assim como, sob o olhar atento da mãe, um irmão ou irmã mais velho e mais capaz mostra facilmente aos pequenos tudo o que sabe e se sente feliz e orgulhoso de ocupar o lugar de sua mãe, minhas crianças gostavam de ensinar às outras o que sabiam. Um senso de honra despertou nelas, e elas próprias aprenderam dobrado, fazendo os outros repetirem o que diziam para elas. Foi assim que logo tive ajudantes e colaboradores entre as próprias crianças. Nos primeiros dias, eu as fazia soletrar e decorar algumas

---

23 Em francês no original, bom senso.

COMO GERTRUDES ENSINA SUAS CRIANÇAS   47

palavras muito difíceis e, assim que uma delas aprendia a palavra, levava consigo algumas crianças que ainda não a conheciam e as ensinava. Então formei para mim, desde o início, ajudantes. Logo tive entre minhas crianças colaboradoras que avançaram sempre junto com o instituto, com aptidão para ensinar os mais fracos o que estes ainda não sabiam, e que, para as necessidades do momento do instituto, se tornariam sem dúvida e de muitos modos, mais úteis que os professores designados para elas.

Eu mesmo aprendi com elas. Toda a instituição baseava-se em uma simplicidade tal e uma ausência de artifícios que não teria como encontrar algum professor que não considerasse ruim o modo como eu ensinava e aprendia.

Minha finalidade era: impulsionar largamente a simplificação de todos os meios de ensino [*Lehrmittel*] a fim de que todo homem comum pudesse de forma fácil ensinar suas crianças e assim gradativamente tornar as escolas quase supérfluas para a educação elementar.[24] Assim como a mãe dá a sua criança o primeiro alimento físico, ela deve dar a ela, em nome de Deus, seu primeiro alimento espiritual. Considero muito grandes os males causados pela educação escolar precoce das crianças e tudo o que lhes é ensinado de forma artificial fora do ambiente doméstico. Mas aproxima-se o tempo em que logo teremos simplificado tanto os meios de instrução que cada mãe ensinará por si mesma e, ao mesmo tempo, sem ajuda externa, sempre progredirá aprendendo.

Minha experiência aqui confirma meu juízo. Vi crescerem à minha volta crianças que seguiram meu caminho. Também estou mais do que nunca convencido de que, assim que os estabelecimentos de ensino forem associados com força e psicologia a oficinas, surgirá necessariamente uma geração que, por um lado, aprende com a experiência que o que até hoje ensinamos não precisará de um décimo do tempo nem do emprego da força que habitualmente lhe dedicamos. Por outro lado, que essa instrução possa com o tempo,

---

24 No original, "*ersten Elemente*": literalmente, os primeiros elementos da educação. Não fica claro até que idade esse procedimento seria aplicado.

48 JOHANN HEINRICH PESTALOZZI

as forças e recursos estar em harmonia com as necessidades domésticas, que os pais comuns procurem de todo modo tornar eles próprios, ou alguém de seus conhecidos próximos, treinados para isso, o que, através da simplificação do método de ensino [*Lehrmethode*] e do número crescente de homens bem treinados [*geschulte*], se tornará cada vez mais fácil.

Duas das minhas experiências são muito importantes para este momento. A primeira é que é possível e fácil ensinar ao mesmo tempo e avançar muito com um grande número de crianças, mesmo de idades muito diferentes. A segunda, é que essa multidão de crianças pode ser instruída em muitas coisas enquanto trabalham. É evidente que essa forma de instrução parece um trabalho de memória, e sua forma exterior também precise ser impulsionada como trabalho de memória.

Mas a memória progride por meio de um conhecimento psicológico bem encadeado, por si mesma põe em movimento as outras forças da alma. A memória, ao combinar letras difíceis, anima a imaginação. A memória, ao seguir a série de números, fixa o espírito em suas relações interiores. A memória, ao memorizar verdades muito complexas, prepara o espírito para prestar atenção ao simples e ao complexo. A memória, ao abarcar melodias e canções, desenvolve na alma um sentido para a harmonia e elevados sentimentos. Também existe uma arte, através da simples memória, pela qual se preparam as crianças, de modo geral e seguro, para o exercício do espírito.

O resultado desses exercícios ocasionou nas minhas crianças, de modo geral, não apenas uma crescente reflexividade, mas especialmente de modo manifesto um abrangente crescimento no todo das forças da alma e produziu um estado de ânimo no qual observei os fundamentos da sabedoria humana se desenvolverem múltipla e seguramente.

Você viu, meu amigo, como os mais sensíveis se derretem em lágrimas, como o coração da inocência se desenvolve, como a elevação íntima dos mais sensatos se vivifica. Mas não se engane por isso. Não sonhe com uma obra perfeita. Momentos da mais alta

COMO GERTRUDES ENSINA SUAS CRIANÇAS 49

elevação se alternavam com horas de desordem, de dissabor e de preocupação.

Eu mesmo não estive nem perto de permanecer sempre do mesmo modo. Você me conhece quando a maldade e o escárnio pairam a meu redor. Assim como a larva penetra facilmente nas plantas de crescimento rápido, a maldade insidiosa atacou profundamente as raízes de minha obra.

O mais fastidioso eram os homens que lançavam uma olhadela para a imensidão da minha tarefa, viam aqui e ali algo que tinham em suas casas, em suas cozinhas, mais bem organizado ou que não era como devia ser em um instituto financiado com centenas de milhares de francos. Dirigiam-se a mim em sua sabedoria para me dar conselhos e orientações, e se eu achasse que uma tábua servia para eles pisarem, mas não para mim, então acreditavam que eu era incapaz de aceitar sábios e bons conselhos, e iam tão longe a ponto de sussurrarem entre si: não há nada o que fazer com esse homem, ele tem uma ideia fixa na cabeça.

Meu amigo, você pode acreditar, encontrei entre os capuchinhos e as freiras a maior simpatia pelo meu trabalho. Poucas pessoas, exceto Trutmann,[25] tiveram um ativo interesse no assunto. Aqueles dos quais eu mais esperava estavam tão atolados em suas relações e interesses políticos que esse nada não poderia ter grande significado no seu vasto círculo de atividades.

Esses foram meus sonhos. Precisei deixar Stanz quando acreditava estar muito perto de sua realização.

---

25 Ignaz Joseph Trutmann von Arth (1752-1818) foi comissário do Diretório Helvético em Stanz entre 1798 e 1799.

PREFÁCIO À SEGUNDA EDIÇÃO (1820)

Se estas cartas, de certo modo, pudessem ser vistas como já respondidas e em parte refutadas e, assim, por um lado, parecer que pertencem mais a um mundo pregresso do que ao presente, por outro lado, é também verdadeiro, se a ideia de educação elementar [*Elementarbildung*] tem valor em si mesma e em sua essência, e se se a considera como apropriada para a posteridade, que estas cartas têm um valor permanente, na medida em que lançam luzes sobre o modo como essa ideia em gérmen se desdobrou dentro de mim mesmo e, assim, têm valor para cada homem para o qual o desenvolvimento psicológico dos meios de formação [*Bildungsmittel*] de nosso gênero são dignos de atenção.

Junto a essa visão geral da questão, é certamente notável que essa ideia, em meio à simplicidade e naturalidade de meu ser e de minha vida, provém da escuridão dentro de mim, assim como provém da noite. Não obstante, já queimava em mim, como um fogo, em seu primeiro gérmen, e mostrou uma força para compreender o bom senso humano que, mais tarde, quando a consideraram e falaram sobre ela, em seu sentido mais profundo, como um assunto do entendimento, não manteve sua vivacidade inicial e pareceu, até mesmo, por um instante, se extinguir.

52 JOHANN HEINRICH PESTALOZZI

Os senhores Johannsen, Niederer e muitos outros deram um significado às vívidas expressões de minhas perspectivas que em muito ultrapassou o significado que eu mesmo lhes dei, mas que também chamou a atenção pública com uma tal intensidade que não se poderia manter posteriormente. Gruner, von Türk e Chavannes, quase ao mesmo tempo, consideraram os resultados efetivos provenientes de nossos experimentos igualmente plenos de significado, e os apresentaram aos olhos do público de um modo que ia muito além das minhas perspectivas iniciais sobre o assunto e além da força que subjaz na base de meus esforços.[1]

É verdade que jaz no meu mais íntimo sentimento um real pressentimento do mais elevado, que poderia e deveria ser alcançado através de uma profunda compreensão da essência da educação, e é indiscutível que a ideia de uma educação elementar [*Elementarbildung*] estava em essência em seu pleno sentido na minha perspectiva, e cintilava em cada palavra que eu dizia sobre isso. Mas o ímpeto dentro de mim para buscar e encontrar para o povo meios de instrução simples e compreensíveis a todos não provinha desse pressentimento do elevado que poderia provir dos resultados dos meios encontrados, antes, ao contrário, esse pressentimento provinha da vivacidade do ímpeto que estava em mim para buscar esses meios.

Isto me levou de forma simples e natural a logo ver que meios de instrução universalmente inteligíveis devem principiar por fundamentos simples, e que, se forem conduzidos de forma seriada e gradativa, sem falhas, seus resultados deveriam levar a um resultado psicologicamente seguro. Mas essa perspectiva não tinha

---

1 Os autores nomeados por Pestalozzi são importantes fontes para reconhecer a recepção imediata da obra pestalozziana em seu duplo aspecto: enquanto obra escrita e enquanto efetivação nas instituições escolares. Friedrich Johannsen (1781-1851), *Kritik der Pestalozzischen Erziehungsmethode*, 1804; Gottlieb Anton Gruner (1778-1844), *Briefe aus Burgdorf über Pestalozzi, seine Methode und Anstalt*, 1804; Karl Christian Wilhelm von Türk (1774-1846), *Briefe aus München-Buchsee über Pestalozzi und seine Elementarbildungsmethode*, 1806; Daniel-Alexandre Chavannes (1765-1846), *Exposé de la Méthode Élémentaire de H. Pestalozzi*, 1805.

COMO GERTRUDES ENSINA SUAS CRIANÇAS **53**

para mim nenhuma clareza filosófica determinada e tampouco um caráter científico. Incapaz, nessa situação, de chegar a um resultado satisfatório através de deduções abstratas, desejei provar minhas perspectivas com uma realização prática, e busquei primeiramente e de modo essencial, através de tentativas e experiências, tornar claro para mim mesmo o que eu queria e podia realmente realizar, para encontrar, por esse caminho, os meios de fazê-lo. Tudo pelo que eu me esforcei, e pelo que ainda hoje me esforço, reside em mim mesmo, em uma ligação íntima e calorosa com o que, já há vinte anos, empreendi em minha propriedade.

Mas o elevado significado que foi dado às minhas opiniões, tão alto, variado e, devo dizer, descuidada e precipitadamente, deu uma direção ao modo como se deveria lidar com elas, em meu lar, na condução do meu instituto, que não estava bem assentada nem em meu interior, nem no interior das pessoas à minha volta e dos meus ajudantes, e assim, conforme isto ocorria, fui conduzido a um terreno que me era completamente estranho e no qual nunca, em minha vida, havia pisado.

Certamente, o solo deste mundo visionário no qual caímos como que das nuvens era não apenas um solo totalmente novo para mim, mas me parecia, com meu modo próprio de ser, com minha falta de formação científica e com a singularidade de todo meu ser, assim como a idade em que me encontrava nessa situação,[2] não haver motivos sequer para pensar que mesmo uma estrela esmaecida pudesse brilhar para mim nesse caminho. Também no modo próprio de ser das pessoas ao meu redor e de meus ajudantes, que em parte eram muito impotentes eles mesmos, mas estenderam as mãos para me ajudar em meus esforços nesse novo terreno, parecia haver obstáculos claramente intransponíveis à esperança de poder progredir com um resultado feliz nesse domínio.

A voz, "nós podemos!", antes que pudéssemos, "nós faremos!", antes mesmo de fazermos, era tão alta, tão ampla, tão distinta, em parte pronunciada por homens cujo testemunho tinha um real sig-

---

2 No período referido, Pestalozzi tinha 55 anos.

54 JOHANN HEINRICH PESTALOZZI

nificado por si mesmo e merecia atenção, para nós tinha muito encanto e nos levava a fazer mais dela do que efetivamente ela dizia e poderia dizer. Em suma, o tempo, tal como era, nos iludia. Ainda assim, trabalhamos ativamente para nos aproximarmos de nosso objetivo. Tivemos êxito em muitos aspectos no modo de dispor em uma ordem melhor algumas questões iniciais da instrução [*Anfangs-Unterrichtsfächer*] fundamentadas de forma psicológica, e nossos esforços tiveram, por esse lado, resultados efetivos. Contudo, a atividade prática que poderia ter feito prosperar nossos objetivos de modo seguro se perdeu pouco a pouco entre nós de modo lamentável. Questões alheias e muito distantes do nosso dever logo devoraram nosso tempo, nossas forças e deram um sopro mortal na simplicidade, na integridade, na concentração e até mesmo na humanidade de nossos primeiros esforços.

Grandes ideias para melhorar o mundo que surgiram de elevadas perspectivas de nosso projeto, e que cedo foram exageradas, ocuparam nossas cabeças, confundiram nossos corações e deixaram nossas mãos descuidadas em relação às necessidades do instituto que estava diante de nossos olhos.

Nesse estado de coisas, o antigo espírito elevado e originário de nossa união devia necessariamente se perder. Nosso velho amor não poderia ser o mesmo. Nós enxergávamos parcialmente os males dos quais padecíamos, mas ninguém buscava compreendê-los suficientemente tais como eram em si mesmos e como deveriam ser considerados. Cada um como que culpava o outro e exigia do outro o que ele mesmo não fazia e não poderia fazer, e nossa maior infelicidade nessa situação foi que nossos esforços notáveis e unilaterais nos levaram a buscar ajuda contra os males de nosso instituto em profundas investigações filosóficas. Não éramos, de modo geral, capazes, desse modo, de encontrar o que buscávamos.

Somente Niederer sentia sua própria força nesse terreno em que agora nos aventurávamos e como apenas ele, entre nós, viveu alguns anos nessa força, ele ganhou uma influência preponderante não apenas sobre aqueles à minha volta, mas também sobre mim, de tal modo que eu realmente me perdi dentro de mim. E contra minha

COMO GERTRUDES ENSINA SUAS CRIANÇAS **55**

natureza, e contra toda possibilidade de fazê-lo, esforcei-me por tornar a mim mesmo e minha casa aquilo que deveríamos ter sido, a fim de avançar, de alguma forma, nesse campo.

Essa preponderância que Niederer assumiu entre nós e as opiniões que ele expressou sobre nosso projeto me tomaram de assalto e me conduziram para algo como uma sujeição resignada e completo sacrifício e obliteração de mim mesmo que eu, uma vez que me conheço, agora posso e devo dizer claramente: é certo que, se ele estivesse conosco quando escrevi estas cartas, eu teria considerado todo o seu conteúdo, e consequentemente a ideia de educação elementar, como se ela, por assim dizer, estivesse em mim como um sonho, tremeluzindo das nuvens, como se ela houvesse saído dele e sido transportada de sua alma para a minha.

Para acreditar nesta declaração, do modo como ela provém de mim, e considerá-la de modo tão natural e inocente, é preciso me conhecer de perto e saber bem que, se por um lado sou animado pela convicção do quão deficiente eu era e ainda sou em relação a ter claros e definidos conceitos filosóficos sobre esses assuntos, por outro lado, é também preciso conhecer o grau de minha confiança nas elevadas opiniões de meu amigo e a importância que poderiam ter e que teriam para o êxito das minhas ideias que jaziam em mim, limitadas e embaçadas.

Que o senhor Niederer não estava conosco quando escrevi estas cartas é a única circunstância que torna possível para mim ver claramente o que se deve a ele, em relação à nossa ambição de uma consideração elementar da instrução, e o que se deve considerar como vindo de mim mesmo. Eu sei o quão pouco isto é e o quanto e o que isto ainda demanda para não se tornar um mero nada ou para que ao menos algo resulte disto.

Neste último aspecto, minha recompensa é maior que meu mérito. De qualquer modo, é muito claro para mim que a perspectiva dedutiva de nossos esforços, avançando à frente de nossa performance prática, ultrapassando-a em muito e abandonando-a, era a perspectiva do senhor Niederer. Por outro lado, é igualmente claro que minha perspectiva sobre isto provinha de uma busca pessoal por meios cuja execução me impulsionou a buscar, lutar e alcançar o que não estava lá e que eu realmente ainda não conhecia.

Esses dois esforços abriram para nós os caminhos pelos quais se deveria ir para atingir o objetivo comum, e para o qual cada um sentia em si uma força especial. Mas não fizemos isto e atrapalhamos uns aos outros no caminho porque nos forçamos por muito, muito tempo, para ir de mãos dadas com Niederer, e, devo dizer, vestindo os mesmos sapatos e caminhando no mesmo ritmo. Nosso objetivo era o mesmo, mas o caminho que devíamos seguir para alcançá-lo fora designado pela natureza, para cada um de nós, em direções diferentes, e deveríamos ter reconhecido antes que cada um alcançaria em um grau mais seguro e fácil o seu objetivo se pudesse caminhar e progredir com total liberdade e autonomia. Nós éramos muito diferentes.

A migalha que estava no caminho chamava minha atenção quando eu acreditava que ela seria apropriada, mesmo minimamente, para nutrir alguma parte de meu esforço e de algum modo o levaria adiante. Eu precisava pegá-la do chão, precisava pegá-la, precisava parar e examiná-la por todos os lados e conhecê-la. Assim, antes que a pudesse reconhecer suficientemente, era impossível considerá-la judiciosamente e como algo instrutivo [belehrend] para mim, conectada de modo geral e em combinação com o âmbito de suas relações, senão como uma parte isolada de nossos esforços.

Meu modo de vida como um todo não deu à minha existência nenhuma inclinação e nenhuma força para buscar de forma rápida conceitos nítidos e claros sobre nenhum assunto a não ser que estivessem apoiados em fatos, pois há em mim um fundamento que me despertou a confiança nestes. Assim, até minha morte, permanecerão minhas opiniões, em sua maior parte, em uma espécie de penumbra; preciso dizer, contudo, que esta é, para mim, uma penumbra sagrada, se ela tiver como base variadas e suficientemente vívidas intuições.

É a única luz em que vivo e na qual posso viver, e vou neste *chiaroscuro* do meu modo de ser em direção ao meu objetivo com calma

COMO GERTRUDES ENSINA SUAS CRIANÇAS   57

e satisfação, contanto que possa realizá-lo com calma e liberdade. No ponto em que estou, considerando retrospectivamente meus esforços, permaneço firme na minha convicção de que, embora eu tenha feito muito pouco em minha vida para alcançar conceitos definidos com clareza filosófica, expressos em palavras, ainda assim, a meu modo, encontrei meios para meus objetivos, o que não poderia encontrar pela via de investigações filosóficas sobre conceitos claros para meu projeto, do modo *como eu era capaz de fazer*. Mas não lamento em absoluto esse meu atraso. Não devo fazê-lo.

Devo caminhar no caminho das *minhas experiências* [*Empirik*], que é o caminho de minha vida, bem-disposto e prazerosamente, sem cobiçar o fruto da árvore do conhecimento que, para mim, por causa do modo de ser de minha natureza, produz um fruto proibido. Se eu seguir pelo caminho de meus experimentos, conquanto sejam limitados, honestamente, com confiança e ativamente, acredito que, fazendo isto eu sou o que sou, e sei o que sei, e o meu ser e meu fazer, embora imperfeitos, não são apenas um cego tatear *atrás de experiências incompreensíveis*. Eu espero por mais. Espero também, ao meu modo, em vista de meu projeto, fundamentar com clareza algumas considerações filosóficas que não poderiam facilmente, de nenhum outro modo, alcançar a mesma clareza.

Considero as particularidades individuais de nossa espécie a maior bendição de nossa natureza e o fundamento autêntico do qual provêm suas mais elevadas e essenciais bênçãos. Por isso, devem ser respeitadas no mais alto grau. Mas elas não podem se mostrar onde não se as vê, e não se as vê onde tudo está à sua frente, e cada egoísmo busca impor seu modo de ser e colocar o modo de ser dos outros a seu serviço. É necessário, caso se deseje respeitá-las, que não separemos o que Deus uniu nem unamos o que Deus separou.

Toda união artificial e forçada de coisas em si heterogêneas tem, em sua natureza, em todos os aspectos, como resultado, em todas as circunstâncias, o silenciamento das forças e qualidades individuais, que se tornam inoportunamente emaranhadas, e tal emaranhamento, silenciamento e confusão das forças e qualidades individuais se

58   JOHANN HEINRICH PESTALOZZI

expressam, em cada caso, como uma desnatureza[3] forçadamente criada, e atua sobre toda a massa para que se ligue em uma união de caráter destrutivo, confuso e distorcido.

Eu sei o que não sou e acredito, assim, dever dizer honestamente que não quero ser mais do que sou. Mas, para usar as forças que me cabem, como eu sou, devo utilizá-las de forma livre e autônoma, não importa o quão pequenas, de tal modo que a expressão "pois o que tem, a ele será dado" pudesse se tornar verdadeira, e a segunda, "e o que não tem, também o que tem será tirado dele",[4] talvez não devesse tão fortemente se realizar em mim.

Ora, do modo como enxergo o valor que este livro ainda pode ter para o mundo e para mim, devo deixá-lo reaparecer na mesma forma em que eu tive a coragem de fazê-lo publicar vinte anos atrás. Nesse meio-tempo, eu forneci as explicações necessárias, em alguns de meus novos escritos sobre nosso progresso pedagógico desde então, na prática e métodos educacionais de nosso instituto. Continuarei a fazer isso, com toda a dedicação, e especialmente na quinta parte de *Leonardo e Gertrudes*[5] lançarei mais luz sobre esse ponto, mais do que fui até agora capaz de fazer. Mas, quaisquer que sejam as questões históricas e pessoais às quais eu tenha me referido nestas cartas, agora não mais falarei sobre elas. Não posso fazê-lo.

Agora eu sorrio e vejo estas cartas de modo muito diferente do que costumava ver quando as escrevi. Sobre muito do que está aí eu antes choraria do que sorriria. Mas também não o farei. Não posso, agora, falar sobre isso nem chorando nem sorrindo. Minha consciência me diz que a hora do meu silêncio ainda não passou. A roda da minha fortuna ainda não girou. Meu riso ou meu choro seriam igualmente prematuros e poderiam, se não fosse a portas fechadas, ser ainda vergonhosos. Muitos dos assuntos e perspectivas tratadas neste livro podem talvez, em breve, serem muito modificados.

---

3 A palavra *Unnatur* assim substantivada por Pestalozzi é muito rara; busca indicar algo que vai contra a natureza, e, neste caso, seria uma desnatureza.

4 Referência ao texto bíblico do Evangelho segundo Marcos, 4:25.

5 A quinta parte referida por Pestalozzi nunca foi publicada.

Talvez eu venha a sorrir muito sobre coisas a respeito das quais hoje choraria, e talvez eu venha, muito em breve, a pensar gravemente sobre coisas que hoje observo sorrindo. Nesta condição, eu deixei o livro praticamente inalterado. O tempo explicitará o contraste entre o que é dito aqui e o que, na situação em que me encontro, eu digo sobre o que foi dito, e também irá esclarecer aquilo que pareça ser incompreensível e inexplicável, se for necessário. Penso que dificilmente será. Mas, se for necessário, para além da minha morte, que seja em tons pastéis e não cores berrantes.

Pestalozzi
Yverdon, 1º de junho de 1820

CARTA 1[1]

Pestalozzi
Burgdorf,[2] dia de ano novo, 1801

Meu querido Geβner![3]

Você diz: já é hora que eu me externe publicamente acerca de minhas ideias sobre a instrução do povo [*Volksunterricht*].[4]

---

1 A numeração das cartas não existe no original alemão.
2 Conhecida também como Berthoud, em francês, é uma cidade fundada no século XIII, pertencente ao cantão de Berna. Para compreender a atuação de Pestalozzi é de fundamental importância entender a relação que ele estabelece com diversas cidades suíças, grande parte delas muito pequenas ainda hoje e que, na época de Pestalozzi, eram ainda menores. No ano de 1798, a cidade contava com 1.295 habitantes. É importante também lembrar que a imagem atual da Suíça de um país extremamente rico e com pouquíssima desigualdade social não corresponde à Suíça do século XVIII, haja vista a insistência de Pestalozzi no aperfeiçoamento da educação dos pobres.
3 Ver nota 2 à p.9.
4 Pestalozzi utiliza preferencialmente o termo *Unterricht*, instrução e seus compósitos, mas também faz uso de *Lehren*, ensinar/ensino, *Bildung*, educação/formação, e *Erziehung*, educação/ensino. Não parece haver, contudo, nesta obra, uma delimitação conceitual tão acentuada que justifique um zelo exces-

62 JOHANN HEINRICH PESTALOZZI

Agora o farei, e a você, como outrora fez Lavater a Zimmermann no seu *Perspectivas da eternidade;*[5] em uma série de cartas, esclarecerei, o tanto quanto me seja possível, estas minhas perspectivas ou, antes, estes meus pontos de vista.

Eu via a instrução do povo, bem diante de meus olhos, como um enorme pântano e chafurdava com força no seu lodo, até que finalmente se me tornaram conhecidas as fontes de suas águas, as causas de suas obstruções e os lugares a partir dos quais se podia prever a possibilidade de desviar o curso de sua úmida podridão.

Agora, por um momento, vou te conduzir por esse labirinto do qual, mais pelo acaso do que pela minha cabeça e minha arte [*Kunst*],[6] consegui encontrar uma saída.

Desde muito, ah!, desde meus anos de juventude agitava-se meu coração, como um rio tormentoso, mais e mais em direção ao objetivo de estancar a fonte da miséria em que via, ao meu redor, o povo imerso...

Já são mais de trinta anos que comecei a obra da qual agora me ocupo. As *Efemérides* de Iselin[7] atestam que não acredito que o

---

sivo quanto ao uso dos termos, que podem, com a devida precaução, serem tomados de forma intercambiável.

5 *Aussichten in die Ewigkeit* é uma obra publicada por Lavater que reúne, em quatro volumes, sua correspondência com Zimmermann no período entre 1768 e 1778. Johann Kaspar Lavater (1741-1801) foi um celebérrimo religioso suíço que manteve relações com os nomes mais ilustres do pensamento europeu de então, como Johann Georg Sulzer e Moses Mendelssohn. Johann Georg Zimmermann (1728-1795) foi um médico suíço muito requisitado em toda a Europa, principalmente pelas casas monárquicas – foi médico privado do rei George III da Inglaterra – e manteve correspondência com os nomes mais ilustres da época.

6 O termo aparecerá em toda a extensão da obra de Pestalozzi, e indica arte não no sentido de belas-artes, como compreendemos mais comumente hoje, mas arte no sentido do latim *ars*, que traduz o grego τέχνη (*tékhnē*), indicando uma técnica, habilidade, engenho, processo. Todas as derivações de arte, artificial, artificioso etc. se referem a essa ideia.

7 Isaak Iselin (1728-1782) foi um pensador suíço muito afamado, tendo mantido contato com nomes como Georges-Louis Leclerc, conde de Buffon, e Jean-Jacques Rousseau. Entre 1776-1782 editou o periódico *Ephemeriden der Menschheit* (Efemérides da Humanidade), no qual Pestalozzi publicou alguns

COMO GERTRUDES ENSINA SUAS CRIANÇAS **63**

sonho de meus desejos seja mais amplo hoje do que antes, quando já buscava realizá-lo.

Vivia há tempos na pobreza em meio a mais de cinquenta mendiguinhos, partilhava com eles meu pão, vivia eu mesmo como um mendigo para ensinar mendigos a viverem como homens.

O ideal de sua formação [Bildung] compreendia a agricultura, a manufatura e o comércio. Eu estava, nesses três domínios, cheio de grandes ideias e seguro daquilo que concernia ao essencial deste plano e, ainda hoje, não reconheço nenhum erro em seus fundamentos. Contudo, também é bem verdade que me faltava nesses três domínios aptidões para o detalhe e uma alma capaz de se ligar solidamente às pequenas coisas: também não era rico o suficiente e era muito desamparado para ter sob minhas ordens pessoal suficiente para suprir o que me faltava. Meu plano falhou.

Mas eu havia aprendido, com os incomensuráveis esforços feitos nessa tentativa, uma verdade incomensurável, e minha convicção sobre a justeza de meu plano não foi nunca maior do que quando ele naufragava. Também meu coração, sempre inabalável, batia pelo mesmo objetivo, e então, na miséria, eu aprendia a conhecer a miséria do povo e suas causas, mais profundamente e como nenhum felizardo jamais conheceu. Eu sofria o que o povo sofria e ele se mostrava, a mim, como era, e como a ninguém havia se mostrado. Por muitos anos vivi em meio ao povo como a coruja em meio às outras aves. Mas, em meio às risadas sarcásticas dos homens que me afastavam para longe, em meio aos sarcasmos dos que me gritavam "Pobre coitado! Você, menos ainda que o último dos quebra-galhos está em condição de ajudar a ti mesmo e imagina que pode ajudar o povo?", em meio ao sarcasmo que lia em todos os lábios, não cessava o tempestuoso rio de meu coração que aspirava mais e mais a um único

---

textos e teve suas obras analisadas. Assim, ele busca essa referência como prova de que desde muito cedo sua preocupação era sanar a miséria na qual os pobres viviam. Veja-se, por exemplo, os títulos de dois textos publicados no ano de 1777: *Um pedido a filantropos e patronos para gentilmente subsidiarem uma instituição para dar a crianças pobres, em uma casa de campo, educação e trabalho* e *Carta ao senhor R. E. T. sobre a educação de jovens camponeses pobres.*

64 JOHANN HEINRICH PESTALOZZI

objetivo: estancar as fontes da miséria em que via imerso, em meu entorno, o povo. E, por outro lado, minha força se fortalecia mais e mais, minha infelicidade me ensinava cada vez mais a verdade de minha finalidade. O que não iludia a ninguém, iludia sempre a mim. Contudo, o que iludia a todos, já não me iludia mais.

Eu conheci o povo como ninguém ao meu redor o conhecia. O júbilo pelos ganhos do algodão, sua riqueza crescente, suas casas caiadas, suas magníficas colheitas, mesmo o socratismo exercido por alguns de seus professores e os círculos de leitura dirigidos por filhos de funcionários públicos [*Untervogtssöhnen*][8] e por barbeiros – nada disso me iludia. Eu via sua miséria, mas me perdia no vasto quadro de tantas fontes isoladas e dispersas, e não progredia na força prática para aliviar seus males no grau que correspondesse à extensão de meus conhecimentos sobre a verdade de sua situação. E o próprio livro que expressava, com ingenuidade, meu sentimento sobre essa situação, *Leonardo e Gertrudes*,[9] era uma obra da minha impotência interior e se erguia, entre meus contemporâneos, como uma pedra que fala da vida, mas que está morta. Muitas pessoas lhe lançaram um olhar, mas consideravam tão pouco a mim e a meu objetivo, assim como eu mesmo não considerava nos detalhes as forças e os conhecimentos que eram pressupostos para sua realização.

Eu mesmo me negligenciava e me perdia num torvelinho de um poderoso ímpeto para realizações exteriores cujos fundamentos internos ainda não havia elaborado de forma suficientemente profunda em mim.

Se tivesse feito isto, a que altura interior poderia ter me elevado para minha finalidade, com quanta rapidez teria alcançado meu

---

8 De acordo com o *Schweizerisches Idiotikon*, o termo *Undervogt* designa a pessoa responsável por um distrito (*Bezirk*) ou municipalidade (*Gemeinde*).

9 *Lienhard und Gertrud*, romance de Pestalozzi que lhe granjeou fama internacional. Publicado em quatro partes entre 1781 e 1787, narra a história de um casal muito pobre e seus esforços para sobreviver ao mesmo tempo que a figura central, Gertrudes, educa seus filhos. É essa personagem que dá o nome à presente obra, embora Gertrudes não apareça em nenhum momento durante o texto. Existe a possibilidade de que o título tenha sido sugerido pelo editor.

COMO GERTRUDES ENSINA SUAS CRIANÇAS **65**

objetivo, que nunca alcançava porque não era digno dele e buscava apenas sua realização exterior. Eu deixava meu amor à verdade e à justiça se transformarem em uma paixão que me arrastava nas ondas da vida como um junco solto, e que me impedia, dia após dia, de fazer as raízes soltas brotarem novamente em solo firme, encontrando aí o alimento que era tão essencial para meu objetivo. Era uma esperança tão vã esperar que outro retirasse das ondas esse junco e o plantasse no solo em que eu mesmo falhava em plantá-lo.

Caro amigo, quem tem uma só gota de meu sangue, este sabe agora onde eu tive que me afundar. E você, meu estimado Geßner, antes que siga lendo, dedique uma lágrima à minha caminhada.

Uma inquietação profunda me consumia. O que é verdade eterna e justiça eterna, minha paixão convertia em devaneios. Eu me prendia obstinadamente a sons e palavras que haviam perdido em mim a ligação com minhas verdades íntimas, me afundava dia após dia na veneração de frases feitas e no estrondo das prescrições dos charlatães[10] com as quais os novos tempos queriam auxiliar o gênero humano.

Contudo, não era que não percebesse meu naufrágio, nem que não me esforçasse para impedi-lo. Escrevi em três anos, com um esforço inacreditável, minhas *Investigações sobre a marcha da natureza no desenvolvimento do gênero humano,*[11] principalmente com o

---

10 No original, "von Gemeinsprüchen, und zum Trommelschlag der Charletanrezepte": *Gemeinsprüchen* pode ser mais apropriadamente traduzido por "ditos", mas, no caso em questão, optamos por *frases feitas* para ressaltar a ideia de uma linguagem viciada em clichês. *Trommelschlag* é o rufar de tambores, assim, as prescrições ou receitas dos charlatães como que anunciariam novos tempos. O problema do charlatanismo é muito frequente no século XVIII e é severamente criticado por Pestalozzi em diversos escritos.

11 *Nachforschungen über den Gang der Natur in der Entwicklung des Menschengeschlechts*, publicada em 1797. É uma obra de Pestalozzi de cunho eminentemente filosófico com reflexões que buscam compreender o que é a natureza – conceito-chave no século XVIII – e sua relação com a sociedade civil e como essa sociedade é estabelecida. Os capítulos finais da obra lançam três perguntas fundamentais – respondidas por Pestalozzi: "O que sou enquanto obra da natureza?", "O que sou enquanto obra da minha espécie?" e "O que sou enquanto obra de mim mesmo?". Parece ressoar aqui o modo tri-

66 JOHANN HEINRICH PESTALOZZI

propósito de me colocar em acordo com a marcha das minhas ideias mais estimadas e harmonizar meus sentimentos naturais com minhas representações sobre direito civil e moralidade. Mas essa obra não é para mim senão mais um testemunho da minha impotência interior – um mero jogo da minha faculdade de investigação, limitada, sem a força correspondente em mim mesmo, esvaziada do esforço suficiente em prol da força prática de que eu tanto tinha necessidade para alcançar meus propósitos. A desproporção entre minha força e meus conhecimentos só aumentava, e tornava o vazio em mim cada vez maior, vazio que eu devia preencher para a realização de meus fins, e que cada vez menos podia preencher.

Tampouco colhi mais do que havia semeado. O efeito de meu livro em meu entorno foi como o efeito de todas as minhas ações. Quase ninguém me compreendeu, e não encontrei entre meus próximos nem dois homens que não me dessem a entender, nas entrelinhas, que consideravam o livro todo um galimatias.[12] E mesmo recentemente, mesmo agora, um homem notável, que me estima, se exprimiu, com uma intimidade suíça, nestes termos: "*Pestalozzi*, não é verdade que você mesmo percebe hoje que, quando escreveu este livro, não sabia direito o que queria?". Assim, era este meu destino: ser incompreendido e sofrer injustiças... Deveria ter aproveitado essa lição, mas não aproveitei. Eu contrapunha à minha infelicidade o escárnio íntimo e o desprezo dos homens. Contudo, nunca me afastei de meu objetivo: mas ele se tornava rígido e vivia em uma imaginação despedaçada e um coração inquieto. Eu me rebaixava cada vez mais ao querer cultivar em um solo profanado a sagrada planta do bem-estar humano.

Geßner! Eu havia exposto, em minhas *Investigações*, as exigências de todo o direito civil como simples reinvindicações de minha natureza animal, e em certa medida a considerava como obstáculo

---

partite utilizado por Immanuel Kant na *Crítica da razão pura* ao se questionar "O que posso saber?", "O que devo fazer?", "O que me é lícito esperar?".

12 *Galimathias*, em alemão, no original. Expressa a ideia de um discurso palavroso e confuso.

COMO GERTRUDES ENSINA SUAS CRIANÇAS **67**

essencial à única coisa que tem valor para a natureza humana, como um obstáculo à pureza moral. Eu me rebaixei, em meio a manifestações de violência exterior e de paixão interior, esperando que uma simples palavra de verdade civil e de conceitos de direito tivesse um bom efeito sobre meus contemporâneos que, com algumas exceções, vivem suas vidinhas, buscam poder e correm atrás de mesas bem frequentadas.

Eu tinha cabelos brancos e era ainda uma criança, mas agora uma criança em mim mesmo profundamente destruída. E até em meio à tormenta dessa época, eu ia em direção ao objetivo da minha vida, mas de um modo cada vez mais exclusivo e errante do que costumava fazer. Agora, buscava um caminho para meu objetivo na exposição geral das velhas fontes da indigência social, em demonstrações apaixonadas do direito civil e seus fundamentos, e no uso do espírito de revolta contra diferentes sofrimentos do povo. Mas a verdade superior de meus dias passados era, para os homens ao meu redor, nada senão ruído e palavras e agora ainda mais deveria lhes parecer, minha perspectiva das coisas, uma estupidez. Como sempre, permaneciam como eram, enlodaçavam essa nova espécie de verdade, e agiam contra mim como se eu devesse ter previsto isto e não previ, porque em sonhos eu fazia flutuar meus desejos nas nuvens e porque a mim nenhum egoísmo me fazia abrir os olhos em relação aos meus contemporâneos. Eu me enganava não somente com os espertinhos, mas também com cada néscio, e simpatizava com quem estivesse à minha vista e dissesse uma boa palavra. Não obstante, eu conhecia o povo e as fontes de sua selvageria e degradação como ninguém. Mas eu não desejava absolutamente nada além do que estancar essas fontes da indigência e alcançar seu fim. E os homens novos (*novi homines*), helvéticos [*Helvetiens*],[13] que não deseja-

---

13 Refere-se aos cidadãos da República Helvética, república irmã da República Francesa decorrente da Revolução. Foi estabelecida em 1798, quando a França invadiu o território suíço. Com a dissolução da Confederação Suíça, formada por cantões independentes, a República Helvética assumiu a característica de um Estado centralizador, gerando enormes mudanças e conflitos. Em 1803, os cantões foram restaurados e a República dissolvida. Foi um período de

68   JOHANN HEINRICH PESTALOZZI

vam tão pouco e que não conheciam o povo, pensaram naturalmente que eu não era o que lhes convinha. Esses homens em sua nova posição eram como mulheres náufragas que viam qualquer feixe de palha como um mastro capaz de levar a República para terra firme; eles me consideravam, somente a mim, como feixe ao qual nem um gato poderia se agarrar. Não sabiam, e não queriam saber, mas me faziam bem, me faziam mais bem do que nenhum homem jamais me havia feito. Devolveram-me a mim mesmo e não me deixaram, enquanto eu assistia com um tranquilo assombro às mudanças para consertar o navio em meio a um naufrágio, mais do que as palavras que eu havia pronunciado nos primeiros dias da sua confusão: *"Eu quero me tornar mestre-escola"*.[14] Para isso encontrei confiança, me tornei mestre-escola e desde então lutei uma luta que me obriga contra minha própria vontade a preencher os vazios da minha impotência interior que, além disso, se colocam contra meus objetivos.

Amigo! Vou revelar a você com franqueza toda a extensão da minha existência e de meus feitos desde então. Graças a Legrand[15] eu havia ganho a confiança do primeiro Diretório referente à formação do povo [*Volksbildung*]: estava a ponto de empreender um extenso plano de educação em Aargau quando Stanz ardeu em chamas e Legrand me pediu para escolher, dessa vez, o lugar da infelicidade como lugar de minha estada. Eu fui. Fui para os cânions mais recuados nas montanhas para me aproximar de meu objetivo, e realmente me aproximei dele. Mas imagine a minha situação: eu sozinho, completamente desprovido de todos os recursos para o ensino [*Erziehung*]. Eu sozinho era superintendente, tesoureiro, servente e quase criado, em uma casa inacabada, em meio à ignorância, a doenças e imprevistos de todo tipo. O número de crianças

---

inúmeros conflitos militares durante o qual o território suíço foi palco de enfrentamentos entre franceses, austríacos e russos. A configuração geográfica da atual Suíça se estabeleceu, em grande parte, a partir de diversas anexações territoriais feitas durante a República.

14 No original, *Schulmeister*, literalmente mestre-escola. Optamos por conservar a expressão, embora não seja de uso tão corrente em linguagem hodierna.

15 Ver nota 5 à p.10.

COMO GERTRUDES ENSINA SUAS CRIANÇAS **69**

elevou-se pouco a pouco até oitenta, todos de diferentes idades, alguns cheios de arrogância, outros habituados à mendicância, todos, salvo alguns, completamente ignorantes. Que tarefa seria formar essas crianças! Desenvolvê-las, que tarefa!

Tive a audácia de resolvê-la e em meio deles, em pé, eu pronunciava sons e os fazia repetir depois de mim. Quem quer que visse isto, ficava estupefato com o resultado. Para falar a verdade, era como um meteoro que aparecia no céu e desaparecia novamente, ninguém conhecia sua essência, eu mesmo não a conhecia. Era o efeito de uma ideia psicológica simples que repousava em meus sentimentos, mas da qual eu não estava claramente consciente.

Tomei efetivamente as rédeas da arte que buscava – uma experiência prodigiosa! Um clarividente certamente não tentaria fazê-lo... Felizmente eu estava cego, senão jamais teria tentado. Eu definitivamente não sabia o que fazia, mas sabia o que queria, e era isto: morrer ou alcançar meus objetivos!

Mas os meios para tanto eram apenas o resultado direto da necessidade de abrir caminho em meio à minha situação de infinita confusão.

Eu não sei, e mal posso compreender como passei por isso. De certo modo, joguei com a necessidade, desafiei as dificuldades que se punham diante de mim como montanhas, opus à aparente impossibilidade física a força de uma vontade que não via nem se preocupava com os instantes seguintes, que se prendia ao presente como se só ele existisse e a vida e a morte dele dependessem.

Assim trabalhei em Stanz até o dia em que a aproximação dos austríacos atingiu o coração de minha obra,[16] e os sentimentos que me oprimiram reduziram a zero minhas forças físicas quando abandonei Stanz. Até este momento eu não estava em acordo comigo

---

16 Entre 4 e 6 de junho de 1799 ocorre a chamada Primeira Batalha de Zurique, com o enfrentamento dos exércitos francês e austríaco às margens do rio Limmat. A vitória austríaca força a retirada do exército francês, que sustentava a República Helvética. A casa utilizada por Pestalozzi será transformada em hospital de campanha dos franceses. Stanz situa-se a cerca de 60 km de Zurique.

mesmo sobre os fundamentos de meu percurso, mas, como havia tentado o impossível, encontrei o possível, o que não havia pressentido. Agora, eu entrara em uma mata fechada na qual durante séculos nenhum homem havia pisado, encontrei, por trás da mata, pegadas que me conduziram à via principal que também durante séculos ninguém havia pisado.

Por um momento, passo aos pormenores.

Vendo-me na necessidade de instruir sozinho e sem nenhum auxílio muitas crianças, aprendi a arte de ensinar a muitas, umas por meio das outras, e como não dispunha de outro meio senão a declamação em voz alta, concebi naturalmente o pensamento de fazê-las desenhar, escrever e trabalhar enquanto aprendiam.[17] A desordem produzida por essa multidão que repetia a lição me fez sentir a necessidade do ritmo, e o ritmo aumentava a impressão causada pela lição. A absoluta ignorância de todas me levou a permanecer longamente nos pontos iniciais, e foi desse modo que experienciei o aumento da sua força interior, que se obtém pelo conhecimento completo dos primeiros elementos e os resultados que produz o sentimento de completude e perfeição, ainda que nos graus mais baixos de ensino. Percebi, como nunca antes, essa ligação dos primeiros elementos de cada âmbito do conhecimento em toda a sua extensão, e, como nunca antes, percebi as imensas lacunas que deveriam resultar da confusão e da incompletude desses elementos em cada série de conhecimentos. Os resultados da atenção a essa completude excederam em muito minhas expectativas. Desenvolveu-se rapidamente nas crianças uma consciência de forças que elas desconheciam, em especial um sentimento geral do belo e da ordem. Elas perceberam a si mesmas, e o cansaço cotidiano do ambiente escolar [Schulstimmung] se desvaneceu como um fantasma da minha sala de aula. Elas queriam, podiam, perseveravam, atingiam o objetivo e riam, sua disposição não era a disposição do estudante, era a disposição de forças desconhecidas despertadas de seu

---

17 Este se tornou um dos princípios fundamentais do pensamento pedagógico de Pestalozzi.

COMO GERTRUDES ENSINA SUAS CRIANÇAS   **71**

sono e um sentimento que eleva o espírito e o coração até onde essas forças podiam conduzi-las e as conduziriam.

As crianças ensinavam as crianças, tentavam realizar o que eu apenas dizia. Também até aqui me conduziu a necessidade. Como não tinha nenhum colaborador, colocava uma criança mais capaz entre duas menos capazes, a primeira dava as mãos a suas companheiras e dizia a elas o que sabia, e elas aprendiam a repetir o que não sabiam.

Caro amigo! Você ouviu a barafunda dessa aprendizagem de todos ao mesmo tempo e viu seu ânimo e sua felicidade. Diz-me você mesmo, como foi para você quando viu tudo isso... Vi suas lágrimas e a fúria fervia em meu peito contra o homem que ainda podia pronunciar estas palavras: "O enobrecimento do povo é apenas um sonho".

Não, absolutamente não é um sonho: é uma arte que vou colocar nas mãos das mães, nas mãos das crianças e nas mãos da inocência, e então o miserável se calará e não dirá mais: "É um sonho!"

Deus! Como te agradeço pela minha indigência! Sem ela não pronunciaria estas palavras e não reduziria esse homem ao silêncio.

Minha convicção agora é total. Durante muito tempo não foi assim, mas eu também tive em Stanz crianças cujas forças, ainda não paralisadas pelo cansaço de uma disciplina doméstica e escolar antipsicológica, desenvolveram-se rapidamente. Era um outro gênero: mesmo os seus pobres eram outros homens comparados com os pobres da cidade e os nossos fracotes alimentados com milho e vinho. Eu vi a força da natureza humana e suas propriedades em seu jogo multifacetado e manifesto. Sua deterioração era a deterioração da natureza saudável, uma diferença incomensurável em relação à deterioração resultante da atonia desesperançosa e da atrofia completa.

Vi nessa mistura de ignorância involuntária uma força de intuição e uma sólida consciência do reconhecido e do visto, da qual nossas marionetes de abecedário[18] não tinham nenhum pressentimento.

---

18 No original, *"ABC-Puppen"*: marionetes do ABC. Pestalozzi parece querer indicar que as crianças educadas de acordo com cartilhas tradicionais eram

72 JOHANN HEINRICH PESTALOZZI

Eu aprendia com elas, teria que ser cego se não tivesse aprendido a conhecer a relação natural que deve se interpor entre o conhecimento real e o conhecimento das letras. Aprendi com elas que o conhecimento unilateral dos livros e a confiança imperturbável, sem fundamento, nas palavras, que são apenas som e ruído, podem causar prejuízos à efetiva força de intuição e à sólida consciência dos objetos que nos rodeiam.

Havia chegado até esse ponto em Stanz. Sentia que eram decisivas minhas experiências acerca da possibilidade de estabelecer a instrução do povo sobre fundamentos psicológicos, de colocar como seu fundamento os verdadeiros conhecimentos advindos da intuição [*Anschauungserkenntnisse*] e desmascarar o vazio da pompa palavrória e superficial da atual instrução do povo. Senti que podia resolver esse problema para o homem de visão profunda e espírito imparcial, mas a multidão parcial que, como os gansos, que desde que saem dos ovos e são alimentados no estábulo e na cozinha perdem sua capacidade de voar e nadar, a essa multidão parcial eu não podia ainda fazer compreender o que eu tão bem sabia.

Estava reservado a Burgdorf abrir uma escola para isto.

Mas imagine, você que me conhece, imagine com quanto pesar parti de Stanz. Quando um náufrago, depois de noites de fadiga, sem descanso, enxerga finalmente a terra, respira a esperança de viver, e é em seguida arrastado por um vento malsão novamente para o imenso mar, em sua alma temerosa se pergunta mil vezes: por que não posso morrer? Contudo, não se joga no abismo, mas se obriga ainda a olhar com os olhos cansados em redor de si, busca novamente a margem e quando a vê força todos seus membros à exaustão. Assim eu me encontrava.

Geßner! Imagine tudo isto; considere meu coração e minha vontade, meu trabalho e meu fracasso, minha infelicidade e o estreme-

---

como marionetes que apenas reproduziam aquilo que lhes era repassado, assim como as marionetes do teatro realizam os movimentos de quem as manipula.

COMO GERTRUDES ENSINA SUAS CRIANÇAS **73**

cimento de meus nervos destruídos... meu silêncio. Assim eu me encontrava, meu amigo!

Fischer[19] me apresentou a Zehender, e encontrei em Gurnigel[20] dias de repouso e recuperação. Precisava disto. Era um milagre que eu ainda vivesse. Mas não era ainda a margem que buscava, era uma pedra em meio ao mar na qual eu descansava, para depois nadar novamente. Enquanto viver, jamais esquecerei esses dias, Zehender! Eles me salvaram. Mas não podia viver sem minha obra mesmo nos instantes em que, do alto do Gurnigel, eu via a beleza do imenso vale sob meus pés, que até então eu não havia visto de uma perspectiva tão vasta; mesmo assim, pensava nesses instantes mais no povo instruído de forma deplorável do que na beleza da vista. Eu não podia e não queria viver sem meu objetivo.

Minha partida de Stanz, embora eu estivesse a dois passos da morte, não foi resultado de meu livre-arbítrio, mas sim o resultado de manobras militares, e a total impossibilidade temporária do prosseguimento de meu plano renovou a velha fofoca sobre minha inutilidade e total incapacidade de perseverar em qualquer ocupação que fosse. "Sim", diziam meus próprios amigos, "durante cinco meses é possível dar a impressão de que pode trabalhar, mas do sexto certamente não passa. Devia-se saber de antemão que ele não pode fazer nada por completo, e que jamais foi, no fundo, capaz de realizar qualquer coisa, senão um romance que, mesmo nesse caso, tenha sobrevivido a si mesmo." Diziam na minha cara: "Seria uma loucura acreditar que, pelo fato de que um homem tenha *escrito* algo razoável aos trinta anos de idade, possa, nos seus cinquenta, *fazer* algo razoável". Dizia-se em alto e bom som que o máximo que se poderia dizer em prol de minha pessoa era isto: eu cogitei, aqui e ali, belos sonhos, e como todo louco que cogita algo, aqui e ali, cogitando meus sonhos e andando sobre um cavalo de pau, eu tinha

---

19 Johann Rudolf Fischer (1772-1800). Teólogo, trabalhou como secretário responsável pela instrução pública para o ministro Phillip Albert Stapfer. Esteve envolvido em questões educacionais e foi um grande apoiador de Pestalozzi.

20 Uma montanha no cantão de Berna.

74 JOHANN HEINRICH PESTALOZZI

um pensamento luminoso. É compreensível que ninguém me escutasse: todos tinham o mesmo juízo, e não poderia ser diferente, uma vez que as coisas se arruinaram novamente para mim em Stanz, e tudo estava realmente arruinado.

F... me relatou acerca disso uma singular conversa entre amigos que aconteceu em público, mas não entro em detalhes. O primeiro disse:

– Você viu que terrível sua aparência?

O outro: Sim, o pobre louco me dá pena.

O primeiro: A mim também, mas é impossível ajudá-lo. Toda vez que, por um momento, é iluminado por um brilho, acredita-se que ele pode realmente fazer algo, e já no momento seguinte está tudo escuro à sua volta, e se se aproxima dele, ele apenas se consumiu a si próprio.

O outro: Se tivesse ao menos uma vez feito algo por completo! É impossível ajudá-lo, até que vire cinzas.

O primeiro: Deus sabe! Deve-se desejar isso para ele.

Essa era a recompensa de meu trabalho em Stanz, um trabalho que nenhum mortal havia ainda tentado em tal proporção e sob tais circunstâncias, cujos resultados interiores me trouxeram ao ponto em que me encontro agora.

Admiraram-se quando me viram descer do Gurnigel com a mesma vontade e com os mesmos objetivos de antes, não querendo nem buscando outra coisa senão um canto no qual eu pudesse – sem a negatividade de ninguém – atar novamente o fio onde eu o havia deixado.

Rengger[21] e Stapfer[22] se alegraram. O juiz superior Schnell[23] me aconselhou que fosse a Burgdorf e alguns dias depois estava lá, e

---

21 Ver nota 10 de "Carta de Pestalozzi a um arnigo sobre sua estadia em Stanz, 1799".

22 Nota 9 de "Carta de Pestalozzi a um amigo sobre sua estadia em Stanz, 1799".

23 Samuel Ludwig Schnell (1775-1849) atuou no campo jurídico, entusiasta da Revolução Helvética e apoiador de Pestalozzi. Foi professor de direito e trabalhou pela profissionalização da profissão de juiz.

COMO GERTRUDES ENSINA SUAS CRIANÇAS **75**

encontrei no prefeito Schnell[24] e no doutor Grimm[25] dois homens que conheciam a areia movediça sobre a qual estavam estabelecidas nossas velhas escolas apodrecidas, e que não achavam impossível encontrar um solo firme embaixo dessa camada de areia. Devo-lhes gratidão. Eles prestaram atenção aos meus objetivos e me ajudaram a assentar, com ações e boa vontade, o caminho que eu buscava.

Mas aqui também havia dificuldades. Por sorte consideraram a mim desde o princípio mais ou menos como um desses mestres--escolas ambulantes que vão de um lado para o outro em busca do seu pão. Alguns ricos me saudavam amigavelmente, alguns religiosos me davam as bênçãos de Deus para minhas intenções, algumas pessoas prudentes acreditavam que poderia sair daí algo de útil para seus filhos. Todos pareciam se contentar em esperar até que algo resultasse disso tudo.

Mas o professor da escola para não burgueses,[26] da cidade baixa, à qual eu realmente fui destinado, levou a questão um pouco mais a sério. Acredito que ele pensava que o fim último da minha fervorosa declamação do ABC[27] tinha por finalidade tomar seu lugar com unhas e dentes. Um dia se espalhou pelas ruas vizinhas à es-

---

24 Johannes Schnell (1751-1824), doutor em direito, desempenhou diversas funções em Burgdorf, da qual veio a ser prefeito na época referida por Pestalozzi. Recusou-se a trabalhar para o Tribunal Superior da República Helvética, tendo sido um dos principais apoiadores de Pestalozzi em Burgdorf.

25 Provavelmente trata-se de Johann Rudolf Grimm (1742-1826), médico de uma tradicional família de Burgdorf que apoiava incondicionalmente o projeto de Pestalozzi. A referência a Grimm consta de uma nota presente na edição *Briefe Aus Den Jahren 1798 Bis 1805 (Nr. 760-1065)*, Zurique: Orell Füssli Verlag, 1951, p.617.

26 No original, *"Hintersassen-Schulmeister"*: o termo *Hintersassen* faz referência a um *status* legal indicando pessoas que passam a residir em um local, mas que têm direitos restritos em comparação aos burgueses e às famílias antigas. Trata-se de uma antiga instituição que advém do período medieval e apresenta alto grau de complexidade, o que no caso suíço se ramifica na questão dos cantões.

27 No original, *"ABC-Krähens"*: literalmente, da gritaria do ABC. *Krähen* pode ser traduzido por gralha, pássaro da família dos corvos conhecido justamente por emitir um som alto e marcante, repetido à exaustão. No Brasil encontramos a expressão "falar como uma gralha", uma analogia apropriada à intenção de Pestalozzi ao referir-se a si mesmo de modo cômico.

76 JOHANN HEINRICH PESTALOZZI

cola o rumor de que o *Catecismo de Heidelberg*[28] estava em perigo. Nas cidades reformadas da Suíça este ainda é o alimento ao qual estão restritas, de caso pensado, as crianças dos burgueses e dos não burgueses, assim, como sempre, os camponeses mais desvalidos de nossas aldeias. E você sabe que isto dura até o dia em que devem ir ao pastor fazer os votos, isto é, até o dia dos votos de casamento.

Mas o boato do catecismo não foi o único. Nas ruas, cochichavam entre si que eu não sabia nem ler, nem fazer contas e tampouco ler corretamente.

Bem, meu amigo, você veja, no falatório da rua nem tudo é sempre mentira: eu realmente não podia escrever direito, nem ler nem fazer contas. Mas sempre se deduzem muitas coisas dessas palpáveis verdades da rua. Você viu, em Stanz, que eu podia ensinar a escrever, sem nem mesmo poder escrever direito, e certamente minha incapacidade para todas essas coisas era realmente necessária se eu quisesse aceder à mais alta simplicidade do método de ensino [*Lehrmethode*] e encontrar meios pelos quais até mesmo as pessoas menos exercitadas e mais ignorantes pudessem, junto de suas crianças, chegar a esse objetivo.

Entretanto, também não se podia exigir que os não cidadãos de Burgdorf aceitassem tudo o que lhes era apresentado, e menos ainda que devessem acreditar nisso tudo. Eles não acreditaram. Em uma reunião, declararam que não queriam que o novo ensino fosse testado em suas crianças, mas que os burgueses deveriam testá-lo em suas próprias crianças.

Foi o que aconteceu. Benfeitores e amigos se empenharam de todos os modos em dizer que isto era necessário para um tal lugar e para uma tal finalidade e, por fim, fui admitido no primeiro nível escolar[29] da escola da cidade alta.

---

28 *Heidelberger Katechismus*, escrito em 1536 como um conjunto de lições destinadas a ensinar a doutrina cristã reformada. Compõe-se de uma série de 129 perguntas e respostas sobre os evangelhos para serem lidas todos os domingos, totalizando 52 domingos em um ano. É utilizado até hoje por alguns ramos da igreja reformada.

29 No original, *"untersten Lehrschulen"*, literalmente, escola mais baixa. Pestalozzi provavelmente se refere ao que hoje, no sistema educacional suíço, seria

COMO GERTRUDES ENSINA SUAS CRIANÇAS   77

Eu me considerava feliz. Contudo, no início, estava espantado, temia a todo instante que me tirassem uma vez mais da minha sala de aula. Isto me deixava verdadeiramente desconfortável, como me sentia de costume, e quando penso no ardor e na vida nos primeiros momentos em Stanz onde construí uma espécie de templo encantado, e então na hesitação com a qual me rastejei até Burgdorf sob o jugo do ofício escolar, mal posso compreender como o mesmo homem pode fazer primeiro uma coisa, depois a outra.

Aqui havia ordem escolar, aparência de responsabilidade, algum pedantismo e alguma pretensão. Tudo isto era estranho para mim. Nunca em minha vida havia lidado bem com essas coisas, mas queria alcançar meu objetivo, então eu lidei. Declamava diariamente meu ABC de manhã até a noite, e prosseguia sem plano a marcha empírica que tive que interromper em Stanz. Combinava incansavelmente séries de sílabas, preenchia cadernos inteiros com essas séries e com séries de números e procurava de todo modo simplificar o máximo possível o início da soletração e do cálculo. Procurava uma forma que devesse conduzir, com elevada arte psicológica, dos primeiros passos gradualmente até os segundos, mas sem lacunas, e assim que o fundamento dos segundos fosse totalmente compreendido, de forma rápida e segura levar aos terceiros e quartos passos. Mas, em lugar das letras que eu fazia as crianças em Stanz desenharem com o estilo,[30] eram agora ângulos, quadrados, linhas e arcos que eu os fazia traçar.

Com esse trabalho desenvolveu-se pouco a pouco em meu espírito a ideia da possibilidade de um *ABC da intuição*, hoje muito importante para mim e cuja realização me fez vislumbrar, embora de modo vago, a envergadura de um método de instrução universal [*allgemeinen Unterrichtsmethode*]. Passou-se muito tempo até que se

---

chamado de *Primarstufe*, nível primário, que inclui o *Kindergarten* (jardim de infância) entre 1-2 anos e o *Eingangstufe* (nível de entrada) entre 1-5 anos. Contudo, é improvável que nessa época crianças tão pequenas frequentassem a escola, o que nos leva a apontar a faixa entre 5-8 anos como a classe destinada a Pestalozzi. Cf. <https://www.edk.ch/de/bildungssystem/grafik>.

30 No original, "*Griffel*", ver nota 41 à p.81.

78   JOHANN HEINRICH PESTALOZZI

tornasse claro para mim, e isto lhe parecerá incompreensível, mas é certamente verdadeiro: eu tinha elaborado já havia meses todos os princípios elementares da instrução, tinha feito todo o possível para alcançar o máximo da simplicidade, mas não conhecia ainda seu encadeamento, ou, ao menos, este não estava claro para mim. Sentia que a cada hora passada eu avançava mais e mais, a passos largos.

Quando era jovem, já me haviam preconizado como algo sagrado o servir de baixo, mas agora sei por experiência que, para operar milagres, homens com cabelos grisalhos também devem servir de baixo para cima. Não quero operar nenhum milagre, tampouco apresento as precondições para tal e jamais trarei em minhas mãos nem sua verdade nem sua charlatanice. Contudo, se homens da minha idade tivessem ainda sua cabeça no lugar e nervos intactos, e em uma empreitada como a minha quisessem ou devessem também servir de baixo para cima, chegariam a isto por ambos os caminhos.

Mas não, tais homens procuram, na minha idade, como é conveniente e razoável, sua poltrona. Comigo se passa algo muito distinto, devo ainda me alegrar em meus dias de velhice que se permita que eu sirva de baixo para cima. Faço isto com prazer, mas do meu modo próprio. Procuro, com todas as minhas ações, e todos os meus esforços se voltam a buscar a rua principal cujas vantagens consistem em que sua reta direção e seu curso fazem desaparecer a magia de todas as vias tortuosas nas quais costumeiramente os homens alcançam a glória e fazem milagres.

Se chego a realizar completamente o que busco, então preciso apenas me exprimir acerca disso, e a mais simples das pessoas será capaz de fazê-lo depois de mim. Mas, apesar da minha nítida previsão de que não chegaria, assim, nem a alcançar a glória nem a realizar milagres, considero o coroamento de minha vida ter servido nos dias de minha velhice e nesses anos conturbados, de baixo para cima. As vantagens de agir assim se tornam dia a dia mais evidentes para mim. Tomei as rédeas de todas as partes das obrigações poeirentas da escola, não apenas superficialmente, mas das oito da manhã até as sete horas da noite, com apenas algumas horas de interrupção, sempre com afinco. Chocava-me, naturalmente, a todo

COMO GERTRUDES ENSINA SUAS CRIANÇAS **79**

instante, com fatos que traziam à luz a existência de leis físico-mecânicas segundo as quais nosso espírito recebe e conserva, mais ou menos facilmente, as impressões exteriores. Também organizava cada dia mais meu ensino segundo o sentimento de tais regras, mas nunca estive realmente consciente de seu fundamento até o dia em que o conselheiro executivo Glayre,[31] a quem eu tentava explicar a essência de meu método durante o verão passado, me disse: "*Vous-voulez mécaniser la éducation*".[32]

Foi certeiro e me colocou na boca a exata expressão que designava a essência de meu objetivo e todos os meios para alcançá-lo. Talvez tenha permanecido muito tempo sem encontrar essas palavras porque não me dava conta do que fazia em meu percurso, me abandonando a sentimentos muito nebulosos, porém vívidos, que asseguravam minha caminhada, mas não me deixavam reconhecê-la – não poderia fazê-lo de outro modo. Já havia trinta anos que eu não lia nenhum livro e tampouco era capaz de ler algum, não possuía mais linguagem para conceitos abstratos e vivia apenas com minhas convicções, que eram o resultado de incomensuráveis intuições, em grande parte esquecidas.

Assim, sem ter consciência do princípio do qual partia, comecei, pelos assuntos que explicava às crianças, a me aproximar daquelas coisas que costumam tocar seus sentidos. Então, quando procurava os começos da instrução em seus elementos mais primevos, procurei indagar também sobre o início da instrução das crianças em sua origem, e logo me convenci: a primeira hora de sua instrução é a hora de seu nascimento.

Desde o instante em que os seus sentidos se tornam receptivos às impressões da natureza, desde esse instante a natureza as instrui. A novidade da vida mesma não é outra coisa que a capacidade amadurecida de receber essas impressões, não é outra coisa senão o

---

31 Pierre Maurice-Glayre (1743-1819), pastor protestante com intensa atividade política. Destaque-se que foi secretário particular e conselheiro pessoal de Stanilas Poniatowski, último rei da Polônia. Participou ativamente da vida política suíça tendo ocupado inúmeros cargos de relevância.

32 Em francês, no original: "Você quer mecanizar a educação".

80 JOHANN HEINRICH PESTALOZZI

despertar dos gérmens físicos completamente desenvolvidos, que agora, com todas as suas forças e todos os seus impulsos, vão em direção ao desenvolvimento de sua autoformação [*Selbstbildung*]. Por fim, não é outra coisa que o despertar do animal agora completo que quer tornar-se humano e deve tornar-se humano.

Toda instrução do homem não é senão a arte de dar a mão a essa tendência da natureza em direção a seu próprio desenvolvimento, e essa arte reside essencialmente no colocar em relação e harmonia as impressões a serem gravadas na criança de acordo com o grau exato do desenvolvimento de sua força. Há, pois, necessariamente, nas impressões que devem ser transmitidas à criança pela instrução, uma sequência a seguir, na qual o início e o progresso devem seguir exatamente passo a passo o início e o progresso das forças em desenvolvimento da criança. Logo observei que era preciso investigar essas sequências em todos os domínios do conhecimento humano, e sobretudo nos princípios fundamentais dos quais procede o desenvolvimento do espírito humano, sendo este unicamente o caminho para, em algum momento, chegar a elaborar livros didáticos[33] que satisfaçam nossa natureza e nossas necessidades. Desse modo, logo vi no que deveria consistir essencialmente a elaboração desses livros: dividir as partes constituintes de toda instrução de acordo com os graus das forças crescentes da criança e determinar com a maior exatidão possível, nos três campos do conhecimento, os elementos que convêm a cada idade da criança de modo a, por um lado, não lhe privar de nada que ela seja capaz de aprender, e, por outro, não lhe sobrecarregar nem lhe confundir com algo para o qual ela não esteja apta.

Era evidente para mim: não é razoável fazer uma criança soletrar antes que se lhe tenha dado um bom nível de conhecimentos reais e discursivos. E fui convencido, por juízo, de que as crianças precisam, em sua mais tenra idade, de um direcionamento psicológico para a intuição sensata de todas as coisas. Mas, como um direciona-

---

33 No original, "*Schul- und Unterrichtsbüchern*": literalmente, livros escolares e de instrução.

COMO GERTRUDES ENSINA SUAS CRIANÇAS **81**

mento assim sem a cooperação da arte dos homens tal como são não se pode nem cogitar nem esperar, então senti irremediavelmente a necessidade de livros de intuição [*Anschauungsbüchern*] precedendo os abecedários, a fim de tornar claros para as crianças os conceitos que se lhes quer comunicar pela linguagem, com desenhos muito bem escolhidos e compostos.

A experiência confirmou plenamente meu juízo. Uma mãe afetuosa me confiou a instrução particular [*Privatunterricht*] de seu filho de três anos. Durante algum tempo, uma hora por dia, eu o visitava e pude com ele tomar, por um tempo, o pulso do meu método. Experimentei ensinar-lhe com letras, figuras, tudo o que me caísse nas mãos, isto é, com todos os meios obter dele conceitos e expressões determinadas. E o fiz nomear com precisão o que ele conhecia de cada coisa, a cor, as partes, a posição, a forma e o número. Logo tive que deixar de lado o primeiro suplício da infância, as malfadadas primeiras letras, ele não queria senão imagens e coisas, e se exprimia com precisão sobre os objetos que estavam em seu círculo de conhecimento. Também encontrava na rua, no jardim e na sala de casa referências para seus conhecimentos, e veio rapidamente a conhecer, na *História Natural* de Buffon,[34] os mais desconhecidos animais com os mais difíceis nomes em sequências completas, e a fazer sobre eles diversas observações e distinções com muita precisão, assim como sobre as plantas e os homens.

Não obstante, essa experiência não foi conclusiva para indicar os pontos iniciais da instrução. Esse menino tinha atrás de si bons três anos inutilizados, e eu estava convencido de que nessa idade a natureza já deu às crianças uma consciência precisa de uma infini-

---

34 Georges-Louis Leclerc, conde de Buffon (1705-1788), foi um eminente intelectual francês reconhecido como um dos mais importantes *naturalistas* da história. Foi diretor do *Jardin du Roi*, hoje *Jardin des Plantes*, uma espécie de jardim botânico que se tornou um centro de estudos e também um museu. É autor do celebérrimo *História Natural, geral e particular*, publicado originalmente em 36 volumes entre 1749 e 1788, obra que influenciou diversas gerações. Há tradução de parte da obra para o português pela Editora Unesp, publicada em 2021.

dade de objetos. É preciso apenas que nós, com arte psicológica, entreteçamos a linguagem a essa consciência para trazê-la a um alto grau de clareza e assim colocar as crianças em condição de ligar os fundamentos da arte em sua multiplicidade e os fundamentos da verdade em sua multiplicidade àquilo que a natureza ensinou e, por outro lado, utilizar o que a natureza ensinou como meio de esclarecimento de todos os fundamentos da arte e da verdade que se lhes quer inculcar. Quando já se encontram nessa idade, sua força e sua experiência são crescidas, mas nossas escolas antipsicológicas [*unpsychologischen Schulen*] não são em essência outra coisa senão máquinas de asfixiar artificialmente o que resulta da força e da experiência que a própria natureza faz viver nas crianças.

Você sabe, meu amigo. Mas represente-lhe ainda por um momento todo o horror desse assassinato. Até os cinco anos abandonam-se as crianças ao pleno gozo da natureza, deixa-se toda impressão agir sobre elas, já sentem sua força, já estão bem avançadas no gozo sensível da falta de disciplina e todos os seus encantos, e a livre marcha da natureza que o feliz selvagem segue em seu desenvolvimento já ganhou para elas sua mais determinada direção. E depois de terem durante cinco anos inteiros desfrutado as delícias da vida sensível, de uma só vez faz-se desaparecer a natureza diante de seus olhos, encerra-se tiranicamente o curso encantado de sua liberdade, de sua existência livre de coação. São arremessadas como ovelhas, em manadas, em uma sala infecta, presas implacavelmente por horas, dias, semanas, meses, anos à contemplação dessas letras infelizes, sem encanto, monótonas, e a uma forma de vida tão enlouquecidamente contrastante com sua vida anterior.

Paro aqui minha descrição, senão chegaria mesmo à imagem do mestre-escola e ao contraste desconcertante entre seu ser e seu fazer, e entre sua condição e sua miséria e a amada natureza.

Mas diga-me, meu amigo: a faca que corta a garganta do criminoso e o faz passar da vida à morte pode produzir em seu corpo uma impressão mais forte que aquela que produz na alma das crianças uma tal passagem da longa fruição da bela natureza à mais lastimável vida escolar [*Schulgang*]?

COMO GERTRUDES ENSINA SUAS CRIANÇAS **83**

Os homens serão sempre cegos, não irão nunca às primeiras fontes das quais surge o aniquilamento de nosso espírito, à destruição de nossa inocência, à ruína de nossa força e de tudo que se origina dela, que nos conduz a uma vida insatisfeita e, dentre milhares de nós, à morte nos hospitais e à loucura em correntes e camisas de força?

Caro Geßner! Quão bem jazerei em meu túmulo se tiver podido contribuir com algo para dar a conhecer essas fontes! Quão feliz me sentirei em meu túmulo se chegar a unir, na instrução do povo, a natureza e a arte, tão intimamente como agora estão violentamente separadas! Ah! Todo o meu ser se rebela ao ver a natureza e a arte não somente separadas na instrução do povo, mas colocadas *em contradição* até a loucura por homens perversos!

É como se um espírito maligno tivesse destinado há séculos para nossa parte do mundo e a nossa época a mais refinada arte dessa infernal separação para nos tornar, neste século filosófico, mais impotentes e mais miseráveis do que o gênero humano jamais foi em nenhuma parte do mundo, em nenhuma outra época, por causa do autoengano, da arrogância e da vaidade.

Com quanto gosto esqueço um mundo que assim se mostra! e que prazer tenho, nesse estado de coisas, de ter ao meu lado o pequeno e amado *Ludwig*, cujos caprichos me obrigam a penetrar sempre mais fundo no espírito dos livros elementares para as criancinhas![35] Sim, meu amigo, esses livros são o golpe certeiro que será dado e precisa ser dado contra a falta de sentido da instrução [*Unterrichtsunsinn*] de nosso tempo. Seu espírito se me torna cada vez mais claro, eles devem partir dos elementos mais simples do conhe-

---

35 No original, *"Anfangsbücher für die Unmündigen"*. *Unmündigen* é traduzido mais literalmente como "menores", isto é, os que não respondem por si. Embora não faça um uso forte do termo *Unmündigen*, não seria despropositado lembrar que esse termo remete à menoridade intelectual, por exemplo, no uso que Immanuel Kant faz dela em relação aos indivíduos que não são capazes de pensar por si mesmos. Literal e etimologicamente, significa aquele que não é capaz de fazer uso de sua própria boca (*Mund*), o que a relaciona com o latim *infans*, aquele que – ainda – não fala.

cimento humano, devem imprimir profundamente nas crianças as mais essenciais formas de todas as coisas, devem desenvolver logo cedo e de modo nítido a primeira consciência das relações de números, devem dar as palavras e a linguagem apropriada para o todo de sua consciência e de suas experiências, devem suprir amplamente os primeiros graus da escada do conhecimento à qual a natureza, ela mesma, nos conduz a toda arte e toda força.

Que lacuna é para nós a falta desse livro! Falta-nos não somente na medida em que devemos dá-lo a nós mesmos através de nossa arte, mas também na medida em que o devemos fazer não apenas uma única vez. Também seu espírito, que a natureza inteira faz viver ao redor de nós sem nossa participação, esse espírito nos falta, e empregamos contra nós mesmos violência quando, com nossas deploráveis escolas do povo e seu ensino exclusivo das letras [*einseitige Buchstabenlehre*], extinguimos em nós mesmos o último traço do buril incandescente com o qual a natureza quer gravar este livro em nosso coração.

Mas, volto a meu caminho.

Ora, na medida em que, no interesse do próprio método e das crianças que devem ser formadas [*gebildet*] desde o berço de acordo com ele, segui os rastros dos elementos primeiros de toda instrução e de toda força. Tomei, em relação aos escolares formados fora do método, e que caíam em minhas mãos, medidas que pareciam diretamente contrárias aos meus princípios e sobretudo às sequências psicológicas do conhecimento das coisas e das palavras que deveriam servir de fios condutores para o desenvolvimento de conceitos na criança. Eu não podia fazer diferente, precisava investigar como que às cegas o grau de força que não pude fundamentar neles. Eu o fiz de todos os modos que me eram possíveis, e encontrei essa força mesmo em meio aos destroços do mais completo desamparo, por toda parte mais amplamente desenvolvido do que me parecia ser possível com a falta inacreditável de todo conhecimento e toda força de sua educação.

Em toda a extensão em que o homem exerceu influência, encontrei uma inominável lassidão, mas, por detrás dessa lassidão, a natureza ainda não estava morta. Passei por essa experiência, e posso dizer: demora muito, inacreditavelmente muito tempo para que o erro e o delírio do gênero humano sufoquem por completo nossa natureza no coração de uma criança. Um deus colocou em nosso peito um contrapeso ao nosso desvario contra nós mesmos. A vida e a verdade da natureza inteira, que circunda nossa existência, sustêm esse contrapeso e a eterna complacência do Criador, que não quer que o sagrado de nossa natureza se perca em nossa fraqueza e nossa inocência, antes, que todas as crianças [dos homens] alcancem com *segurança* o conhecimento da verdade e da justiça, exceto se, por si mesmas, percam a dignidade de sua natureza interior e *por sua própria culpa e com plena consciência dela,* se extraviem no labirinto do erro e nos abismos do vício. Mas os homens não sabem o que Deus fez por eles, e não dão peso algum à incomensurável influência da natureza em nossa formação [*Bildung*], ao contrário, fazem de cada migalha que agregam mal e porcamente a essa vigorosa ação um alarde, como se sua arte fizesse tudo para o gênero humano e a natureza, nada. E, não obstante, é a natureza sozinha que nos faz todo o bem, sozinha nos conduz de modo incorruptível e imperturbável à verdade e à sabedoria.

Quanto mais seguia seus rastros, mais buscava ligar minha ação à sua, empregava todas as minhas forças para seguir seus passos, e maiores pareciam seus passos, mas também imensa a força da criança para segui-los. Não encontrei em parte alguma fraqueza senão na arte de utilizá-la, e em mim mesmo, na medida em que queria conduzir uma carroça ali onde não era preciso, pois movimenta-se por si mesma, sendo necessário apenas carregá-la. Eu refletia três vezes antes de sequer pensar que "as crianças não são capazes", e dez vezes antes de dizer "é impossível para elas". Elas realizavam coisas que para mim mesmo, por sua idade, pareciam impossíveis. Fiz crianças de três anos soletrarem o galimatias mais insensato possível apenas porque era extremamente difícil.

Amigo! Você escutou crianças que não tinham nem quatro anos soletrar de cor as frases mais compridas e difíceis. Pensaria você que seria possível tal coisa se não tivesse visto? Ensinava até mesmo a

86   JOHANN HEINRICH PESTALOZZI

lerem folhas inteiras de geografia escritas com as mais difíceis abreviações, e as mais desconhecidas palavras indicadas com apenas algumas letras, em uma época em que mal podiam soletrar os caracteres impressos. Você viu com que exatidão e precisão elas liam essas folhas e a perfeita facilidade com a qual podiam memorizá-las.

Experimentei também esclarecer, gradualmente, a algumas crianças mais velhas, algumas proposições muito complicadas e ininteligíveis da doutrina da natureza. Elas aprendiam completamente de memória as proposições, pronunciando-as e lendo, bem como as perguntas cujas proposições respondiam. No começo era como todo catecismo, um mero papagaiar [*papageienartiges Nachsprechen*] de palavras obscuras e incompreensíveis. Apenas a nítida separação dos conceitos singulares, a ordenação determinada nessas separações, gravando-se profundamente na consciência, até se tornarem indeléveis, essas palavras obscuras, mas que, em meio a sua escuridão, lançam um raio de luz e claridade, as aproximaram paulatinamente do sentimento de verdade e compreensão dos objetos em questão que, como a luz do sol, atravessaram pouco a pouco a mais espessa nuvem.

Em todo o percurso de minhas experiências, os princípios de minha ação tiveram que se desenvolver e precisar gradualmente em mim mesmo, e dia após dia se tornava mais claro que não se deve de modo algum raciocinar[36] com as crianças em seus primeiros anos, antes, deve-se limitar aos meios de desenvolvimento de seu espírito:

1. Ampliar cada vez mais o círculo de suas intuições.
2. Gravar nelas, de modo distinto, seguro e claro, as intuições que lhes veem à consciência.

---

36 No original, *"räsonieren"* (*raisonniren*): estrangeirismo presente na língua alemã, de clara ascendência francesa, localiza-se no âmbito semântico do raciocinar, refletir, também argumentar e, em alguma medida, divagar. Pestalozzi procura evitar a atividade exclusivamente racional, que teria base apenas discursiva, com as crianças em seus primeiros anos. Esse posicionamento se coaduna com a perspectiva pestalozziana do trabalho ou atividade manual constante com a qual a criança deve se ocupar mesmo durante exercícios de cálculo, por exemplo.

COMO GERTRUDES ENSINA SUAS CRIANÇAS 87

3. Dar a elas um conhecimento amplo da linguagem em relação a tudo o que a natureza e a arte tenham trazido à sua consciência e que trarão parcialmente a consciência.

Ao mesmo tempo que estes três pontos de vista se tornaram mais precisos a cada dia, se desenvolveu pouco a pouco em mim uma firme convicção:

1. Da necessidade dos livros de intuição para a primeira infância.
2. Da necessidade de um modo de exposição consistente e preciso desses livros.
3. Da necessidade de um direcionamento, fundado nesses livros e em seu modo de exposição, que leve ao conhecimento dos nomes e das palavras que devem ser tornados familiares às crianças mesmo antes que tenha chegado o tempo em que comecem a soletrar.

É uma vantagem inestimável para as crianças uma consciência precoce e familiar de uma vasta nomenclatura. A impressão firme dos nomes torna o objeto inesquecível para elas tão logo sejam trazidos à consciência, e um conjunto de nomes fundado na verdade e na exatidão desenvolve e sustêm neles a consciência das relações reais entre as coisas. A vantagem disto é progressiva. Nunca se deve pensar que, enquanto a criança não compreender tudo acerca de algo, então ela não aproveita nada disto. É certo que, com o estudo e aprendizado do ABC, ela se apropriou dos sons de uma grande parte da nomenclatura científica e assim, no mínimo, desfruta do privilégio que tem uma criança que viveu desde o berço em uma grande casa de comércio e que, diariamente, em seu quarto, aprendeu os nomes de uma infinidade de objetos.

O filantropo Fischer, que tinha propósitos semelhantes aos meus, viu meu percurso desde o início e lhe fez justiça, embora se distanciasse de seu estilo e de suas próprias perspectivas. A carta

88 JOHANN HEINRICH PESTALOZZI

que escreveu a Steinmüller[37] sobre minhas experiências é notável em relação à opinião que tinha sobre essas questões, nessa época. Eu a reproduzo aqui, com algumas observações.[38]

"Para ajuizar as empreitadas pedagógicas de Pestalozzi, é preciso, antes de tudo, conhecer a base psicológica sobre a qual repousa o seu edifício. É sólida, certamente, ainda que o exterior do edifício apresente algumas irregularidades e desproporções. Muitas dessas falhas se explicam pelo procedimento empírico-psicológico do seu criador, pelas circunstâncias exteriores, os acasos, suas tentativas e experiências. *É quase inacreditável quão incansavelmente ele conduz seus experimentos e como – com exceção feita a algumas ideias-guia – filosofa mais depois do que antes deles, e precisa multiplicá-los, mas os resultados ganham também em certeza.* Entretanto, para ajustar os resultados à vida cotidiana, isto é, ajustá-los com as ideias correntes, as relações e exigências dos homens, ele precisa de ajudantes liberais[39] e congruentes com suas ideias, que o ajudem a lhes dar forma, ou de um bom tempo para gradualmente as descobrir por si mesmo e dar um corpo, por assim dizer, ao espírito que *o* anima. Os fundamentos nos quais se apoia seu método são mais ou menos os seguintes:"

(Ora, os cinco pontos de vista específicos que ele toma como *fundamentos* de meu método não são outra coisa que considerações isoladas acerca das tentativas feitas em vista da minha finalidade; como fundamentos, estão subordinados às concepções fundamentais que os produziram em mim mesmo.)

(Mas aqui falta a primeira consideração do propósito do qual eu parto. Quero realmente remediar as falhas da instrução escolar [*Schulunterrichts*] habitual, principalmente das escolas primárias, e buscar formas para a instrução que não apresentem essas falhas).

---

37 Johan Rudolf Steinmüller (1773-1835), eminente pensador suíço, autor de inúmeras obras pedagógicas. Apoiou fortemente as experiências de Pestalozzi.

38 Os trechos citados da carta de Fischer estão entre aspas duplas, e os comentários de Pestalozzi se encontram entre parênteses. Para facilitar a leitura, os trechos epistolares foram italicizados, empréstimo da tradução suíça da LEP, embora essa formatação não conste do texto-fonte utilizado.

39 No original, *"liberaler"*: neste contexto tem o sentido de pessoas de amplo horizonte, generosas.

COMO GERTRUDES ENSINA SUAS CRIANÇAS **89**

1. *"Ele quer elevar intensivamente as forças do espírito e não apenas tocá-lo extensivamente com representações."*

"Isto ele espera alcançar por diversos meios. Assim, pronunciando diante das crianças, em voz alta e repetidas vezes, palavras, explicações, frases e longos períodos, e as fazendo repetir em seguida, ele deseja (além dos propósitos determinados que cada um desses passos tem) formar seu órgão e exercitar sua atenção e sua memória. Baseado em um fundamento semelhante, ele deixa as crianças, enquanto se exercitam na pronúncia, desenhar livremente na tabuleta com um estilo ou traçar letras."[40]

(Nessa época eu já os fazia desenhar, de preferência linhas, ângulos e arcos, e aprender de cor suas definições. Quanto ao ensino da escrita, eu partia do fundamento da experiência: que as crianças são capazes de conhecer as proporções e de manejar o estilo muito antes de manejar a pena-tinteiro e elaborar pequenas letras.)

"Por fim, ele distribuía a seus estudantes finas folhinhas feitas de chifre translúcido. Nessas tabuinhas estavam gravadas linhas e letras, e os escolares se serviam delas facilmente como modelos, já que eles mesmos as colocavam sobre as letras que haviam desenhado e podiam, por causa da transparência, fazer uma comparação adequada. Uma dupla ocupação, ao mesmo tempo uma preparação para milhares de acasos e ocupações da vida nas quais a atenção deve ser partilhada sem se dispersar. Escolas técnicas,[41] *por exemplo, fundam-se inteiramente nessa aptidão."*

---

40 Nesta passagem, Pestalozzi se refere a *Griffel* e *Schiefertafel*, que são instrumentos escolares. *Griffel* é mais propriamente um buril, traduz o latim *stylus* (de onde provém o nosso estilete). *Stylus* era uma peça, geralmente de ferro, utilizada para grafar em tabuletas de cera, cascas de árvore, folhas de chumbo, entre outros materiais. Os antigos não desconheciam a escrita em papel, ou antes, em pergaminho, que era feita utilizando tinta e cálamo. É preciso lembrar, contudo, que o pergaminho era extremamente caro, enquanto uma tabuleta de cera para estudantes se exercitarem era muito mais viável. Já *Schiefertafel*, na época de Pestalozzi, é um "quadro de ardósia", como as antigas lousas que eram feitas de finas camadas de ardósia.

41 No original, "Arbeitsschulen", escolas de trabalho, são escolas nas quais se privilegia o fazer manual e que apresentam um viés eminentemente prático.

90 JOHANN HEINRICH PESTALOZZI

(Em relação a esse ponto, eu já havia obtido os resultados mais decisivos nos meus experimentos havia trinta anos. Nessa época já tinha feito as crianças adquirirem, enquanto trabalhavam na fiação, uma aptidão tão grande para o cálculo que eu mesmo, sem ter o gabarito, não conseguia acompanhar. Tudo depende da psicologia da forma de ensino. A criança deve ter o domínio completo do trabalho manual que ela realiza durante a aprendizagem, e a lição que ela aprende junto ao trabalho não deve ser senão, em cada caso, uma pequena adição ao que ela já sabe.)

2. *"Ele entrelaça suas lições à linguagem."*

(Mais propriamente se deveria dizer: *Ele considera a linguagem, junto com a intuição real da natureza, como o primeiro meio de conhecimento que possui nossa espécie.* Em relação a isto, parti desse fundamento: a criança precisa aprender a *falar* antes que possa ser conduzida racionalmente à *leitura*. Eu também juntava a arte de ensinar as crianças a falarem os conceitos de intuição que a natureza lhes deu e aqueles também que deviam ser dados pela arte.)

"De fato, na linguagem estão depositados todos os resultados dos progressos humanos, trata-se apenas de segui-los em seus caminhos de um modo psicológico."

(O fio dessa investigação psicológica deve ser buscado na natureza mesma do desenvolvimento da linguagem. O selvagem *designa* primeiramente seu objeto, então o *caracteriza*, por fim o *liga* a outros, mas da maneira mais simples, e não é senão tardiamente que ele pode determinar com maior precisão, por meio de terminações e ligações de palavras, as características mutáveis dos objetos, segundo o tempo e as circunstâncias. De acordo com essas perspectivas, procurarei dar uma satisfação ao pedido de Fischer ao investigar a linguagem em seus caminhos psicológicos, o que quero desenvolver em pormenores sob a rubrica *linguagem*.)

"Ele não deseja raciocinar com as crianças até que lhes tenha dado uma provisão de palavras e de locuções as quais elas aprendem a colocar em sua própria esfera, a compor e decompor. Por isso ele enriquece sua memória com explicações simples de objetos sensíveis e assim ensina a criança a descrever o que a rodeia, e também a dar-se conta de

suas representações e dominá-las, na medida em que ela somente agora tem uma consciência clara de que elas já residiam nela."

(Minha opinião sobre esse ponto é a seguinte: para fazer a criança raciocinar e trazê-la para o caminho de uma força de pensamento independente, deve-se impedi-la o tanto quanto possível de abrir a boca à toa, e que não se acostumem a se pronunciar sobre coisas que elas conhecem apenas superficialmente. Acredito que o momento do aprendizado não é o momento do ajuizamento, e o momento do ajuizamento começa com a completude do aprendizado, com o amadurecimento dos motivos a partir dos quais se quer julgar e se deve julgar. Acredito também que cada juízo, se ele deve ser a expressão de uma verdade íntima do indivíduo que o enuncia, deve provir do amplo conhecimento dos motivos amadurecidos e acabados, assim como o grão maduro que atinge sua completude e que, livremente e sem violência, sai da sua casca.)

"*Ele ensina uma prontidão mecânica e certo ritmo no falar, fazendo com elas exercícios fáceis de declinação.*"

(Essas declinações se limitam a simples descrições de objetos conhecidos pelas sensações.)

"*Sua força de ânimo ganha notavelmente com isto e quando eles aprendem a conhecer e empregar em vários exemplos certas formas de descrição, assim futuramente introduzem milhares de objetos que se lhes apresentam e imprimem em suas explicações e descrições o caráter de uma precisão sensível.*"

(Agora, procuro no número, na medida e na linguagem os fundamentos gerais e iniciais para esses propósitos.)

3. "*Ele busca fornecer a todas as operações do espírito dados, ou rubricas ou ideias-guia.*"

(Deveria dizer: ele busca, no conjunto do domínio da arte da natureza, os pontos fundamentais, os modos de intuição, os fatos que, por sua certeza e generalidade, podem ser usados de maneira frutífera como meio de facilitar o conhecimento e ajuizamento de muitos objetos que estão a eles subordinados ou ligados. Ele dá às crianças *dados* que voltam sua atenção para objetos similares, coloca em *rubricas* uma série de conceitos análogos que por sua determinação

92 JOHANN HEINRICH PESTALOZZI

permitem às crianças separar *séries inteiras de objetos* e os distinguir nitidamente por suas características.)

"*Os dados, por mais esparsos que se lhes apresentem, se determinam uns pelos outros. São representações que se remetem umas às outras e por isso precisam ser completadas umas pelas outras, e que sua ligação seja facilitada, o que insufla no espírito o desejo de investigar. As rubricas conduzem à classificação das representações que são recebidas, elas colocam ordem na massa caótica e a armação edificada induz a criança a preencher cuidadosamente, um por um, seus compartimentos. Isto vale para as rubricas principais, geografia, história natural, tecnologia e assim por diante. Além disto, a analogia que rege a escola dos objetos, ajuda a memória. As ideias-guia encontram-se em certas questões, que são ou podem ser em si o objeto de ciências inteiras. Quando essas questões, decompostas em suas partes constituintes, são apresentadas claramente à criança, tendo em conta dados que ela já tem ou que encontre facilmente, e que servem como exercícios de observação, conduzem o espírito infantil a trabalhar continuamente na sua solução. A simples questão 'o que pode o homem utilizar, dos três reinos da natureza, para fazer suas roupas?' dá um exemplo desse processo. A criança observará e comprovará, a partir desse ponto de vista, muito do que ela suspeita que possa lhe fornecer uma contribuição a essa questão tecnológica. Desse modo, constrói por si mesma a ciência que ela deve aprender. É certo que se deve fornecer-lhe, de todos os modos possíveis, os materiais necessários para tal. Às ideias-guia pertencem também sentenças que, como máximas práticas, são confiadas primeiramente apenas à memória, mas que pouco a pouco adquirem força, uso e significado, e desse modo se estabelecem mais profunda e autenticamente.*"

"*Ele quer simplificar o mecanismo do ensino e do estudo.*"[42] *O que ele estabelece em seus livros didáticos*[43] *e a partir deles quer ensinar às*

---

42 É indiscutível que o espírito humano não é igualmente receptivo às impressões que o ensino busca alcançar em todas as formas que lhe são apresentadas. A arte de descobrir as formas mais apropriadas a estimular a receptividade constitui o mecanismo do modo de ensinar que todo professor deve descobrir na natureza livre e que ele deve aprender a colocar a serviço de sua arte. [N. A.]

43 No original, "*Lehrbücher*", livros de ensino.

COMO GERTRUDES ENSINA SUAS CRIANÇAS   **93**

crianças, deve ser tão simples que cada mãe, e depois cada professor, com um mínimo de aptidão para instruir, possa compreendê-lo, ensiná-lo, explicá-lo e organizá-lo. Ele deseja especialmente que as mães se ocupem, de forma agradável, através da instrução por exercícios fáceis de fala e leitura, da formação de seus filhos e assim, conforme ele se expressa, abolir pouco a pouco a necessidade das escolas primárias e supri-las com uma educação doméstica aperfeiçoada. É por isto que ele propõe que, tão logo se imprimam seus livros didáticos, ele possa fazer algumas experiências com as mães, e seria de se esperar que o governo contribua com pequenos subsídios."

(Sei das dificuldades desse ponto de vista. Gritam de todos os lados que as mães que limpam, lavam, tricotam e costuram não se deixarão convencer a agregar nenhum novo trabalho às fadigas de suas vidas. Gostaria de contestar assim: não é nenhum trabalho, é um jogo,[44] não lhes rouba nenhum tempo, ao contrário, preenche o vazio de mil momentos sufocantes. Não se tem nenhum interesse em entender, e me respondem sempre: *Elas não vão querer!* Em 1519, o *padre Bonifácio*[45] também dizia ao bom *Zwingli*:[46] "Não! Jamais as mães lerão a Bíblia com seus filhos! Jamais rezarão com eles, todos os dias, as orações da manhã e da tarde!". Mas, em 1522, ele descobriu que elas o faziam e disse ali mesmo: *eu não acreditaria!* Estou seguro dos meus recursos e sei que, antes que se conte o ano 1803, aparecerá um novo *Padre Bonifácio* para falar, aqui ou ali, sobre esse assunto, assim como o velho em 1522. Eu acho melhor esperar, esse padre logo virá).

"Junto a esses fundamentos, encontra-se o quinto: ele quer popularizar as ciências [Wissenschaften]."

---

44 No original, *"Spiel"*, jogo, brincadeira.

45 Amerbach Bonifacius (1495-1562), teólogo suíço.

46 Ulrich Zwingli (1484-1531), teólogo suíço que liderou o movimento da Reforma na Suíça. Discutiu com Lutero durante o Colóquio de Marburgo em 1529 sobre os caminhos da Reforma, no que discordaram apenas em um ponto. Morreu prematuramente em um campo de batalha durante um ataque dos cantões católicos a Zurique em retaliação ao bloqueio de alimentos realizado pela liga protestante encabeçada por Zwingli. É considerado o pai da Igreja Reformada Suíça.

94 JOHANN HEINRICH PESTALOZZI

(Isto quer dizer: ele busca elevar o grau de *compreensão e força de pensamento* que todo homem necessita para ter uma vida independente e sábia. Com efeito, não se busca cultivar as ciências por elas mesmas e fazer delas um brinquedo [*Spielwerk*] enganoso nas mãos do pobre que carece de pão. Do contrário, busca-se livrar o pobre que carece de pão, por meio dos primeiros fundamentos da verdade e da sabedoria, de ser um brinquedo infeliz da própria ignorância e da esperteza dos outros.)

"Isto se deve alcançar pela elaboração de livros didáticos que já contenham os elementos fundamentais das ciências em palavras e frases bem selecionadas e que, por assim dizer, devem fornecer as imensas fundações a partir das quais, mais tarde, se possa facilmente construir a abóboda do edifício."

(Sobre isto, eu teria me expressado melhor assim: isto será obtido principalmente pela simplificação dos primeiros princípios da instrução humana, e pelos progressos sem lacunas em tudo o que faça enriquecer o conhecimento individual de cada homem. Os livros didáticos não devem ser outra coisa senão um *meio artificial para unir a instrução* em todos os campos ao que a *natureza* mesma faz para o desenvolvimento do homem em todas as situações e circunstâncias. Eles não devem ser nada senão uma preparação artificial das forças que são necessárias ao homem para fazer um uso seguro do que a natureza mesma faz para seu desenvolvimento.)

"Isto terá mais alcance pela divisão dos livros didáticos e sua venda a preço módico. Breves e completos, devem perfazer uma série e se relacionar uns com os outros e constituir um todo. Mas cada um deles deve, sem dúvida, ter ao mesmo tempo uma existência própria e ser difundido separadamente. Com um propósito semelhante reproduzirá, através de xilogravuras, mapas, figuras geométricas e assim por diante, para vender a preço irrisório. A receita desses escritos se destinará, feitas as deduções de custos, para o aperfeiçoamento de seu projeto, isto é, para sua realização prática em algum instituto, escola ou orfanato."

(Isso é dizer muito. Eu não posso *presentear o público, deduzindo unicamente os custos de impressão*, com a receita total dos escritos que são o resultado de toda a minha vida e dos sacrifícios econômi-

COMO GERTRUDES ENSINA SUAS CRIANÇAS **95**

cos que fiz com tal finalidade. Contudo, apesar dos muitos sacrifícios que tive que fazer por causa de meus propósitos, se o governo ou algum particular possibilitar a fundação de um orfanato de acordo com meus fundamentos, eu sacrificaria para isto meu tempo e minhas forças, em vista desses propósitos, a maior parte da receita de meus escritos didáticos [*Schulschriften*], até o final dos meus dias.)

"Para a instrução escolar, o que se deve particularmente alcançar é que o professor que tenha um mínimo de força não somente não cause dano, mas, antes, que possa progredir adequadamente."

(Isto é essencial. Acredito que não é possível sequer pensar em dar um passo a mais na instrução do povo em geral enquanto não se tenham encontrado formas de ensino que tornem o professor, ao menos até a completude dos conhecimentos elementares, o simples instrumento mecânico de um método cujos resultados devem provir da natureza de suas formas e não da arte de quem a pratica. Considero que um livro didático só é bom na medida em que possa ser utilizado tanto por um mestre-escola [*Schulmeister*] instruído quanto por um não instruído. Ele deve estar elaborado de tal modo que o homem sem instrução e também a mãe encontrem um fio condutor e um amparo suficientes para estar sempre, no progressivo desenvolvimento de sua arte que deve guiar a criança, um passo à frente dela. Mais não é preciso. E, ao menos por alguns séculos, nada mais se pode dar à massa de mestres-escolas. Mas constroem-se castelos no ar e se ostentam ideias de razão e independência que estão apenas no papel e que faltam mais na verdadeira sala de aula do que nos ateliês dos alfaiates ou nas oficinas dos tecelões. Ora – não se paga nenhum ofício com tanto blá-blá-blá[47] quanto o de

---

47 No original, *"Maulbrauchen"*. Termo de uso recorrente em Pestalozzi e que dificilmente se encontra dicionarizado. No *Deutsches Wörterbuch von Jacob Grimm und Wilhelm Grimm*, a definição do termo é dada justamente com um pequeno trecho de *Leonardo e Gertrudes*, do próprio Pestalozzi. No apêndice terminológico referido em nota acima encontramos a palavra *maulwaschen*, cujo significado é "discurso vazio" e, uma vez que essas palavras aparecem juntas em outras obras de Pestalozzi, deduzimos seu significado. As traduções suíça e espanhola traduzem *Maulbrauchen* por palavra, o que parece não corresponder ao uso feito por Pestalozzi.

96 JOHANN HEINRICH PESTALOZZI

mestre-escola, e quando se fazem os cálculos de quanto tempo já são pagos com esse blá-blá-blá, salta aos olhos a relação entre esse erro e as causas da qual ele provém.)

"Enfim, deve-se conseguir, nessa perspectiva, instruir muitas crianças de uma só vez de modo semelhante, despertar a emulação, facilitar a comunicação mútua do que foi aprendido entre os próprios alunos e diminuir ou evitar os rodeios feitos até agora para o enriquecimento da memória, aportando outras artes como a analogia do que é ensinado, classificação, a intensificação da atenção, recitação em voz alta e outros exercícios."

Até aqui, *Fischer*. Sua carta inteira mostra o homem nobre que honra a verdade, mesmo quando ela aparece vestida de pijama, até mesmo se aparece rodeada por uma forte sombra. Ele foi arrebatado pelo espetáculo das minhas crianças em Stanz e, desde que foi de tal modo impressionado, dedicou a todas minhas ações uma atenção genuína.

Mas ele morreu antes de ver meu experimento florescer até a maturidade na qual ele poderia ter observado mais do que efetivamente observou. Com a sua morte, uma nova época começou para mim.

CARTA 2

Cansei-me rapidamente em Burgdorf, assim como em Stanz. Amigo, se você não pode levantar uma pedra sem ajuda, não tente fazê-lo nem por uns minutos sem essa ajuda. Fiz incomparavelmente mais do que deveria, e acreditavam que eu devia fazer mais do que fazia. Tendo afazeres escolares [*Schulhalten*] continuamente de manhã até a noite, meu coração se debilitou tanto que uma vez mais eu havia chegado ao perigo extremo.

Encontrava-me nessa situação quando a morte de Fischer colocou em minhas mãos o mestre-escola Krüsi,[1] por meio de quem conheci também a Tobler[2] e a Buß,[3] que se juntaram a mim algumas semanas mais tarde. Sua associação comigo me salvou a vida e preservou a minha empreitada de uma morte prematura, antes que

---

1 Hermann Krüsi (1775-1844), mestre-escola, muito ativo no cenário pedagógico. Foi uma figura fundamental para os projetos de Pestalozzi, tendo-o acompanhado até 1816, já em Yverdon.

2 Johann Georg Gustav Tobler (1769-1843) veio ao encontro de Pestalozzi na época de Burgdorf, tendo exercido anteriormente atividades tão distintas quanto o ofício de padeiro e de trabalhador em uma fábrica de tecidos, bem como de preceptor doméstico.

3 Johann Christoff Buß (1776-1855), artista que trabalhou como professor de desenho e música com Pestalozzi a partir de 1800.

98 JOHANN HEINRICH PESTALOZZI

ela tivesse nascido. Entretanto, o perigo para esta última era ainda tão grande que, para mim, nos momentos decisivos, não me restou outra coisa, tanto econômica e, diria ainda, moralmente, senão arriscar tudo. Fui impelido a um ponto em que a realização de um sonho que devorou minha vida se tornou para mim uma obra de desespero e me conduziu a uma disposição de espírito e a uma maneira de agir que, em si mesma, e economicamente, estampava na testa o selo da loucura, e que, pela violência da minha situação e a duração eterna de minha infelicidade e de meus sofrimentos injustos, que tocavam o ponto central de meus esforços, me afundava na profundidade de uma selvageria interior, nos momentos mesmos em que principiei a aproximar-me de fato de meu objetivo.

A ajuda que me prestaram esses homens em toda a extensão de meus objetivos me devolveu a mim mesmo econômica e moralmente. A impressão que minha situação e também minha obra lhes causou, os resultados de sua associação comigo, são muito importantes para meu método e muito iluminam a natureza íntima de seus fundamentos psicológicos para que eu possa silenciar o percurso todo de sua ligação comigo.

Krüsi, a quem conheci primeiro, ocupou sua juventude com afazeres diversos, e adquiriu variegada prática que, frequentemente, nas classes populares, desenvolve os fundamentos de uma formação do espírito [*Geistesbildung*] mais elevada e eleva os homens, quando a adquirem desde a infância, a uma utilidade geral e mais ampla.

Quando tinha 12 ou 13 anos de idade seu pai, que possuía um pequeno negócio, com frequência o enviava com seis ou oito dobrões a algumas horas de distância para comprar mercadorias, com o que unia o ofício de mensageiro ao de comprador. Em seguida se ocupou com tecelagem e trabalhos avulsos. Aos 18 anos aceitou em Gais, seu lugar de nascimento, o posto de professor [*Schuldienst*], sem possuir para isso a menor preparação. Não conhecia então, segundo ele mesmo diz, nem sequer o nome das pontuações gramaticais mais elementares. Sobre o resto não há nem o que falar, pois não recebeu nunca nenhuma instrução além da instrução comum de uma escola de aldeia suíça, que se limitava a ler, copiar modelos e decorar o catecismo e coisas assim. Mas ele amava a companhia das crianças, e esperava que esse posto pudesse ser um meio de alcançar a formação e conhecimentos cuja falta havia sentido fortemente em seu ofício de mascate. Como o encarregavam de comprar produtos destilados, preparados, sal de amônia, bórax e centenas de outras coisas cujos nomes não havia ouvido jamais em sua vida, e não devendo esquecer nenhuma encomenda, por pequena e insignificante que fosse, e sendo responsável por cada centavo, teve necessariamente de reconhecer quão vantajoso deveria ser para toda criança aprender na escola a escrever, contar, ler, todo tipo de exercícios intelectuais e mesmo aprender a falar, como ele agora sentia então que deveria ter aprendido para sua modesta profissão.

Já nas primeiras semanas tinha cem alunos. Mas a tarefa de ocupar convenientemente todas essas crianças, o que ensiná-las e como mantê-las em ordem, estava muito além de suas forças. Ele não conhecia até então outra maneira de dar aulas que *não fosse* soletrando, lendo e ensinando a decorar, fazê-las *recitar sequências* e castigá-las com a palmatória, quando não haviam aprendido a lição ensinada. Mas sabia, contudo, por sua própria experiência na juventude, que, com esse modo de dar aulas, a maior parte das crianças fica sentada ociosa grande parte do tempo escolar, e por isso mesmo sujeita a cometer todo tipo de bobagens e de imoralidades. E que, por conseguinte, desse modo, empregam seu precioso tempo de formação [*Bildungszeit*] em vão e as vantagens do aprendizado não podem contrabalançar as consequências nefastas que um tal modo de ensino deve ter.

O pároco Schiess,[4] que trabalhava ativamente contra a antiga rotina de instrução [*Unterrichtsschlendrian*], ajudou Krüsi a dar aulas durante as oito primeiras semanas. Eles dividiram os alunos, desde o início, em três classes [*Klassen*]. Essa divisão e o emprego de novos livros de leitura [*Lesebücher*] que pouco antes haviam sido introduzidos na escola, tornaram possível exercitar mais crianças

---

4 Sebastian Schiess (1753-1829), religioso que demonstrou intenso interesse nas questões pedagógicas, tendo sido editor de alguns livros.

100 JOHANN HEINRICH PESTALOZZI

juntas na soletração e na leitura, e mantê-las mais ocupadas do que antes se podia fazer.

O pároco também lhe emprestou os livros escolares[5] mais necessários para sua formação e um bom modelo de escrita que ele copiou centenas de vezes para formar a sua caligrafia. Assim, logo ficou em condições de dar satisfação às principais demandas dos pais. Mas isso não o satisfazia. Queria não apenas instruir seus alunos a ler e escrever, mas também formar seu entendimento.

O novo livro de leitura continha ensinamentos de religião em ensaios e versículos da Bíblia, noções de doutrina da natureza, de história natural, de geografia, da constituição do país etc. Nos exercícios de leitura, Krüsi havia visto que o pároco dirigia algumas perguntas às crianças sobre cada passagem para ver se haviam também compreendido o que haviam lido. Krüsi tentou o mesmo e conseguiu familiarizar a maioria dos estudantes com o conteúdo do livro de leitura. Certamente obteve esse resultado apenas porque ele, assim como o bom Hübner,[6] adaptou suas perguntas às respostas dadas já no livro e não esperava nem exigia outra resposta que a mesma que se encontrava no texto, antes que fosse formulada a pergunta que deveria contê-la. Certamente ele obteve esse resultado, pois não ocorria, na catequização,[7] nenhum verdadeiro exercício do entendimento. Contudo, é preciso notar aqui também que o ensino catequético original não era nenhum exercício do entendimento: era uma mera analítica de palavras de frases confusas que eram apresentadas, considerado uma ocupação preparatória para gradualmente esclarecer os conceitos que têm o mérito de apresentar à criança as palavras e frases separadas de modo ordenado a fim de propiciar uma melhor intuição. O ensino socrático, do contrário, tem sido confundido em nossos dias com o ensino catequético, que originalmente só dizia respeito a assuntos religiosos.

---

5 No original, *"Schulbücher"*, livros escolares, livros de formação.

6 Johann Hübner, autor dos escritos mais divulgados durante todo o século XVIII na Suíça para o ensino catequético.

7 No original, *"Katechisieren"*, trata-se aqui do tipo de ensino perguntas-respostas, não propriamente da catequese no sentido do ensino religioso.

O pároco também apresentava às crianças catequizadas por Krüsi, como exemplo, seus catecúmenos mais velhos. Mas, em seguida, deveria Krüsi entrar efetivamente no ensino misto, socrático e catequético. Contudo, essa mistura, em sua essência, não é em realidade outra coisa senão a quadratura do círculo, que um lenhador trataria de resolver com um machado na mão sobre uma tábua de madeira, e isto não é possível. O homem inculto [*ungebildete*] e superficial não sonda as profundezas de onde Sócrates extraía espírito e verdade, e por isso é também natural que essa empreitada não fosse adiante. Faltava a ele fundamento para questionar e às crianças uma base para responder. Também não tinham uma linguagem para o que não sabiam, e não tinham livros para colocar-lhes nas bocas uma resposta precisa a uma pergunta, compreendida ou não.

Entretanto, Krüsi não sentia claramente a diferença entre esses procedimentos tão desiguais. Ele ainda não sabia que o verdadeiro ensino catequético e sobretudo a catequização de conceitos abstratos, fora da utilidade que pode haver em separar as palavras e preparar a inteligência das formas analíticas, não é outra coisa senão uma repetição como de papagaios, de sons incompreensíveis. Mas o ensino socrático é realmente impraticável com as crianças, uma vez que lhes faltava ao mesmo tempo a base dos conhecimentos preliminares e o meio exterior do conhecimento da linguagem. Ele também não tinha, pois, razão em seu juízo sobre seu fracasso; acreditava que o erro estava somente nele, imaginando erroneamente que todo bom mestre-escola deveria estar em condição de extrair das crianças, por meio de perguntas sobre toda espécie de conceitos morais e religiosos, respostas corretas e precisas.

Ele vivia justamente na época da moda do ensino socrático, ou, antes, em uma época em que essa elevada arte do ensino havia sido arruinada e envilecida por uma mescla de fórmulas capuchinhas e formas escolásticas da catequização. Sonhava-se nessa época em despertar desse modo o entendimento e operar maravilhas a partir do simples nada, mas eu acredito agora que se começa a despertar desse sonho.

102 JOHANN HEINRICH PESTALOZZI

Krüsi ainda dormia profundamente nele, era também profundamente embalado por ele, do contrário eu me admiraria se uma criança do Appenzell,[8] com um muito leve despertar, não tivesse notado por si mesma que o falcão e a águia não tiram ovos dos ninhos de outros pássaros quando eles mesmos ainda não puseram nenhum. Ele desejava ardentemente aprender uma arte que lhe parecia essencial para sua profissão. E por causa da emigração dos habitantes do Appenzell, encontrou então ocasião para se juntar a Fischer e renovaram-se suas esperanças sobre essa questão. Fischer fez também todo o possível para o tornar um mestre-escola formado [gebildeten Schulmeister] segundo sua perspectiva. Mas, a meu ver, ele se precipitou um bom tanto na tentativa de elevá-lo às nuvens, de uma arte superficial de catequizar ao trabalho de esclarecer-lhe os fundamentos das coisas sobre as quais deveria catequizar.

Krüsi venera sua memória e não fala senão com respeito e gratidão de seu benfeitor e amigo. Mas o amor à verdade, que também me uniu ao coração de Fischer, exige que eu não deixe obscura nenhuma opinião e nenhuma circunstância sobre essa questão que contribuiu, em certa medida, a desenvolver em mim e em meus colaboradores as opiniões e os juízos acerca desse tema, sobre os quais agora estamos de acordo. Por isso não posso me calar sobre o fato de que Krüsi admirava a facilidade com que Fischer mantinha pronto um sem-número de perguntas sobre todos os assuntos, e tinha esperança de, com tempo e aplicação, chegar um dia a poder também fazer muitas questões com facilidade sobre qualquer tema. Quanto mais tempo transcorria, menos ele podia esconder de si mesmo que, se um seminário de mestres-escolas [Schulmeisterseminarium] fosse uma coisa que pudesse pôr um mestre-escola de aldeia em tal nível na arte de questionar, um tal seminário poderia ser uma coisa ousada.

---

8 Pestalozzi designa o cantão de Appenzell, no qual havia uma clara predominância de atividades rurais. A imagem ainda hoje muito difundida de montanhas repletas de vacas e pastores em trajes típicos provém em grande parte dessa região.

Quanto mais trabalhava com Fischer, tanto maior lhe parecia a montanha que estava diante dele, e tanto menos sentia em si a força que ele via como necessária para escalar o seu cume. Mas como, já no primeiro dia de sua estada aqui, tinha me escutado conversando com Fischer sobre a educação e formação do povo [*Erziehung und Volksbildung*], e eu tinha me pronunciado resolutamente contra o ensino socrático de nossos candidatos, declarando que não era da opinião de *dar antes do tempo uma maturidade aparente* ao juízo das crianças sobre qualquer assunto, senão, ao contrário, de suspender esse juízo o tempo que fosse necessário até que elas tivessem apreendido com o olhar atento, em todos os aspectos e diversas circunstâncias, cada um dos objetos sobre os quais deveriam se expressar e até que se tivessem familiarizado com as palavras que designam sua essência e suas propriedades: assim, Krüsi sentiu que o que lhe faltava era isso mesmo, e que por conseguinte necessitava do direcionamento que eu pensava em dar às crianças.

Enquanto Fischer, por sua parte, fazia todo o possível para iniciá-lo em vários ramos das ciências e para prepará-lo para as ensinar, Krüsi sentia cada dia mais que ele não chegaria a nada pela via dos livros, vendo que lhe faltavam por todo lado as noções mais elementares sobre os conhecimentos das coisas e da linguagem, cujo conhecimento prévio mais ou menos completo esses livros pressupunham. Também foi se encontrando mais e mais nesse conhecimento de si mesmo, tão feliz para ele, ao ver com seus próprios olhos os resultados de conduzir minhas crianças de volta aos primeiros elementos dos conhecimentos humanos, e minha paciente perseverança no aprendizado desses elementos. Isto modificou nele todas as suas noções sobre a instrução e os conceitos fundamentais que ele havia formado sobre o assunto. Compreendeu então que, com o uso de todos os meios pelos quais eu agia, se desenvolvia mais e mais a *força intensiva* das crianças, mais do que pelos resultados isolados que eu buscava *produzir* com minhas ações particulares, e ficou convencido, pelo efeito desse princípio em toda a extensão de meu modo de ensinar, de que são depositados nas crianças os

104 JOHANN HEINRICH PESTALOZZI

fundamentos da compreensão e dos progressos posteriores que não podem ser alcançados de nenhum outro modo.

Entretanto, os objetivos de Fischer para o estabelecimento de um seminário de professores encontraram obstáculos. Ele foi chamado de volta ao escritório do Ministério das Ciências e se resignou, pois, a esperar tempos melhores para a fundação de seu instituto e a dirigir, enquanto isto, mesmo em sua ausência, as escolas de Burgdorf. Elas deveriam ser totalmente reformadas e precisavam disto, mas ele não teria podido realizar o início dessa reforma em sua ausência mesmo com o emprego de todas as suas forças e tempo, e certamente não conseguiria administrá-la em sua ausência e em meio a ocupações tão diversas. A situação de Krüsi, com a ausência de Fischer, havia ficado tensa. Tendo Fischer se afastado, e sem a sua presença em pessoa e seu auxílio, ele se sentia cada vez menos apto. Também, pouco tempo depois da partida de Fischer, ele me externou o desejo de se juntar, com suas crianças, à minha escola. Mas, por mais que precisasse da ajuda que muito me faltava, eu recusei pois não queria desagradar a Fischer, que persistia em seu objetivo de um seminário de professores ao qual Krüsi tinha grande apego. Contudo, ele logo ficou doente e Krüsi lhe manifestou a necessidade dessa união em suas últimas horas, enquanto conversava com ele. Um assentimento cheio de amor, num movimento com a cabeça, foi a resposta do moribundo. Sua memória será sempre muito preciosa para mim. Ele perseguiu o mesmo fim que eu com muito esforço e um espírito elevado. Tivesse ele vivido e podido esperar a maturidade de minhas experiências, nós seguramente teríamos nos unido por completo.

Depois da morte de Fischer, propus a Krüsi a união de sua escola à minha, e ambos nos vimos então sensivelmente aliviados em nossas situações. Contudo, por outro lado, também se agravaram não menos sensivelmente as dificuldades de meu plano. Eu tinha já em Burgdorf crianças de diversas idades, de educação e costumes distintos. A chegada de crianças dos cantões pequenos aumentou as dificuldades, pois estas últimas, junto com diferenças similares, trouxeram ainda para meu ambiente escolar uma liberdade natural

COMO GERTRUDES ENSINA SUAS CRIANÇAS **105**

do pensar, do sentir e do falar que, unida às insinuações dirigidas contra meu método, tornava mais urgente a cada dia a necessidade de organizar solidamente meu modo de ensino [*Lehrart*], que já era visto como uma mera tentativa. Eu necessitava, em minha situação, de um espaço de jogo ilimitado para meus ensaios, e a todo instante os particulares faziam chegar a mim indicações sobre o que deveria fazer para ensinar as crianças que me enviavam. Em um lugar onde regularmente, desde gerações, estavam habituados a contentar-se com muito pouco em matéria de instrução e de ensino, se exigia agora de mim, de modo geral e sem reservas, que meu método de ensino [*Lehrmethode*], que abarcava todos os fundamentos do saber humano, mas que também fora calculado para uma influência mais precoce e sobre crianças menores, produzisse um grande efeito com crianças de 12, 14 anos, abrutalhadas na liberdade inculta da montanha, e por isso já desconfiadas do modo de ensino. Mas isto não ocorreu em absoluto, e o único reconhecimento dessa influência foi: o método não é útil para nada. Tomavam-no por uma simples modificação do ensino do ABC [*ABC-Lehren*] e da escrita. Meus propósitos de buscar em todos os âmbitos da arte e do saber humanos fundamentos sólidos e seguros, meus esforços para fortalecer de maneira simples e geral a força íntima das crianças para cada arte e minha expectativa tranquila e em aparência indiferente às consequências das regras que deveriam se desenvolver gradualmente a partir de si mesmas, eram castelos de areia. Nada pressentiam e nada viam de tudo isso e, ao contrário, ali onde eu formava a força, não encontravam senão o vazio. Diziam: "As crianças não aprendem a ler", justamente porque eu as ensinava a ler bem; diziam "Elas não aprendem a escrever", precisamente porque eu as ensinava a escrever bem e por último, se dizia: "Elas não aprendem a ser religiosas". E isto justamente porque eu fazia todo o possível para tirar do seu caminho os primeiros obstáculos à piedade que são inculcados na escola, e em especial porque contradizia toda a aprendizagem de memória, ao modo de um papagaio, do *Catecismo de Heidelberg*, como se fosse o modo de ensino autêntico pelo qual o Salvador do mundo havia buscado a elevação do gênero humano

106   JOHANN HEINRICH PESTALOZZI

para honrar a Deus e adorá-lo em *espírito* e em *verdade*. É verdade, eu disse sem acanhamento: Deus não é um Deus a quem agrade a estupidez e o erro, Deus não é um Deus a quem agrade a hipocrisia e o charlatanismo [*Maulbrauchen*]. Eu disse sem acanhamento: a condução das crianças para que concebam conceitos claros e o esforço para ensiná-las a falar, antes de que se *lhes broquem na memória, como exercício do entendimento*, as questões da religião positiva e seus pontos controversos nunca elucidados, não é contra Deus nem contra a religião. Mas eu não devo levar a mal a incompreensão dessas pessoas, que por pouco quase me fez sucumbir. Elas queriam o bem, e compreendo perfeitamente que, em vista do charlatanismo de nossas artes de educar [*Erziehungskünste*], meus rudes esforços por um novo método deveriam confundir homens que, como tantos outros, preferem mais ver um peixe em um tanque a um lago cheio de carpas atrás da montanha.

Contudo, eu seguia meu caminho e Krüsi se fortalecia, mais e mais, a meu lado.

Os pontos essenciais aos quais chegou rapidamente a convencer-se são, sobretudo:

1. Que por meio de uma *nomenclatura* bem ordenada, gravada indelevelmente, pode-se estabelecer uma base geral para todas as espécies de conhecimentos. Tomando-a por guia, as crianças e o professor, juntos, como também cada um por si, podem chegar pouco a pouco, mas com passo seguro, a adquirir conceitos claros em todos os ramos do saber.

2. Que por meio do exercício no traçado de *linhas, ângulos* e *arcos* como comecei então a fazê-lo, se produz uma firmeza na *intuição* de todas as coisas e se coloca, nas mãos da criança, uma força artífice cujos resultados devem trabalhar definitivamente no sentido de tornar-lhes compreensível de modo claro e gradual tudo o que caia dentro do círculo de suas experiências.

3. Que o exercício de se dedicar aos princípios do cálculo com as crianças por meio de *objetos reais* ou, pelo menos,

por meio de pontos que os representem, deve estabelecer de forma segura os fundamentos da arte do cálculo em toda sua extensão e preservar os progressos posteriores do erro e da confusão.

4. As descrições sobre o caminhar, o estar em pé, deitado, sentado etc., aprendidas de cor pelas crianças, lhes mostraram a conexão dos princípios elementares com a finalidade que trato de alcançar por meio delas, com o esclarecimento progressivo de todos os conceitos. Ele sentiu rapidamente que, fazendo *as crianças descreverem os objetos que lhes são tão claros que a experiência não pode contribuir em nada para torná-los mais claros*, por uma parte os desvia assim da pretensão de querer descrever o que elas não conhecem e, por outro lado, têm que adquirir a força de descrever o que conhecem realmente, o que as coloca em posição de fazer tudo isso no círculo de seus conhecimentos intuitivos com unidade, precisão, concisão e segurança.

5. Algumas palavras que um dia pronunciei sobre a influência de meu método contra os preconceitos causaram nele uma grande impressão. Eu disse o seguinte: a verdade que emana da intuição torna supérfluo todo discurso fatigante e os variegados circunlóquios que fazem, mais ou menos, pouco contra o erro e os preconceitos, como os sons dos sinos contra os perigos da tempestade, e porque uma tal verdade desenvolve no homem uma força que bloqueia sua alma contra a penetração do erro e dos preconceitos; quando estes chegam, contudo, a seus ouvidos, transmitidas pelo eterno falatório de nossa geração, as deixam tão isoladas que não podem causar na alma os mesmos efeitos que causam no homem ordinário de nossos tempos, o qual lança em sua imaginação a verdade e o erro, ambos sem intuição e como simples palavras mágicas, como por meio de uma *lanterna magica*.[9]

---

9 Em latim no original, lanterna mágica.

108 JOHANN HEINRICH PESTALOZZI

Essa manifestação levou Krüsi à firme convicção de que é possível combater, com o calmo silêncio do meu método, o erro e os preconceitos, talvez mais eficazmente do que até agora se tem feito com intermináveis discursos, que se têm permitido ou, antes, sendo responsáveis por eles.

6. As herborizações a que nos dedicamos no último verão, como também as conversações a que elas deram lugar, desenvolveram nele a convicção de que todo o círculo dos conhecimentos que são produzidos por nossos sentidos provém da *observação da natureza* e da *diligência* e *cuidado em coletar e manter* tudo o que a natureza traz a nosso conhecimento.

Todas essas considerações, unidas à harmonia, que se tornava cada vez mais clara, de meus meios de instrução entre si e entre eles e a natureza, o levaram à total convicção de que os fundamentos de todo saber repousam na reunião desses meios. E de que um mestre-escola poderia aprender propriamente apenas *o método de seu emprego* para, tomando-os por fio condutor, elevar a si mesmo e suas crianças a todos os conhecimentos que devem ser alcançados por meio da instrução. Que, por conseguinte, dessa maneira, não se exige *erudição* [*Gelehrsamkeit*], mas, simplesmente, um *entendimento saudável e certo exercício no método* para colocar nas crianças os fundamentos sólidos de todos os conhecimentos, como também para elevar aos pais e professores escolares [*Schullehrer*], por um simples coexercício desses meios de conhecimento, a uma autonomia interior suficiente para eles.

Ele foi, como dito, durante seis anos, professor de uma escola de aldeia que contava com um grande número de alunos de todas as idades. Contudo, apesar de todo seu esforço, nunca havia visto as forças das crianças desenvolverem-se assim e alcançarem a solidez, segurança, extensão e liberdade a que elas se elevaram aqui.

Ele investigou as causas, e várias chamaram sua atenção.

Viu, primeiramente, que o princípio de começar pelo mais fácil e levá-lo à perfeição, antes de prosseguir, e em seguida avançar por níveis, agregando sempre apenas muito pouco ao já perfeitamente aprendido, nos primeiros momentos da aprendizagem não produz nas crianças, propriamente, um sentimento de si nem a consciência de suas forças, mas nelas conserva viva essa elevada demonstração de sua não debilitada força natural.

É necessário, ele diz, com esse método, apenas conduzir as crianças, mas jamais forçá-las. Antes, em cada coisa que se deve ensinar-lhes, ele se via obrigado a dizer-lhes sempre: "Pensem! Não se recordam?".

E não podia ser de outro modo. Se ele, por exemplo, perguntava na aritmética: quantas vezes está o 7 contido em 63? Então a criança não tinha nenhuma base sensível para a resposta e devia encontrá-la apenas com o esforço da reflexão. Agora, conforme o método, há à sua vista nove vezes sete objetos, e aprendeu a contá-los como nove setes colocados um ao lado do outro. Consequentemente, ele não tem mais nada que pensar sobre essa pergunta, ele *sabe*, porque já aprendeu, ainda que se lhe pergunte pela primeira vez, isto é, que 7 está contido *nove* vezes em 63. Assim em todos os âmbitos do método.

Se, por exemplo, ele tinha que acostumar as crianças a começar com letra maiúscula os substantivos, elas esqueciam sempre a regra pela qual deviam se guiar. Mas, tendo com elas trabalhado como meros exercícios de leitura algumas folhas de nosso dicionário metódico, chegaram por si mesmas a seguir, por ordem alfabética, as séries de nomes, agregando substantivos já conhecidos, experimento que supunha, antes de tudo, consciência perfeita dos caracteres diferenciais desse gênero de palavras. É totalmente certo que o método é imperfeito no momento em que é necessário estimular, de um modo qualquer, a reflexão. Ele é imperfeito no momento em que qualquer exercício determinado não nasce, de si mesmo e sem esforços, do que a criança já sabe.

Sua segunda observação foi: "As palavras e as figuras que eu apresentava isoladamente a minhas crianças no ensino da leitura operavam de um modo totalmente distinto em suas almas do que as frases compostas que se lhes servem na instrução habitual". E examinando mais de perto essas frases, ele as encontrou em uma

110 JOHANN HEINRICH PESTALOZZI

constituição tal que as crianças não podem ter o menor sentimento intuitivo da natureza das palavras singulares que as compõem. Elas não vislumbram nessas combinações elementos constitutivos simples, mas sim um emaranhado de conexões incompreensíveis de objetos desconhecidos, com os quais se as conduz contra sua natureza, acima de suas forças e por meio de uma ilusão múltipla, a um trabalho de encadeamento de ideias que não lhes são apenas estranhas em sua essência, mas também lhes são mostradas em uma linguagem artificial, cujos princípios nem começaram a aprender. Krüsi viu que eu reprovava essa mistureba de nossos saberes escolares [*Schulwissens*] e que, às minhas crianças, assim como a natureza aos selvagens, sempre lhes mostrava apenas uma imagem e em seguida buscava um nome para essa imagem. Ele viu que essa simplicidade da apresentação não produz nelas nenhum juízo nem nenhuma conclusão, e assim não se lhes apresenta nada como teoria [*Lehrsatz*], ou em qualquer espécie de relação nem com a verdade nem com o erro, senão que se lhes apresenta tudo como mera matéria para observação e como base para juízos posteriores e conclusões, como um fio condutor, sobre cujas pegadas deve depois ela mesma ampliar por meio do encadeamento de suas experiências passadas e futuras.

Krüsi reconheceu o espírito do método e compreendeu cada vez mais profundamente a tendência geral de retorno de todo meio de conhecimento aos elementos iniciais de cada âmbito do conhecimento, e a paulatina ligação que sempre ocorre de somente uma pequena adição aos elementos iniciais de cada âmbito, o que, contudo, resulta em um progresso sem lacunas que sempre avança, tendo como resultado novas adições, e, dia após dia, trabalhou comigo no espírito desses princípios e logo me ajudou a aprontar um silabário e modelo de aritmética nos quais esses princípios foram seguidos de forma essencial.

Nos primeiros dias de sua associação comigo, ele manifestou o desejo de ir a Basileia para contar a Tobler, ao qual tinha íntima afeição, sobre a morte de Fischer e sobre a situação atual. Aproveitei essa ocasião para dizer-lhe que tinha absoluta necessidade de ajuda

COMO GERTRUDES ENSINA SUAS CRIANÇAS **111**

para meus trabalhos escritos e que seria para mim uma grande alegria, se fosse possível, associar-me a Tobler, a quem conhecia já por sua correspondência com Fischer. Eu lhe disse igualmente que, para meu objetivo, necessitava, com urgência, de uma pessoa que soubesse desenhar e cantar. Ele partiu para a Basileia, falou com Tobler e este se decidiu quase imediatamente a corresponder aos meus desejos, e algumas semanas depois chegou a Burgdorf. E como Krüsi lhe contou que eu necessitava também de um desenhista, lembrou-se de Buss, que aceitou a proposta com igual rapidez. Ambos estão aqui faz oito meses e creio que você se interessará em ler com precisão suas opiniões sobre suas experiências nessa questão. Tobler foi preceptor durante cinco anos em casa de uma distinta família da Basileia. Sua opinião sobre o estado atual de minha empreitada, em conjunto com sua opinião sobre seu próprio percurso, é a seguinte:

Em esforços de seis anos não observei que os resultados de minha instrução correspondessem às expectativas que havia criado. As forças intensivas das crianças não aumentavam na proporção de meus esforços, nem tampouco como deveriam ter aumentado segundo o grau de seus conhecimentos efetivos. Também me parecia que os conhecimentos isolados que lhes trazia não conservavam a conexão íntima e a habituação sólida e durável que necessitavam essencialmente.

Eu utilizava as melhores obras de instrução [*Unterrichtsschriften*] de nossa época. Mas, em parte, elas eram compostas de palavras as quais as crianças entendiam muito pouco, e em parte estavam cheias de conceitos que sobrepassavam o círculo de suas experiências e eram tão heterogêneas em relação ao modo de intuição de todas as coisas como é próprio de sua idade, que se requeria um tempo incomensurável e ocioso para explicar o que era incompreensível. Contudo, essas explicações eram elas mesmas um esforço irritante que não resultava em um desenvolvimento interno efetivo, como quando se deixa penetrar aqui e ali um raio de luz em um quarto escuro ou na sombra de uma nuvem espessa e impenetrável. Esta era a situação, tanto mais quando muitos desses livros desciam em suas imagens e representações às últimas profundidades dos conhecimentos humanos, ou se elevavam às nuvens até o santuário da glória eterna, antes de permitir às crianças colocar seus pés sobre o querido chão no qual os homens devem necessariamente primeiro estar em pé, se devem aprender a andar antes de voar e se devem crescer-lhes asas para elevar-se a uma altura qualquer.

O sentimento obscuro de tudo isso me levou precocemente à tentativa de entreter meus pupilos mais jovens com *representações intuitivas*, mas aos maiores dava-lhes conceitos claros por meio do ensino socrático. O primeiro resultou em que as crianças menores se apropriaram de conhecimentos distintos que crianças de sua idade geralmente não possuem. Eu queria unificar a instrução às formas de ensino [*Lehrformen*] que se encontram nos melhores livros. Entretanto, todos os livros dos quais queria servir-me para isto estavam escritos de um modo que pressupunha o conhecimento do que deveria primeiramente dar às crianças: *a linguagem*. Em meu ensino socrático com os alunos maiores obtive também os resultados visíveis que toda explicação discursiva tem e deve ter e que, por um lado, não se apoia no fundamento do conhecimento das coisas e que, por outro, é dado em uma linguagem de cujas partes isoladas as crianças não têm nenhuma clara representação: o que compreendiam hoje, depois de alguns dias perdiam de suas almas, de um modo para mim incompreensível, e quanto mais me esforçava em explicar-lhes tudo claramente, mais pareciam perder sua força própria para tirar a si mesmas da obscuridade a que a natureza as havia posto.

Assim, eu percebia, no todo de minha posição e de minha finalidade, obstáculos insuperáveis em meu percurso, e minhas conversas com professores de escola e educadores do meu círculo tornaram ainda mais resoluta minha convicção: de que eles, apesar das monstruosas bibliotecas de educação que produz nossa época, sentem o mesmo que eu e, diariamente, com todo o trabalho que têm com seus alunos, se encontram nas mesmas perplexidades. Senti que essas dificuldades deveriam ser duzentas vezes mais pesadas sobre os professores das escolas inferiores, isto se um trabalho maçante e

COMO GERTRUDES ENSINA SUAS CRIANÇAS **113**

malfeito não os tornou totalmente incapazes para esse sentimento. Eu vivia com um sentimento caloroso, embora obscuro, dessas lacunas que observava no todo do nosso sistema de educação. e buscava com todas as minhas forças meios para preenchê-las. Então me decidi a reunir todas as vantagens e meios, em parte da experiência, em parte de escritos educacionais, pelos quais seria possível evitar, em todas as idades das crianças, as prementes dificuldades educacionais [*aufstoßenden Erziehungsschwierigkeiten*] que observava. Não tardei, contudo, a perceber que minha vida inteira não seria suficiente para alcançar meus objetivos. Já havia elaborado livros inteiros com essa finalidade quando Fischer, em várias cartas, me chamou a atenção para o método de Pestalozzi, me levou à suspeita de que ele podia, talvez, sem os meus meios, chegar ao objetivo que eu buscava. Eu acreditava que minha marcha sistemático-científica talvez produzisse as próprias dificuldades que não havia sobre seu caminho, e que a *arte* de nossa época produzia ela mesma as lacunas que ele não precisava preencher porque não conhecia essa arte e não a empregava. Muitos de seus meios, por exemplo, desenhar sobre lousas de ardósia e outros, me pareciam tão simples que eu não podia compreender como não havia me dado conta disso há muito tempo. Surpreendeu-me que o que se utilizava era sempre o que estava à vista. Atraiu-me principalmente o princípio de seu método: formar de novo as mães para o que elas foram tão evidentemente destinadas pela natureza, porque eu, em meus próprios experimentos, havia partido precisamente desse mesmo princípio.

Essas opiniões foram confirmadas com a chegada de Krüsi a Basileia, que demonstrou praticamente, no instituto para moças, a maneira de Pestalozzi ensinar a soletração, a leitura e o cálculo. Os párocos Faesch[10] e Von Brunn,[11] que haviam organizado a instrução, e em parte a direção do instituto, seguindo as primeiras

---

10 Johann Jakob Faesch (1752-1832) estudou filosofia, teologia, exerceu a prática docente e apoiou a Revolução Helvética, sendo muito influenciado pelos modernos princípios do Esclarecimento (*Aufklärung*).

11 Niklaus von Brunn (1766-1849) estudou teologia e trabalhou incessantemente pelo aperfeiçoamento do sistema de ensino.

114 JOHANN HEINRICH PESTALOZZI

pegadas do método de Pestalozzi, método que ainda não conhecíamos completamente, perceberam imediatamente a forte impressão produzida nas crianças pela leitura e soletração simultâneas, e o ritmo aos quais eram levadas, e os poucos materiais que havia levado Krüsi para o cálculo e a escrita segundo essa maneira, como também alguns exemplos tomados de um dicionário que Pestalozzi havia designado como primeiro livro de leitura das crianças, nos mostraram que esse método tem por base fundamentos psicológicos profundos. Tudo isto me levou rapidamente à decisão de corresponder ao desejo de Pestalozzi de unir-me a ele.

Cheguei a Burgdorf e vi, no primeiro momento, que a empreitada nascente enchia minhas esperanças. Fiquei espantado com a força tão evidente e generalizada de suas crianças, como também com a simplicidade e a variedade dos meios de desenvolvimento pelos quais se gerava essa força. Seu propósito de não tomar nenhum conhecimento de toda autêntica arte escolar [*Schulkunst*] praticada até agora, a simplicidade das imagens com que ele as havia impregnado, a divisão nítida da essência de seus meios de instrução em partes que deveriam ser aprendidas em tempos desiguais e por meios progressivos, seu desprezo por tudo o que é complicado e confuso, a influência que, sem palavras, exercia sobre o desenvolvimento intensivo de todas as forças, *seu apego às palavras* e principalmente a força com a qual alguns de seus meios de ensino me pareciam, como uma criação nova, surgir como que por si mesmos dos princípios da arte e da natureza humana. Tudo isso chamava minha atenção no mais alto grau.

Alguns detalhes em seus experimentos me pareceram efetivamente não psicológicos, como a récita de frases complicadas e difíceis cuja primeira impressão devia ser para as crianças completamente obscura. Mas quando vi, por um lado, com quanta força ele preparava paulatinamente a clarificação dos conceitos, e quando, por outro lado, me respondeu sobre isto que a natureza mesma começa por nos apresentar todo tipo de intuições, primeiro em uma forma confusa e obscura, mas que ela depois, precisamente de forma gradual, mas segura, as traz para a claridade, não encontrei nada mais para contradizê-lo. E por certo, tanto menos quando vi que ele não dava nenhum valor aos detalhes de suas tentativas, senão que muitos deles os testava para em seguida os dispensar. O que buscava em muitos deles era apenas a elevação das forças íntimas da criança e a explicação dos fundamentos e princípios que o haviam conduzido ao emprego de cada um desses meios. Não me deixei distrair por isso, ainda quando alguns de seus meios se mostraram à minha vista nesse estado de hesitante debilidade em que se encontram isolados no início de toda tentativa, e tanto menos me desconcertei quando logo me convenci de que essa marcha progressiva ascendente estava na natureza mesma deles. Com efeito, vi isso no cálculo, no desenho, também nos meios fundamentais do ensino da linguagem.

Dia a dia se tornou mais evidente para mim que cada um de seus meios opera por meio da ligação do *todo com tudo*, mas principalmente com a sensibilidade das crianças para *tudo*, e assim os vi na prática diária, antes mesmo que eles fossem expressos em princípios, chegarem a essa maturidade que deveria *necessariamente* alcançar o objetivo que ele perseguia. Ele não descansa nas tentativas e testes de cada um de seus meios até que considere quase uma impossibilidade física simplificar ainda mais sua essência e estabelecê-los sobre fundamentos mais profundos. Esse pendor para a simplificação do todo e o aperfeiçoamento das partes reforçou em mim a percepção que, obscuramente, já possuía: que todos os meios que buscam alcançar o desenvolvimento do espírito humano por meio de uma linguagem artificial complicada trazem em si mesmos os obstáculos a seu sucesso, e que todos os meios de educação e desenvolvimento deveriam se reduzir em sua essência íntima tanto à mais alta simplicidade como a uma organização psicológica do ensino da linguagem em harmonia com esses meios, se desejarmos auxiliar a natureza em sua própria ação no desenvolvimento de nosso gênero. Assim, pouco a pouco, se me tornou claro o que Pestalozzi queria com a separação do estudo da linguagem, pois ele reduz o cálculo à consciência ampla e indelével desse princípio: todo cálculo não é outra coisa que a abreviação de uma simples enumeração, e os números não são, por sua vez, mais que a abreviação dessa expressão cansativa, um mais um, e mais um etc., é igual a tanto e tanto. E também vi por que ele constrói toda força artífice e até mesmo a força de presentificar solidamente todos os objetos sensíveis sobre o desenvolvimento precoce da aptidão para desenhar linhas, ângulos, quadrados e arcos.

Não era possível outra coisa: minha convicção sobre as vantagens disto tudo deviam se tornar cada dia mais intensas, pois eu via diariamente o resultado de uma força exercitada e desperta de acordo com esses princípios na mensuração, cálculo, escrita e desenho. Dia após dia estava mais certo de minha convicção de que é realmente possível alcançar o fim, do qual falei antes, o que muito vivificou meu próprio agir, a saber: formar outra vez as mães para o que elas foram tão obviamente destinadas pela natureza, e de que desse mesmo modo pode ser fundado o primeiro grau habitual da instrução escolar sobre os resultados construídos pela instrução materna. Vi pronto um meio psicológico geral pelo qual cada pai e cada mãe de família, que encontra em si essa aspiração, podem ser colocados em condição de instruir por si mesmos suas crianças, eliminando assim a sonhada necessidade de formar, durante um longo período, professores escolares por meio de custosos seminários e bibliotecas escolares.

Em uma palavra, cheguei, pela impressão do todo e da contínua homogeneidade de minhas experiências, a recuperar uma vez mais a crença, que no início de minha carreira pedagógica havia alimentado em mim com tanto ardor, mas que em seu curso, sob a influência da arte e dos meios da época, quase perdi, *a crença na possibilidade do enobrecimento do gênero humano.*

Carta 3

Você já leu a opinião de Tobler e Krüsi sobre este assunto, agora envio também a de Buß. Você sabe meu juízo acerca das forças enterradas nas classes inferiores. Que prova para meu ponto de vista a história de Buß! O que foi feito desse homem em seis meses! Mostre a Wieland[1] seu *ABC da intuição* e pergunte-lhe se ele alguma vez encontrou prova mais convincente de forças desperdiçadas.

Querido amigo, o mundo está cheio de homens úteis, mas vazio de pessoas que empreguem o homem útil. A época limita suas ideias sobre a utilidade do homem para dentro de sua própria pele ou, quando muito, as estende para homens que estão próximos, assim como o está a camisa que veste.

Caro amigo, pense seriamente nestes três homens e no que erigi com eles. Eu gostaria que você os conhecesse melhor, e mais minuciosamente a história de sua vida. O próprio Buß lhe diz algo sobre isto, tendo eu lhe pedido.

A primeira educação de Tobler foi completamente negligente. Aos 22 anos se encontrou repentinamente, como por milagre, lan-

---

1 Trata-se provavelmente de Christoph Martin Wieland (1733-1813), uma vez que Geßner era também editor de Wieland. Expoente da *Aufklärung*, Wieland ficou muito conhecido por suas obras, literárias e filosóficas, por sua participação nos debates públicos e por ser um defensor da ideia de cosmopolitismo.

118   JOHANN HEINRICH PESTALOZZI

çado em carreira científica e especificamente no ramo da educação [*Erziehungsfach*]. Ele acreditou que ia devorar esses estudos, mas foi por eles devorado, e por eles levado, com plena consciência da insuficiência de seus meios de instrução, a seguir cheio de confiança o caminho dos livros sem trilhar o caminho da intuição pela natureza mesma, cuja necessidade ele pressentiu. Via o perigo em que se encontrava de perder-se em um mar de mil coisas singulares e razoáveis em si, sem encontrar jamais os fundamentos para uma educação e uma formação escolar [*Schulbildung*] cujos resultados não devessem ser nem palavras nem livros racionais, senão homens racionais. E ele lamenta não ter encontrado, aos 22 anos, quando o empenho nos livros não havia começado ainda a roer sua força natural, o caminho que agora aos 30 ele trilha. Sente profundamente como esse intervalo o prejudicou, e honra a seu coração e ao método do mesmo modo, quando ele mesmo diz: "Homens ignorantes e não instruídos têm mais facilidade que eu para se ligar sem lacunas aos princípios do método e em seguida avançar nele sem confusão". Entretanto, permanece fiel a suas convicções, seus talentos asseguram seu salário. Quando ele tiver lidado com a dificuldade dos elementos mais simples, estes, ligados aos conhecimentos anteriores, tornarão fácil ligar o método aos níveis superiores da instrução escolar, ao qual até agora ainda não chegamos.

Você conhece Krüsi e viu a força que ele demonstra em seu ramo. É extraordinária. Quem o vê trabalhar fica admirado. Ele possui em sua área um agir próprio que impressiona não apenas o homem que não a tem. Contudo, antes de conhecer o método, ele era, em todos os âmbitos, inferior a Buß, exceto em seu ritmo mecânico de mestre-escola [*mechanischen Schulmeistertakt*]. E ele mesmo diz que, sem conhecer o método não teria, mesmo com todo o esforço empregado em busca de sua autonomia, chegado a se sustentar sobre seus próprios pés. Teria permanecido sempre um ser subordinado a outro, conduzido e necessitado de condução, o que era completamente contra o espírito do indivíduo do Appenzell. Ele recusou uma posição escolar com salário de 500 florins e permaneceu na mais limitada condição de suas atuais circunstâncias apenas porque sentiu e compreendeu que, já sendo mestre-escola, não poderia nunca vir a ser outra coisa nem se satisfazer com isso. Você não se admira como ele chegou a essa determinação? Sua simplicidade o conduziu a isto, ele se embrenhou no método e as consequências foram naturais, e é inteiramente verdade o que diz Tobler: "O método foi para ele fácil justamente porque ele não possuía nenhuma arte, e o conduziu com rapidez, precisamente porque ele não conhecia nenhum outro, mas tinha força".

Amigo, não tenho motivos para estar orgulhoso dos primeiros frutos do meu método? Quem dera os homens tivessem sempre, como você me disse há dois anos, sentido para as simples ideias psicológicas que lhes servem de base! Quem dera seus frutos todos sejam como estes três primeiros! Leia agora a opinião de Buß, e depois ouça a mim.

Meu pai exercia um cargo na instituição teológica de Tübingen e tinha ali moradia gratuita. Desde os 3 até os 13 anos, me enviou à escola de latim,[2] onde aprendi o que se ensinava às crianças da minha idade. Nessa época, fora da escola, passava a maior parte do tempo com os estudantes, que se alegravam comigo, um rapaz muito animado, em seus jogos. Aos 8 anos, um deles me ensinou a tocar piano, mas, como depois de seis meses ele se afastou de Tübingen, acabaram minhas lições e fiquei, nesse aspecto, totalmente abandonado a mim mesmo. Entretanto, por conta da minha obstinação e do hábito para atividade, cheguei tão longe aos 12 anos que era capaz, por mim mesmo, com grande êxito, de instruir uma senhora e uma criança no campo da música.

Aos 11 anos usufruí da instrução em desenho e prossegui no aprendizado contínuo das línguas grega e hebraica, da lógica e da retórica. O objetivo de meus pais era que me dedicasse aos estudos, e, para isto, ou me enviar para a recém-fundada Academia de Belas Artes e Ciências, em Stuttgart, ou me colocar sob a orientação de professores da Universidade de Tübingen.

---

2 No original, "*lateinische Schule*".

Naquela academia, até então, haviam sido admitidos homens de todas as condições sociais, uma parte pagante, a outra de forma gratuita. Os recursos de meus pais não lhes permitiam gastar comigo nem a soma mais insignificante. Uma solicitação foi então redigida tendo isto em vista, pedindo a admissão gratuita na Academia, cuja resposta negativa foi assinada pelo próprio duque.[3] Isto, e a publicação feita quase ao mesmo tempo, se a memória não me falha, do decreto que excluía dos estudos os filhos das classes *médias* e *baixas*, causaram em mim uma forte impressão. Minha animação juvenil se perdeu subitamente, e com ela todo meu ardor pelos estudos. Consagrei então minhas forças completamente ao desenho. Mas também aqui, depois de meio ano, fui interrompido novamente, porque meu professor precisou abandonar a cidade por causa de ações impróprias contra o Estado. E agora estava sem meios e sem perspectivas de poder ajudar a mim mesmo, e logo me encontrei na necessidade de me empregar na oficina de um encadernador.

Minha disposição de ânimo afundou até a indiferença. Aceitei esse ofício, assim como teria aceitado qualquer outro, para poder, por meio da distração de um trabalho manual assíduo, apagar todas as recordações de meus sonhos de juventude. Não tive êxito. Trabalhava, mas estava indizivelmente insatisfeito e alimentava vivos ressentimentos contra a injustiça de um poder que, *contra os costumes do passado*, unicamente porque eu pertencia a uma classe mais baixa, me tirava os meios de uma formação [*Bildung*] e as esperanças e perspectivas de algo em cuja realização já havia empregado uma grande parte de minha juventude. Não obstante, eu me alimentava da esperança de conseguir, com meu próprio ofício, os meios de abandonar esse trabalho manual que não me satisfazia e de recuperar em algum lugar o que tive de perder, obrigado pela necessidade.

Eu viajava, mas o mundo era muito estreito para mim, tornei-me melancólico, irritadiço e tive que voltar para casa, tentei abdi-

---

3 Karl Eugen, duque de Württenberg (1728-1793), foi o fundador da Academia de Artes e Ciências de Stuttgart.

car uma vez mais de minha profissão e quis, com o pouco de música que ainda sabia, encontrar na Suíça meu sustento necessário.

Parti para a Basileia e esperava encontrar ali a ocasião para poder lecionar, mas minha condição passada ocasionava em mim certa timidez que me arruinava já nos primeiros passos que são necessários para ganhar dinheiro. Eu não tinha coragem de dizer o que se deve dizer para conseguir o que buscava das pessoas. Um amigo, que por casualidade me encontrou nesse desamparo, me reconciliou momentaneamente com meu ofício de encadernador. Voltei para a oficina, mas sonhava, desde o primeiro dia em que me instalei ali, com a possibilidade de, com tempo e ocasião, encontrar outra coisa para mim, embora estivesse convencido de que estava muito defasado na música e no desenho para me proporcionar uma independência segura. Para ganhar tempo e poder me exercitar melhor, logo troquei de posto e ganhei, assim, duas horas diárias para mim e aprendi muitas coisas que me facilitaram os exercícios.

Entre outras coisas, vim a conhecer Tobler, que logo notou a dor que me corroía e desejou me tirar dessa condição. Também pensou diretamente em mim quando Krüsi lhe disse que Pestalozzi precisava, para o novo método de instrução que estava organizando, de alguém que conhecesse desenho e música.

A consciência que tinha do atraso em minha formação e minha habilidade em desenho e a esperança de encontrar uma ocasião para poder progredir em ambos amadureceram a decisão em mim de ir para Burgdorf, embora muitas pessoas tenham me advertido a não me unir a Pestalozzi, já que ele era meio louco e nunca sabia direito o que queria.[4] Comprovavam essa lenda de diferentes modos: uma vez havia chegado a Basileia com sapatos amarrados com palhas, pois havia dado as fivelas de seu calçado para um mendigo na entrada da cidade. Eu havia lido *Leonardo e Gertrudes*, tam-

---

4 "Eu penso, é claro, que a expressão pública desta parte de minha opinião seja inadequada. Mas Pestalozzi queria que o fizesse e demandou uma apresentação incondicionalmente franca da impressão que ele e tudo por ali me causou". [N. A.]

bém acreditava no caso das fivelas, mas quanto a ele ser louco, isto eu não aceitava. Em resumo: queria tirar a prova. Fui a Burgdorf. Sua primeira aparição me deixou perplexo. Ele descia do quarto no andar superior, com Ziemssen, que justamente acabara de chegar para visitá-lo, veio até mim com meias desamarradas, visivelmente cheio de pó, como se fosse uma ruína. Não posso descrever o que senti naquele momento, se aproximando quase com compaixão ligada com espanto. Pestalozzi, e o que vi foi sua benevolência, a alegria com a qual recebeu a um desconhecido, sua despretensão, sua simplicidade e a desordem em que se encontrava diante de mim, tudo isso me encantou no mesmo instante. Nunca havia visto um homem buscar meu coração desse modo e nunca jamais alguém havia ganho assim minha confiança.

Na manhã seguinte, entrei em sua escola, e no início não vi realmente nada senão uma desordem aparente e uma multidão que me deixava desconfortável. Mas, como o entusiasmo com que havia falado Ziemssen no dia anterior sobre os planos de Pestalozzi havia já despertado minha atenção, abandonei essa impressão e não demorou muito para que eu notasse algumas vantagens desse modo de ensino. Não obstante, acreditei, no começo, que permanecer muito tempo em um mesmo ponto atrasava demais as crianças. Mas, quando vi a perfeição a que fazia suas crianças chegarem quanto aos elementos iniciais de seus exercícios, o zanzar de lá para cá, os saltos que me permitiam no percurso de minha instrução na minha juventude apareceram pela primeira vez sob uma luz desfavorável, e ocasionaram em mim o pensamento de que, se tivesse durante tanto tempo e com tanta consistência me prendido aos primeiros elementos, *eu estaria em condição de poder ajudar-me a mim mesmo para prosseguir para níveis mais elevados* e como consequência teria me livrado de todo o fastio e melancolia no qual havia caído e no qual agora me encontrava.

Esse pensamento corresponde perfeitamente ao princípio de Pestalozzi: *"Levar os homens, com seu método, ao ponto de poderem ajudar-se a si mesmos, como ele diz, porque a eles, nesta terra de Deus, ninguém ajuda e ninguém pode ajudar"*. Estremeci quando li pela primeira vez essa passagem de *Leonardo e Gertrudes*. Mas é a experiência de minha vida que me mostra que, sobre esta terra de Deus, ninguém ajuda nem pode ajudar o homem quando ele não pode ajudar-se a si mesmo. Agora estava claro para mim que as lacunas que não pude preencher para alcançar meu objetivo tinham sua origem na fraqueza e na superficialidade da arte com que havia aprendido, eis porque me faltava a base. Dediquei minha atenção particularmente ao âmbito para o qual Pestalozzi buscava minha ajuda. Mas por muito tempo não pude compreender suas ideias muito próprias sobre o desenho e não sabia, no começo, o que ele queria quando me dizia: "Linhas, ângulos e arcos são o fundamento da arte do desenho". E, para me explicar, ele dizia: "O espírito humano deve também aqui se elevar das intuições obscuras aos conceitos claros". Mas eu não podia imaginar ainda como isto poderia se dar por meio do desenho. Ele me dizia: "Isto se deve alcançar pelas divisões do quadrado e do círculo e pela separação de suas partes em unidades observáveis e comparáveis". Busquei encontrar essas divisões e essas simplificações, mas não conhecia os primeiros princípios do simples, e, apesar de todos os meus esforços, logo me encontrei em um mar de figuras isoladas que eram realmente simples em si mesmas, mas não esclareciam o todo das regras da simplicidade que Pestalozzi buscava. Infelizmente ele não podia nem escrever nem desenhar, embora tenha feito suas crianças, em ambos os casos, progredirem de um modo incompreensível para mim. Em suma, não o compreendi durante meses, e durante meses não sabia o que fazer com as linhas iniciais que ele desenhava para mim, até que, por fim, percebi que eu deveria saber menos do que efetivamente sabia, ou que ao menos deveria deixar de lado por um momento meu conhecimento, para descer até os elementos mais simples os quais agora eu bem via, eram sua força, embora ainda não os pudesse seguir. Foi difícil para mim. Por fim, se me tornou cada vez mais madura a compreensão dos progressos de suas crianças no estudo perseverante dos princípios elementares, desci com força ao íntimo de meu modo de ver os objetos para chegar ao ponto a partir do qual via suas crianças se elevarem, com

124 JOHANN HEINRICH PESTALOZZI

a força que mostravam. Assim que cheguei a esse ponto, o *ABC da intuição* se completou em alguns dias.

Ele estava lá, e eu não sabia ainda o que era, mas o primeiro reconhecimento de sua essência teve sobre mim um grande efeito. Eu não sabia antes que essa arte é constituída apenas de linhas. Agora, repentinamente, tudo que eu via estava entre linhas que determinavam seus contornos. Jamais havia em minha representação separado os contornos dos objetos, agora eles se desprendiam sempre em minha imaginação e se tornavam formas de mensuração que determinavam para mim precisamente cada diferença. Mas, assim como no princípio eu via apenas *objetos*, agora eu via apenas *linhas* e acreditava que se devia fazer as crianças se exercitarem exaustivamente e até à perfeição em sua inteira extensão, antes de lhes dispor objetos reais para imitar ou apenas para uma profunda compreensão. Contudo, Pestalozzi pensou as regras do desenho em ligação com sua finalidade maior, e em ligação com a natureza, que não deixa nenhuma parte da arte no espírito humano permanecer separada da mais determinada intuição de si mesma. Ele tinha como propósito dispor para as crianças, desde o berço, uma dupla sequência de figuras, em parte em um livro para a primeira infância, em parte como demonstrações para suas formas de mensuração. Ele queria, com o primeiro, ajudar a natureza e desenvolver nas crianças, o mais cedo possível, o conhecimento da linguagem e das coisas através de exposições encadeadas da própria natureza, e, com as segundas, unir as regras da arte com a intuição da arte, e sustentar mutuamente a consciência das puras formas, que convém aos objetos, através de sua disposição uma ao lado da outra no espírito da criança e, por fim, assegurar à força da arte uma progressão psicológica gradual. Assim, a cada linha que as crianças estejam em condição de desenhar perfeitamente, devem encontrar também objetos para sua aplicação, cujo desenho perfeitamente correto não deve ser essencialmente nada além de uma recapitulação da forma de mensuração que já lhe é familiar.

Eu temia enfraquecer a força da intuição nessas crianças com a apresentação de figuras, mas Pestalozzi não queria nenhuma força que não fosse natural, e me disse certa vez: *"A natureza não deu linhas às crianças, ela só lhe deu coisas e só se deve lhe dar linhas para fazê-la intuir corretamente as coisas, mas não se devem tirar as coisas para que vejam apenas linhas"*. E, em outro momento, sobre o perigo que existe em dispensar a natureza pelas linhas, se empolgou tanto que chegou a dizer: *"Deus me preserve de devorar o espírito humano por causa dessas linhas e de toda arte, e de o endurecer contra a intuição da natureza, assim como os sacerdotes idólatras o devoram com suas doutrinas supersticiosas, e o endurecem contra a intuição da natureza"*.

E, por fim, notei esse perigo e encontrei no plano de ambos os livros uma harmonia perfeita com a marcha da natureza e arte apenas o suficiente para permitir à natureza também operar no espírito humano, assim como o exige o desenvolvimento de suas disposições essenciais.

Eu me encontrava antes em uma dificuldade. Pestalozzi me disse: é necessário ensinar as crianças a lerem esses contornos como palavras e nomear cada divisão dos arcos e dos ângulos com uma letra, de tal modo que sua combinação possa ser nitidamente expressa e ser escrita no papel assim como qualquer palavra pela união de letras. Essas linhas e arcos deveriam ser um *ABC da intuição* e assim o fundamento para uma linguagem da arte pela qual seria possível não apenas a mais clara consciência das diferenças entre todas as formas, mas também poder ser precisamente determinada com palavras. Ele não descansou até que eu entendesse. Vi o esforço que ele fazia, e me desculpava, mas era inútil: sem sua paciência não haveria nosso *ABC da intuição*.

Finalmente o compreendi: comecei pela letra A, pois era o que ele queria, e uma resultou da outra e posso dizer que não tive mais dificuldades. O tema estava já propriamente feito nos desenhos completos, mas a dificuldade era que eu não sabia então me expressar sobre o que já realmente sabia, nem podia entender as expressões dos outros.

Todavia, uma das consequências mais fundamentais do método é que através dele se pode sanar esse mal. A arte da linguagem se une solidamente de um modo geral ao saber, que a natureza e a arte nos dão, o que permite às crianças se expressar com precisão sobre cada passo de seu conhecimento.

Havia entre nós, professores, uma observação geral de que ainda não estávamos no ponto em que podíamos nos exprimir de modo preciso e suficiente sobre as coisas que conhecíamos de forma abrangente. Também a Pestalozzi era muito difícil encontrar sempre as palavras para expressar exatamente o que ele queria.

Essa falha na linguagem era devida ao fato de eu ter, em meu ramo, durante muito tempo, andado às apalpadelas, e por não ter compreendido os princípios de Pestalozzi e por não poder compreendê-los.

Mas, depois de ter superado essas dificuldades, logo me encontrei, sob todos os aspectos, com meu objetivo e reconheci cada vez mais as vantagens do método e compreendi especialmente como o *ABC da intuição*, ministrado às crianças com uma linguagem precisa sobre os objetos da intuição e da arte, deve sobretudo produzir nelas, na mesma medida, um amplo e suficiente sentimento de correção e relação e, sobretudo, como os homens que têm linguagem devem facilmente distinguir, pelo conhecimento dos nomes, todos os objetos, uns dos outros, e conseguir assegurar uma consciência mais sólida dos sinais distintivos do que podem aqueles que não foram conduzidos de tal modo. A experiência confirmou meu pressentimento sobre o assunto. As crianças ajuizavam essas partes distintas onde quer que as encontrassem, melhor que homens treinados no desenho e na mensuração desde a juventude, e o progresso dessa sua força foi em tantas crianças tão intenso que não permitia nenhuma comparação com os progressos habituais que as crianças realizam nesse âmbito.

Contudo, eu julgava sempre o todo do método apenas por meio de um único ramo, e pelo resultado que ele tinha nesse âmbito. Passo a passo cheguei, assim, a ver e compreender também a semelhança de seu efeito em outros âmbitos. Descobria agora, seguindo os fios de minha arte de conduzir [*Kunstführung*], como era possível, com a psicologia da arte da linguagem, através dos passos

COMO GERTRUDES ENSINA SUAS CRIANÇAS   **127**

graduais dos meios de instrução, do som à palavra, e da palavra à linguagem, efetivar a preparação para conceitos mais claros, assim como o progresso de linhas aos ângulos, e dos ângulos às formas, e das formas a objetos determinados. Compreendi então que o percurso era o mesmo para o cálculo. Até então eu havia considerado cada número sem a consciência determinada de seu valor próprio ou conteúdo completamente como apenas um item que subsiste por si mesmo, assim como eu via, antes, os objetos da arte sem uma consciência particular de seus contornos determinados e suas relações, isto é, seu conteúdo. Agora eu tinha consciência sensível de cada número em minha representação, como o todo de seu conteúdo sensível determinado, e por isso reconhecia também nesse âmbito o progresso que as crianças haviam alcançado com essa condução, e via também quão essencial é para cada âmbito da arte que a instrução parta de um ponto de partida comum ao número, à forma e à palavra. Assim como na calma de meu âmbito eu havia reconhecido minha falta em relação à linguagem, reconhecia eu agora o mesmo caráter lacunar da falta em relação ao cálculo. Com efeito, vi em cada forma que a criança não pode se representar como formas separadas sem as contar de tal modo que, se ela não estiver plenamente consciente, por exemplo, de que o número 4 é a reunião de quatro unidades, não pode também compreender que a figura singular pode ser dividida em quatro partes.

Assim se desenvolveu em mim, a partir da clareza crescente a que me conduzia o estudo particular do desenho e que eu adquiria por *mim mesmo*, a convicção de que o método, por sua ação sobre o espírito humano, suscita e fortalece de modo geral nas crianças a força de progredir *por si mesmas*, e que ele se constitui na realidade como um barco para o qual não é mais que necessário uma propulsão para que continue seu curso *por si mesmo*. Não fui o único que julgava assim. Centenas de pessoas vieram e disseram: "Isto não pode dar errado". Camponeses e camponesas disseram: "Isto posso eu mesmo fazer com minhas crianças". E eles tinham razão.

O método inteiro é, para cada um, um jogo, contanto que tome nas mãos os fios de seus primeiros elementos que o impeçam de vaguear por erros que tornam a arte do gênero humano muito difícil, pois arruínam seus fundamentos em si mesmos, e o desviam da natureza, que não nos demanda nada que não seja fácil, se tomamos suas mãos e buscamos o caminho correto.

Tenho apenas mais isto a agregar: o conhecimento do método produziu de novo em mim, em grande parte, a clareza e a força de minha juventude, e reviveu as esperanças para mim e para o gênero humano, que já havia muito tempo, e até este momento, eu considerava como sonhos e repelia, indo contra todas as batidas de meu coração.

Carta 4

Amigo, agora você conhece os homens que atualmente trabalham comigo. Mas eu não os tinha desde o início da minha presença aqui, nem sequer buscava colaboradores nessa época. Desde minha partida de Stanz, eu estava em um estado de pavor e cansaço que mesmo minhas ideias concernentes a meus antigos planos de educação do povo começavam a murchar em mim e decidi limitar meu objetivo aos simples melhoramentos pontuais e isolados da condição precária das escolas. Apenas a necessidade e as circunstâncias, que me impediam de fazer isso, me forçaram a voltar para a única via na qual a essência dos meus velhos objetivos era realizável. Contudo, trabalhei vários meses nos limites dentro dos quais esse recolhimento de mim mesmo me retinha. Era uma situação peculiar: com minha ignorância e minha inexperiência, mas também com a força de compreensão e com minha simplicidade, eu me encontrava abaixo do último dos mestres-escolas [*Winkelschulmeister*], e, por outro lado, no mesmo nível e ao mesmo tempo com todos aqueles reformadores do ensino,[1] e isto em uma época em que, desde Rousseau e Basedow,[2] a metade do mundo se movimentava para essa

---

1 No original, "*Unterrichtsverbesserer*": literalmente, melhoradores da instrução.
2 Trata-se de Jean-Jacques Rousseau e Johann Bernhard Basedow.

130 JOHANN HEINRICH PESTALOZZI

finalidade. Eu mal conhecia o que faziam e queriam, não conhecia sequer uma sílaba do que diziam, apenas via nos graus superiores de instrução, ou antes, a própria instrução superior, aqui e ali, trazida a uma perfeição cujo brilho ofuscava minha ignorância como a luz do sol cega o morcego. Eu encontrava mesmo os graus intermediários da instrução elevados muito além da esfera de meus conhecimentos, e via até mesmo seus pontos mais elementares serem trabalhados aqui e ali com o zelo e a fé de formigas, cujo mérito e êxito eu não poderia de modo algum deixar de reconhecer.

Mas quando eu tinha em vista a totalidade do sistema de educação ou, melhor dizendo, o sistema de educação considerado como um todo e em ligação com a massa dos indivíduos que ele devia instruir, então me pareceu que o pouco que eu podia realizar com toda minha ignorância representava infinitamente mais do que eu via realizarem em relação ao povo. E quanto mais tinha em vista este último (o povo), mais percebia que os livros a ele destinados pareciam ser um poderoso rio fluindo que se evapora, quando se observam seus efeitos na aldeia e na sala de aula, em uma névoa escura, cuja obscura humidade não molha o povo nem tampouco o deixa seco e não lhe garante nem as vantagens do dia nem as da noite. Eu não podia esconder para mim que essa instrução escolar, tal como eu a via praticada na realidade, não valia, para a grande maioria dos homens e para a mais baixa classe do povo, por assim dizer, absolutamente nada.

Assim como a conhecia, essa instrução me parecia uma grande casa na qual, no piso superior, brilha uma espécie de arte mais elevada e perfeita, mas que não é habitada senão por umas poucas pessoas. No piso intermediário, moram mais pessoas, mas lhes faltam escadas que lhes permitiriam subir de um modo humano ao piso superior, e se elas mostram o desejo de escalar de modo algo animalesco, então se lhe dão pancadas para quebrar provisoriamente um braço ou uma perna das quais elas poderiam se utilizar. No térreo habita uma manada de sem-número de homens que não possuem sequer o mesmo direito à luz do sol e ao ar fresco daqueles de cima. Entretanto, longe de se contentar em abandoná-los a si próprios na escuridão nojenta desse buraco sem janelas, assim que algum dentre eles ousa erguer a cabeça para lançar um olhar em direção ao brilho do piso superior, furam-se-lhe violentamente os olhos.

Amigo, essa perspectiva das coisas me conduziu naturalmente à convicção de que era essencial e urgente não apenas remendar, mas arrancar pela raiz os males de uma escola que emascula uma grande massa de europeus, pois os remendos se transformariam com muita facilidade em uma segunda dose de veneno que não conseguiria acalmar os efeitos da primeira, mas que certamente deveria redobrá-los. Era exatamente isto que eu não queria. Contudo, começava a se desenvolver em mim, dia após dia, o sentimento de que é essencialmente impossível remediar em grande parte e de maneira durável os males da escola, se não chegarmos a submeter a forma mecânica de toda instrução às leis eternas segundo as quais o espírito humano se eleva das intuições sensíveis aos conceitos claros.

Esse sentimento, que, como disse, se fortalecia em mim dia após dia, me conduziu também a pontos de vista que abarcavam a essência da educação em seu todo, e minha mais íntima disposição fazia que eu me assemelhasse a um rato que tem pavor do gato e mal olha para fora de sua toca. Tive, contudo, que reconhecer que o pedante semiplano do meu atual recolhimento não apenas não era suficiente para o conjunto das necessidades do sistema escolar, como também, pelas simples circunstâncias que poderiam sobrevir, poderia, aqui e ali, engolir as pobres crianças com uma segunda dose de ópio, agregada à dose já habitual, que com tanta frequência, entre as quatro paredes da escola, elas têm que ingerir.

Mas também, sem ter tanto o que temer, estava cada dia mais descontente do completo nada das minhas ações isoladas de mestre-escola, e parecia de fato, com meus esforços, me encontrar na situação de um mergulhador que, tendo perdido seu arpão, tentou pescar baleias com o anzol. Naturalmente não pode fazê-lo. Ele teve que, correndo o risco de perder tudo, tomar de volta em suas mãos um arpão ou renunciar para sempre à pesca da baleia. E eu, assim que reconheci que era urgente colocar em harmonia os princípios da instrução com a marcha da natureza, encontrei-me na mesma situação. As reivindicações da natureza em meu campo não me apareciam mais isoladas, mas em total conexão com suas forças e suas condições. E eu devia, se não quisesse, como o pescador de baleias, arriscar tudo, ou renunciar à ideia de conseguir, em meu ramo, realizar algo, por mais insignificante que fosse, ou respeitar a coerência da natureza para onde quer que ela me conduzisse. Escolhi esta última, confiei mais uma vez cegamente na condução da natureza e me lancei repentinamente, depois de quase um ano como um apático mestre-escola de segunda, a simplesmente empurrar a carroça do ABC, numa empreitada que abarcava nada menos que a fundação de um orfanato, um seminário para professores e um pensionato, o que demandava já para o primeiro ano uma soma da qual, nessa época, eu não poderia esperar ter em mãos nem uma décima parte.

E, ainda assim, houve êxito. Amigo! A empreitada prossegue, ela deve prosseguir. Há em mim uma profunda experiência que mostra que o coração do homem e o próprio coração do governante, que é o mais duro entre os corações humanos, não suporta ver qualquer esforço grandioso e puro da força humana do sacrifício, quando seus botões se abrem em flores sob seus olhos, definhar desamparado e se consumir por si mesmo. E, Geßner, minha tentativa se amplificou e deu frutos que agora amadurecem.

Amigo, o homem é bom e quer o bem. Quer também apenas o bem quando faz algo bom, e, se faz algo mal, certamente alguém lhe bloqueou o caminho pelo qual *gostaria de fazer o bem*. Ah, que coisa terrível bloquear tal caminho! E isto é muito comum, e o homem por isso raramente faz o bem! Porém, acredito de modo perene e generalizado no coração humano, e caminho agora nessa crença pela minha rua de terra como se fosse um caminho romano pavimentado. Gostaria de conduzir você para dentro do labirinto de percursos de pensamento pelos quais tive que passar para iluminar por mim mesmo as formas mecânicas de instrução e sua subordinação às leis eternas da natureza sensível.

Amigo, vou aqui transcrever com este propósito algumas passagens de um relatório sobre meus ensaios que há mais ou menos seis meses dirigi a alguns amigos do meu instituto, uma vez que esclarecem o percurso de minhas ideias.

"O homem", dizia eu nesse escrito,

chega a ser homem somente pela arte, mas somente na medida em que essa nossa condutora, que nós mesmos criamos, deve em todas suas ações estar ligada solidamente à simplicidade da marcha da natureza. O que quer que realize, por mais audaz que seja para nos elevar de nossa existência animal e nos retirar esses direitos, não está em condição de agregar nada à essência da forma pela qual eleva nosso gênero de intuições confusas até claros conceitos. A arte não deve tampouco fazê-lo. Ela atinge sua destinação de nos enobrecer somente quando nos desenvolve nessa forma e em nenhuma outra, e nos lança, tão logo tente fazê-lo de qualquer outra forma, em todo caso, de volta à condição não humana da qual o criador de nossa natureza determinou que nos elevássemos.

A essência da natureza, de onde emana a forma do desenvolvimento que convém à nossa espécie, é em si mesma imutável e eterna, e em vista da arte é, e deve ser, seu fundamento eterno e imutável. Também parece, aos olhos de um observador profundo, no mais alto grau de seu brilho, uma grande casa que se elevou, pela adição discreta de pequenas partes isoladas, sobre uma rocha gigantesca e imóvel, e na medida em que está com ela intimamente ligada, repousa sobre ela, mas de repente se desprende e as pequenas partes, que emergiam dela, se reduzem a nada se o laço entre ela e a rocha tem algumas linhas rompidas.

Em todo caso, por incomensuráveis que sejam os resultados da arte em si e em toda sua extensão, o que ela agrega à marcha da natureza, ou melhor, ao fundamento desta, é muito pequeno e imperceptível. Os procedimentos que ela emprega para o desenvolvimento de nossas forças se limitam essencialmente a encerrar em um círculo mais estreito, e em séries coordenadas, aquilo que a natureza nos apresenta disperso, em grandes distâncias e em relações confusas, e aproximar esses objetos a nossos cinco sentidos em relações facilitadas pela nossa memória e nossos próprios sentidos, a nos apresentar diariamente os objetos do mundo em um número maior, de maneira mais duradoura e mais correta.

Também toda a força da arte repousa sobre a conformidade de sua influência e de seus efeitos com os efeitos essenciais da natureza física ela mesma, e toda sua ação é, junto com a ação da natureza, apenas uma e mesma coisa.

Homem, imite o elevado agir da natureza que, para formar uma grande árvore de uma semente, principia por impulsionar apenas um gérmen imperceptível, mas, a partir de adições contínuas, imperceptíveis, dia a dia, hora a hora, desenvolve primeiro os elementos do tronco, depois dos galhos principais e por último o dos galhos secundários, até o último galhinho do qual pende a efêmera folhagem. Tenha em vista essa ação da nobre natureza, como ela cuida e protege de cada parte que formou, e como junta cada parte nova à vida já *assegurada* das antigas.

Tenha em vista como a brilhante flor se desenvolve do botão perfeitamente formado, como o brilho floral perde logo sua vida e como o fruto, fraco, mas perfeitamente formado, a cada dia, no todo de sua existência, agrega algo, mas algo efetivo *que já está nele mesmo*, até que, perfeitamente maduro, e em todas suas partes acabado, cai da árvore.

Tenha em vista como a mãe natureza, ao mesmo tempo que desenvolve os primeiros brotos nascentes, também desenvolve o gérmen da raiz, e enterra profundamente a parte mais nobre da árvore no seio da terra, e como, por outro lado, ela forma [*herausbildet*], da profundidade, a partir da essência da raiz, o tronco imóvel, e os galhos principais da essência do tronco, e os galhos secundários da essência dos galhos principais, e como dá a todos, inclusive às partes exteriores mais delicadas, uma força suficiente, mas em nada, em nada inútil, desproporcional ou exagerada.

O mecanismo da natureza sensível do homem está, sem sua essência, sujeito às mesmas leis pelas quais a natureza física desenvolve, em geral, suas forças. De acordo com essas leis, toda instrução deve enterrar o mais essencial dos ramos do conhecimento, de forma profunda e inabalável, na essência do espírito humano, e apenas gradualmente, mas com uma força ininterrupta, ligar o pouco essencial ao essencial e sustentar todas suas partes, até o limite de seu âmbito, em uma união viva e proporcional.

Ora, eu buscava descobrir as leis às quais deve estar submetido o desenvolvimento do espírito humano de acordo com sua própria natureza. Sabia que elas deveriam ser aparentadas com as mesmas leis da natureza física sensível, e acreditava encontrar nelas, com segurança, os fios a partir dos quais se deixaria fiar um método de instrução universal e psicológico. Veja, disse a mim mesmo buscando em sonhos esses fios, assim como você reconhece em cada madureza física o resultado da completa perfeição do fruto em todas as suas partes, não considero maduro nenhum juízo humano que não seja o resultado, em todas as partes, da perfeição da intuição do objeto a ser ajuizado. Do contrário, considero cada juízo, que pareça maduro antes da perfeita intuição, como nada além de um fruto que cai da árvore cheio de larvas e *por isso* parece maduro.

1. Assim, aprenda primeiramente a organizar suas intuições e completar o simples antes de dar um passo para algo mais desenvolvido. Procure, em cada arte, encadear um grau de conhecimento no qual cada novo conceito seja apenas um acréscimo pequeno e quase imperceptível aos conhecimentos prévios profundamente gravados em você e tornados inesquecíveis.
2. Agrupe em seu espírito todas as coisas que se copertencem essencialmente na mesma relação em que elas se encontram efetivamente na natureza. Subordine todas as coisas não essenciais, em sua representação, às essenciais, e em especial as que se imprimiram em você, em parte pelo artifício, em parte pela natureza e sua verdade efetiva, e não dê a nenhuma coisa em sua representação mais peso do que ela tem na própria natureza em relação ao seu gênero.

136 JOHANN HEINRICH PESTALOZZI

3. Torne mais fortes e mais nítidas as suas impressões dos objetos relevantes, aproximando-os de você pela arte, e pelos diferentes sentidos fazendo-os atuar sobre você. Para esse fim, reconheça antes de tudo a lei do mecanismo físico que faz sempre depender a força de todas as impressões da proximidade ou distância física que separa de seus sentidos o objeto que os toca. Não se esqueça jamais que essa proximidade ou distância física determina tudo o que há de positivo em sua intuição, em sua formação profissional [*Berufsbildung*] e também em sua virtude.

4. Considere todos os efeitos da natureza física como absolutamente necessários e reconheça nessa necessidade o resultado da sua arte com a qual ela reúne, de forma simétrica, sob si mesma, os elementos aparentemente heterogêneos de sua matéria para a completude de sua finalidade. Faça que a arte pela qual você efetiva a instrução em seu gênero produza os mesmos resultados que tem em vista a necessidade física, de tal modo que, no seu agir, mesmo meios aparentemente tão heterogêneos alcancem a finalidade principal.

5. Mas a riqueza e a multiplicidade de seu encanto e do seu espaço de ação são as causas para que os resultados da necessidade física carreguem em si o selo da liberdade e da autonomia.

Faça que os resultados da arte e da instrução, se já elevados a necessidade física, levem também em si, pela riqueza e multiplicidade de seu encanto e do seu espaço de ação, o selo da liberdade e da autonomia.

Todas essas leis às quais está submetido o desenvolvimento da natureza humana giram em todas suas aplicações ao redor de um ponto central de nosso ser, e este somos nós mesmos.

Amigo, tudo o que sou, tudo o que quero e tudo o que devo ser, provém de mim. Não deveria também meu conhecimento provir de mim?

CARTA 5

Esbocei-lhe essas proposições singulares a partir das quais, acredito, se possam fiar os fios de um método de instrução universal e psicológico.

Sinto que elas não me satisfazem, não estou em condição de apresentar, em toda sua simplicidade e toda sua amplitude, a essência das leis da natureza sob as quais repousam essas proposições. Do modo como as vejo, elas têm uma fonte tríplice.

A *primeira* dessas fontes é a natureza mesma, possibilitando que nosso próprio espírito se eleve de intuições obscuras a conceitos claros.

Dessa fonte fluem as seguintes proposições fundamentais que devem ser reconhecidas como fundamento das leis cuja natureza eu investigo:

1. Todas as coisas que afetam meus sentidos são, para mim, meios de adquirir conhecimentos corretos apenas na medida em que suas manifestações me apresentem aos sentidos sua essência imutável e inalterável *mais do que* sua condição mutável ou suas propriedades. Caso contrário, elas são para mim fonte de erro e de ilusão na medida em

que suas manifestações me apresentem aos sentidos suas propriedades acidentais *mais do que* sua essência.

2. A cada intuição profundamente impressa no espírito humano e tornada inesquecível, se encadeia com grande facilidade e com muita frequência, inadvertidamente, toda uma sequência de conceitos avizinhados mais ou menos similares a essa intuição.

3. Ora, assim como a essência de algo se imprimiu em seu espírito com uma força incomparavelmente mais intensa do que suas propriedades, o mecanismo da sua natureza o conduz por você mesmo em relação a esse objeto, dia a dia, de verdade em verdade. Do contrário, se as propriedades mutáveis de algo se imprimiram com uma força incomparavelmente mais intensa que sua essência, esse mecanismo de sua natureza o conduz, em relação a esse objeto, dia após dia, de erro em erro.

4. Através do agrupamento dos objetos cuja essência é a mesma, seu conhecimento da verdade interior destes se alarga, se aguça e se torna mais seguro de forma essencial e universal e, assim, a impressão unilateral e predominante das propriedades de objetos isolados será enfraquecida em prol da impressão que sua essência deve ter sobre você. Evitará que seu espírito seja engolido pela força isolada das impressões singulares das propriedades, e se protegerá do perigo de cair em uma mescla irracional da aparência externa dos objetos com sua essência, de ter predileção e de se ligar exageradamente a uma coisa qualquer que uma compreensão melhor teria considerado secundária, e de evitar encher fantasiosamente a cabeça com essas ninharias. Não poderia ser de outro modo. Quanto mais o homem tem uma perspectiva apropriada, abrangente e geral sobre as coisas, menos as perspectivas limitadas e singulares sobre elas poderão ter sobre ele uma impressão parcial para a perspectiva essencial e única sobre essas coisas. Por outro lado, quanto menos

COMO GERTRUDES ENSINA SUAS CRIANÇAS **139**

ele for exercitado em uma intuição compreensiva da natureza, mais facilmente as perspectivas singulares sobre a condição mutável de algo podem confundir e até mesmo apagar a perspectiva essencial sobre um objeto.

5. Também a mais complexa intuição é constituída de elementos simples, e quando se a tem em mãos, o mais complexo se torna simples.

6. Quanto mais utilizar os sentidos para investigar a essência ou as manifestações de alguma coisa, mais correto se tornará o conhecimento sobre ela.

Tais me parecem os princípios do mecanismo físico que se deduzem da natureza mesma de nosso espírito. A eles se ligam as leis universais desse próprio mecanismo, e sobre isso apenas afirmo ainda: a perfeição é a maior lei da natureza, tudo o que é imperfeito não é verdadeiro.

A *segunda* fonte dessas leis físico-mecânicas é a sensibilidade de minha natureza que está em geral ligada à faculdade de intuição.

Esta oscila em toda sua atividade entre a inclinação para tudo conhecer e tudo saber e aquela de tudo desfrutar e assim aplacar o ímpeto de saber e conhecer. Enquanto mera força física, a inércia de nosso gênero é vivificada por nosso querer-saber e nosso querer-saber, por sua vez, é aplacado pela nossa inércia. Mas nem o vivificar nem o aplacar de um e outro não têm, senão em si mesmos, um valor físico. Por outro lado, o primeiro, enquanto fundamento sensível da nossa força de investigação, e o segundo, enquanto fundamento do sangue-frio necessário ao ajuizamento, têm ambos um valor elevado. Alcançamos, pelo encanto incomensurável que a árvore do conhecimento tem para nossa natureza sensível, tudo o que sabemos, e através do princípio de inércia, que fixa um limite para nosso borboletear leve e superficial de intuição em intuição, o homem amadurece múltiplas verdades antes mesmo de as pronunciar.

Mas nossos anfíbios da verdade nada sabem dessa maturação, eles coaxam a verdade antes mesmo de a perceber, muito antes de a conhecer, não podem fazer diferente. Falta a eles a força dos qua-drúpedes que se mantêm sobre terra firme, as nadadeiras dos peixes para nadar sobre abismos e as asas dos pássaros para se elevar entre as nuvens. Eles conhecem tão pouco quanto Eva a intuição *inad-vertida* dos objetos e têm o mesmo destino, pois devoram a verdade antes que esteja amadurecida.

A *terceira* fonte das leis físico-mecânicas reside na relação de minha condição exterior com minha faculdade de conhecer.

O homem está preso a seu ninho, e quando ele o suspende com centenas de fios e com centenas de voltas o rodeia, que faz mais do que a aranha, que do mesmo modo suspende seu ninho com cente-nas de fios e com centenas de voltas o rodeia? E qual é a diferença entre uma aranha grande e uma aranha pequena? A essência do seu agir é a mesma: elas se sentam em meio ao círculo mesmo que realizam. Mas o homem não escolhe o ponto do círculo em que ele se agita e se move, e reconhece como seres meramente físicos toda verdade do mundo apenas à medida que os objetos do mundo que vêm a sua intuição se aproximam do ponto central no qual ele se agita e se move.

CARTA 6

Caro amigo, você ao menos vê o esforço ao qual me dou para lhe tornar clara a teoria do meu percurso. Permita que meu esforço valha como uma espécie de desculpa se você se der conta do pouco êxito dele. Desde os 20 anos estou completamente voltado para o filosofar, no sentido verdadeiro da palavra, e felizmente, para a execução prática do meu plano, não precisei empregar nenhuma forma dessa filosofia, que me parece tão cansativa. Em cada situação em que me encontrava eu vivia até o limite de meus nervos dentro do círculo em que agia. Sabia o que queria, não me preocupava com o dia seguinte, mas sentia a todo momento o que era necessário fazer no presente. E se em minha imaginação percorria em um dia cem passos, quando me encontrava em solo firme, no dia seguinte eu dava cem passos para trás. Encontrei-me nessa situação milhares e milhares de vezes, milhares e milhares de vezes acreditava me aproximar de meu objetivo e descobria, de repente, que o objetivo que eu pretendia atingir não era senão uma nova montanha com a qual me deparava. Isto era o que me passava, em especial quando os princípios e leis do mecanismo físico se tornaram mais claros. De imediato acreditei que não era necessário senão aplicar simplesmente esses princípios aos âmbitos da instrução [*Unterrichtsfächer*] que a experiência de milhares de anos havia colocado nas mãos do

142 JOHANN HEINRICH PESTALOZZI

gênero humano para o desenvolvimento de suas disposições, e que eu considerava como os elementos de toda arte e todo saber, escrever, ler e contar.

Mas, ao tentar fazer isto, desenvolveu-se pouco a pouco uma convicção cada vez mais fundada em uma experiência mais ampla, a de que esses âmbitos da instrução não se podem considerar simplesmente como elementos da arte e da instrução, e que, pelo contrário, devem estar subordinados a uma perspectiva mais universal e ampla do objeto. Mas o sentimento dessa verdade tão importante para a instrução, que através do aprimoramento desses âmbitos se desenvolveu em mim, por muito tempo só me aparecia em perspectivas isoladas e sempre em ligação com o âmbito particular com que cada experiência estava unida.

Assim, no ensino da leitura, encontrei a necessidade de sua subordinação ao poder falar,[1] e, nos esforços para encontrar os meios para ensinar as crianças a falar, o princípio: ligar essa arte à sequência da natureza, progredir do som à palavra, e desta gradativamente à linguagem

Em meus esforços para ensinar a escrita, descobri a necessidade de subordinar essa arte ao desenho, e, nos esforços para ensinar o desenho, o encadeamento e a subordinação dessa arte sob aquela da mensuração. O próprio ensino da soletração desenvolveu em mim a necessidade de um livro para a primeira infância no qual eu confiava para elevar o conhecimento real de crianças de 3 a 4 anos para além daquele conhecimento que os escolares [*Schulkindern*] de 7 a 8 anos possuem. Contudo, essas experiências me levaram na prática a determinados procedimentos particulares de instrução que me faziam sentir que eu ainda não conhecia o meu objeto em toda sua extensão.

Busquei por muito tempo uma fonte psicológica comum a todos esses meios artificiais de instrução, pois estava convencido de que era o único modo possível para descobrir a *forma* determinada pela

---

1 No original, *"Redenkönnen"*, algo como o ensino da capacidade de falar, da possibilidade de falar de forma encadeada.

essência da natureza mesma para a *formação* da humanidade. Era evidente que essa forma está fundada na estrutura universal de nosso espírito em virtude do qual nosso entendimento apreende a impressão que a nossa sensibilidade recebe da natureza, em sua representação da unidade, isto é, em um conceito, e esse conceito se desenvolve gradativamente em direção à definição.

Cada linha, cada medida, cada palavra, eu me dizia, é o resultado de um entendimento que é produzido por intuições amadurecidas, e deve ser considerado como um meio para o progressivo esclarecimento de nossos conceitos. Também toda a instrução é, em sua essência, nada além *disto*, e seus princípios devem, assim, serem abstraídos da forma originária do desenvolvimento do espírito humano.

Assim, tudo se reduz ao conhecimento mais preciso dessa forma originária. Por isso eu observava sempre atentamente os elementos iniciais dos quais ela deveria ser abstraída.

O mundo, dizia a mim nesses solilóquios oníricos, se estende a nossos olhos como um mar de intuições que se interpenetram. O objetivo da instrução e da arte, se a formação deixada nas mãos da simples natureza não progride suficientemente rápido para nós, deve ser para nós verdadeiro e rápido sem desvantagens: que elas ultrapassem a confusão que reside nessa intuição, separem os objetos entre si, unifiquem os parecidos e aparentados em sua representação, tornando-os todos claros para nós e os elevem, depois que se conseguir uma clareza completa, a conceitos definidos. E ela faz isso, na medida em que permite visualizar de forma singular *cada uma* das intuições confusas que se interpenetram, e então dispõe sob nossos olhos intuições singularizadas em diferentes condições variáveis, e por fim as une com o todo do âmbito de nosso saber.

Assim, nossos conhecimentos passam da confusão à determinação, da determinação à clareza e da clareza à definição.

Mas a natureza, ao progredir para esse desenvolvimento, de acordo com a grande lei constante, faz depender a clareza de meu conhecimento dos objetos que tocam meus sentidos da proximidade ou da distância em que se encontram. Tudo o que o rodeia se

144 JOHANN HEINRICH PESTALOZZI

apresenta a seus sentidos, *ceteris paribus*, em um grau de confusão que corresponde à sua distância de nossos sentidos e é difícil torná-lo claro e definido nesse mesmo grau. Por outro lado, tudo que se apresenta em um grau de determinação, conforme se aproxima de seus cinco sentidos, é no mesmo grau fácil de se tornar claro e definido.

Como um ser vivo físico, você não é senão seus cinco sentidos, do que se segue que a clareza ou obscuridade de seus conceitos deve depender de modo essencial e absoluto da proximidade ou da distância a partir da qual todos os objetos exteriores tocam seus sentidos, isto é, a você ou ao ponto central no qual suas representações se unificam em você.

Esse ponto central de todas as suas as intuições, você mesmo, é para você um objeto da sua intuição. Tudo o que você é, é mais fácil tornar claro e definido do que aquilo que lhe é exterior. Tudo o que você sente a partir de si é, em si mesmo, uma intuição *determinada*. Apenas o que é exterior a você pode ser uma intuição confusa. Disto se segue que a marcha dos seus conhecimentos, na medida em que eles lhe concernem, é um nível mais curto do que quando provêm de qualquer coisa exterior a você. De tudo o que você tem consciência de si mesmo, você está consciente de forma determinada, tudo o que você conhece, está em você mesmo, e em si, através de você, se determina. Assim se abre o caminho mais fácil e seguro para conceitos definidos, e, entre tudo o que é claro, nada pode ser mais claro do que a clareza do seguinte princípio: o conhecimento da verdade advém ao homem do conhecimento de si mesmo.

Amigo, desse modo se revolveram as ideias vivas mas obscuras sobre os elementos da instrução por um longo tempo em minha alma, e assim as pintei em meu *Relatório* sem que pudesse descobrir entre elas e as leis do mecanismo físico uma única ligação perfeita, sem estar em condição de determinar com certeza os elementos iniciais a partir dos quais a sequência de nossas perspectivas sobre a arte ou, antes, de onde deveria proceder a forma, na qual seria possível determinar a formação da humanidade [*Ausbildung der Menschheit*] através da essência de sua própria natureza até que, por fim, e em suma, pareceu como se um *deus ex machina* tivesse iluminado repentinamente minha busca, a ideia de que nosso conhecimento provém do *número*, da *forma* e da *palavra*.

Assim, no longo esforço para alcançar meu objetivo, ou antes em meus sonhos errantes, lancei uma vez minha atenção simplesmente à maneira e ao modo em que um homem formado, em cada caso, procede ou deve proceder, em relação a um objeto qualquer que lhe seja posto diante dos olhos de forma confusa e obscura se deseja confrontá-lo propriamente e pouco a pouco esclarecê-lo.

Nesse caso, voltará e deve voltar sua atenção aos três pontos de vista seguintes:

1. Quantos objetos estão diante de seus olhos e de quais tipos.
2. Que aparência têm, qual é sua forma, quais seus contornos.
3. Como se chamam, como se podem visualizá-los com um som, com uma palavra.

O resultado dessa ação pressupõe, em um tal homem, de forma evidente, as seguintes forças formadas:

1. A força de apreender a forma dos objetos e de visualizar seu conteúdo.
2. A de separar esses objetos em relação ao número e visualizá-los de forma determinada ou como unidade ou como pluralidade.
3. A de duplicar e tornar indelével a visualização de um objeto segundo o número e a forma através da linguagem.

Assim, julguei que o número, a forma e a linguagem são conjuntamente os meios elementares da instrução, posto que a soma total das características *exteriores* de um objeto se encontra unificada dentro do âmbito de seus contornos e em relação a seu número, apropriada pela linguagem em minha consciência. A arte deve então tomar como lei invariável de sua constituição partir desse tríplice fundamento e operar a partir dele:

146 JOHANN HEINRICH PESTALOZZI

1. Ensinar as crianças a considerar cada um dos objetos trazidos à consciência como unidade, isto é, separado daqueles com os quais parece associado.
2. Ensiná-las a distinguir a forma de cada objeto, isto é, suas dimensões e proporções.
3. Fazê-las conhecer tão cedo quanto possível toda a extensão de palavras e de nomes de todos os objetos que lhes são conhecidos.

E assim como a instrução das crianças deve proceder desses três pontos elementares, então é evidente, por outro lado, que o primeiro esforço que deve direcionar nossa arte deve ser dar a esses três princípios da instrução a maior simplicidade possível, a maior extensão possível e a maior harmonia possível.

A única dificuldade que ainda ocorria no reconhecimento desses três pontos elementares era a questão: por que todas as propriedades das coisas, que se nos tornam conhecidas através dos cinco sentidos, não são os pontos elementares de nosso conhecimento, assim como o número, a forma e os nomes? Mas logo encontrei a resposta: todos os objetos possíveis têm necessariamente número, forma e nome, e as demais qualidades, que se nos tornam conhecidas pelos cinco sentidos, não são comuns a nenhum objeto em relação aos demais, mas alguns têm essas características, outros não as têm. Disto resulta que essa propriedade característica nos permite, imediatamente, ao primeiro olhar, distinguir diferentes objetos. Também logo encontrei entre o número, a forma e o nome de todas as coisas e suas demais propriedades uma distinção essencial e determinada: que nenhuma dessas propriedades das coisas pode ser considerada como um dos elementos iniciais do conhecimento humano. Ao contrário: logo também reconheci precisamente que todas as demais características das coisas, que se nos tornam conhecidas pelos nossos cinco sentidos, se deixam conectar imediatamente a esses pontos elementares do conhecimento humano. Disto se segue que, na instrução das crianças, o conhecimento das demais qualidades dos objetos deve se ligar imediatamente ao conhecimento prévio da forma, do número e dos nomes. Então percebi que a consciência da unidade, da forma e do nome de um objeto torna o meu conhecimento dele um conhecimento *determinado*, e que o conhecimento gradual de suas demais propriedades se torna para mim um conhecimento *claro*, e que, pela consciência da ligação de todas as suas características, se torna um conhecimento *definido*.

Ora, fui mais longe e descobri que todo nosso *conhecimento* provém destas três forças elementares:

1. A *força dos sons*, da qual provém a capacidade para falar.
2. A força de *representação indeterminada, puramente sensível*, da qual provém a consciência de todas as formas.
3. A força de representação *determinada*, não mais apenas *sensível*, da qual deve derivar a consciência da unidade e com ela a capacidade para contar e calcular.

Também ajuizei que a arte da formação [*Kunstbildung*] de nosso gênero deve estar ligada aos primeiros e mais simples *resultados* dessas três forças fundamentais, ao *som*, à *forma* e ao *número*, e também que a instrução parcial não pode conduzir nem jamais conduzirá a um resultado que satisfaça em toda a sua extensão a nossa natureza. Se esses três simples resultados de nossas forças fundamentais forem reconhecidos pela própria natureza como os princípios elementares comuns a toda instrução, e, como consequência, que esse reconhecimento seja conduzido a uma forma que provenha de modo geral e harmônico dos primeiros produtos dessas três forças elementares de nossa natureza, e que assim operem de modo essencial e seguro para o progresso da instrução até sua perfeição, conduzindo aos limites essas três formas elementares comuns em equilíbrio em uma progressão constante. Apenas assim, e de forma essencial, se torna possível nossa condução, nesses três domínios, de forma homogênea, de intuições *obscuras* a intuições *determinadas*, de intuições determinadas a representações claras, e de representações *claras* a conceitos definidos.

148 JOHANN HEINRICH PESTALOZZI

Por fim, através desse meio, encontro, de forma essencial e íntima, a arte unida com a natureza, ou antes, com a forma primordial pela qual ela torna os objetos desse mundo mais definidos. Eis o problema resolvido: *encontrar uma origem comum a todos os meios artificiais da instrução e com ela a forma pela qual a formação de nosso gênero poderia ser determinada pela essência de nossa natureza.* Superei as dificuldades que impediam a aplicação de *leis mecânicas,* reconhecidas por mim como fundamentos da instrução, às *formas de instrução* que a experiência de séculos deu ao gênero humano para o desenvolvimento de si próprio, a escrita, o cálculo, a leitura etc.

CARTA 7

O primeiro meio elementar da instrução, é, pois:

o som.

Dele derivam os três meios especiais de instrução que se seguem:

I. *Doutrina do som,* ou meios de formar os órgãos da fala.

II. *Doutrina das palavras,* ou meios de aprender a conhecer os objetos isolados.

III. *Doutrina da linguagem,* ou os meios pelos quais devemos chegar a poder nos expressar com precisão sobre os objetos que nos são conhecidos e sobre tudo o que podemos reconhecer neles.

I. *Doutrina do som*

Ela se divide, por sua vez, no estudo dos *sons falados* e dos *sons cantados.*

Dos sons falados

Em relação a isto, não se pode abandonar ao acaso se os sons devem ser levados aos ouvidos da criança cedo ou tarde, em grande

150 JOHANN HEINRICH PESTALOZZI

ou pequena quantidade. É importante que ela seja consciente dos sons, em toda sua extensão, e o mais cedo possível.

Essa consciência deveria ser completa antes mesmo de a capacidade da pronúncia estar nela formada. E, por outro lado, seria preciso que a aptidão em repetir os sons de um modo geral e facilmente estivesse nela completa antes de lhes colocar sob os olhos os caracteres do alfabeto e de começados com ela os primeiros exercícios de leitura.

O abecedário[1] conterá, então, toda a extensão dos sons dos quais se compõe a linguagem, e será preciso que, em cada família, a criança que se exercita na soletração [Buchstabierkind] repita cotidianamente esses sons na presença do bebê de berço, a fim de os gravar profundamente na consciência deste último pela repetição, tornando esses sons inesquecíveis, mesmo antes que ele esteja em condição de pronunciar um deles sequer.

Quem não viu não pode imaginar o quanto pronunciar diante delas sons tão simples quanto ba ba ba, da da da, ma ma ma, la la la etc. excita a atenção de toda criancinha e o encanto que tem sobre ela, do mesmo modo o que ganha a criança em sua força geral de aprendizagem [allgemeine Lernkraft] com a consciência precoce desses sons.

Conforme a esse princípio acerca da importância da consciência dos sons antes que a criança os possa repetir, e convencido de que tampouco é indiferente saber quais imagens e objetos colocar sob os olhos da criancinha, assim como saber quais sons devem chegar a seus ouvidos, eu elaborei um livro para uso das mães. Nele apresento, não apenas os primeiros elementos do número e da forma, mas também as demais propriedades essenciais desses objetos trazidas a nós diariamente pelos nossos cinco sentidos, tornadas visíveis por meio de gravuras,[2] assim se assegurando, vivificada por uma múl-

---

1 No original, "Buchstabierbuch", livro de soletração.
2 No original, "illuminierte Holzschnitte": literalmente, xilogravuras iluminadas, iluminuras. Originalmente as iluminuras eram um tipo de pintura deco-

COMO GERTRUDES ENSINA SUAS CRIANÇAS **151**

tipla intuição, a consciência de muitos nomes. Também preparo e facilito a vida futura da criança na medida em que, ao gravar os sons antes da soletração, preparo e facilito este último trabalho, e isto justamente na idade em que, através de meu livro, esses sons se imiscuem ou tomam assento na cabeça da criança antes que ela possa pronunciar uma única sílaba.

Desejo juntar essa tabela de intuição para a primeira infância a meu livro do método no qual cada palavra que será dita pela criança sobre cada objeto disposto diante de si esteja tão claramente expressada que até mesmo a mais destreinada mãe poderá chegar satisfatoriamente à minha finalidade sem ter a necessidade de acrescentar uma única palavra ao que eu digo.

Assim, preparada pelo *Livro das mães*, familiarizada com toda a extensão dos sons pela mera pronúncia do livro de soletração, a criança então deverá, tão logo seus órgãos para a pronúncia se mostrarem formados, se habituar, com a mesma facilidade lúdica com a qual se a fez repetir sons sem finalidade, a repetir diariamente em distintos momentos algumas séries de sons do seu livro de soletração.

O que distingue esse livro de todos os outros precedentes é a sua forma de ensino [*Lehrform*] geral, sensível ao próprio estudante, que consiste em partir de vogais e com a progressiva adição de consoantes, atrás e na frente das sílabas, de modo compreensivo para facilitar visivelmente a pronúncia e a leitura.

Para chegar a isto, nós anexamos a cada vogal uma consoante, sucessivamente de *b* até *z*; assim, primeiramente formamos as sílabas simples e fáceis *ab*, *ad*, *af* etc., depois colocamos diante de cada

---

rativa aplicada às letras maiúsculas iniciais de textos de códices medievais, e também se referiam ao conjunto de imagens decorativas presentes nesses livros. O fato de Pestalozzi mencionar que seu livro continha gravuras é digno de nota se pensarmos que, no século XVIII, embora a impressão tipográfica se encontrasse muito avançada, era trabalhoso inserir imagens nas impressões, ainda mais se tratando de um livro pedagógico que provavelmente tinha pouquíssimo valor comercial.

uma dessas sílabas simples as consoantes que devem se agregar efetivamente na linguagem corrente a essas sílabas, por exemplo, diante de *ab* nós colocamos *b*, *g*, *sch*, *st*:

b ab
g ab
sch ab
st ab etc.

e assim, a partir de cada vogal através da simples adição de consoantes, primeiro de *modo fácil*, e depois formando sílabas *mais difíceis*, do que deve resultar necessariamente uma repetição múltipla de sons simples e uma justaposição geral e encadeada de todas as sílabas que, por terem fundamentos iguais, se mostram similares, o que facilita muitíssimo a gravação indelével de seus sons e ao mesmo tempo a aprendizagem de leitura.

As vantagens desse livro são precisadas na própria obra, sendo as seguintes:

1. mantém as crianças nos exercícios de soletração de sílabas isoladas o tanto necessário para que sua aptidão esteja formada suficientemente;

2. através do uso generalizado da similaridade dos sons, torna agradável para a criança a repetição da mesma forma e, assim, facilita sua finalidade, a gravação dos sons até torná-los inesquecíveis;

3. que a criança chega a pronunciar, com grande rapidez e de uma só vez, sem ter que soletrá-la de antemão, cada nova palavra formada através da adição de consoantes individuais a partir de outras que já se tornaram inesquecíveis, e então pode soletrar essa composição de cor, o que em muito facilita posteriormente a escrita correta.

No breve aviso preliminar para o uso desse livro, solicita-se às mães que pronunciem cotidianamente diante das próprias crianças,

COMO GERTRUDES ENSINA SUAS CRIANÇAS **153**

antes mesmo que estas possam falar, essas séries de sons, de modo repetido e de diferentes maneiras, a fim de excitar sua atenção e de fazê-las tomar consciência desses sons. Esse exercício de pronúncia deve ser feito com zelo dobrado, e retomado desde seu início tão logo as crianças comecem a falar, para que pratiquem a repetição e assim aprendam rapidamente a falar.

A fim de facilitar às crianças o conhecimento das letras que deve preceder a soletração, eu as agreguei a meu livro gravadas em grandes caracteres para que, desse modo, as crianças possam ver melhor os sinais de distinção.

Essas letras serão coladas separadamente sobre um papel duro, dispostas uma após a outra para as crianças. Para diferenciar as vogais, pelas quais se começa, elas serão coloridas de vermelho, e as crianças deverão conhecê-las e serem capazes de pronunciá-las perfeitamente antes de prosseguirem. Depois se lhes mostrarão uma após a outra as consoantes, mas sempre ligadas a uma vogal, pois não podem ser pronunciadas corretamente sem elas.

Tão logo a criança, em parte através desse exercício específico, em parte pela soletração efetiva, da qual agora falo, começa a se familiarizar com as letras, pode-se então substituí-las pelas letras triplas que são igualmente agregadas a esse livro, acima dos caracteres alemães impressos (que podem ser pequenos), ao mesmo tempo a escrita cursiva alemã, e abaixo dela as letras latinas. Então fazemos a criança soletrar cada sílaba na forma do meio que ela já conhece e repeti-las nas duas outras formas com o que ela aprenderá sem perda de tempo a ler ao mesmo tempo nos três alfabetos.

Conforme a regra fundamental da soletração, segundo a qual toda sílaba não é senão um som oriundo da agregação de consoantes a uma vogal, e sendo a vogal sempre o fundamento da sílaba, é ela que será disposta na mesa ou pendurada no quadro (que deve ter, em suas bordas superior e inferior uma ranhura oca na qual se possam colocar as letras e as fazer deslizar facilmente de um lado para o outro). A elas, seguindo o fio condutor, se agregarão pouco a pouco,

154 JOHANN HEINRICH PESTALOZZI

de um lado e de outro, consoantes: a – ab – b ab – g ab etc. Cada sílaba é então pronunciada pelo professor e repetida pelas crianças até que se tenham tornado inesquecíveis. Então se pede que recitem as letras isoladas, na ordem e fora da ordem (a primeira? a terceira? etc.) e que soletrem de cor as sílabas agora encobertas.

É principalmente para a primeira parte do livro que é absolutamente necessário avançar lentamente, e nunca passar a algo novo enquanto o antigo não estiver indelevelmente gravado nas crianças. Pois aí reside o fundamento de toda instrução de leitura e tudo o que se segue não se constrói senão por pequenas e graduais adições.

Assim que as crianças alcançam, desse modo, uma certa aptidão para soletrar, podem-se variar os exercícios de acordo com outros métodos. Por exemplo, juntar uma letra de uma palavra a outras, até que esteja completa, fazendo-as a cada adição pronunciar as letras juntas, por exemplo, g – ge – geb – geba – gebad – gebade – gebadet. Em seguida, pode-se voltar à palavra e retirar letra a letra, repetindo o exercício de forma alternada, até que as crianças saibam soletrar a palavra sem erro e também de cor. Pode-se começar pelo fim da palavra e proceder do mesmo modo.

Por fim, divide-se a palavra em sílabas, contam-se as sílabas, fazemos as crianças soletrarem e pronunciarem cada uma delas em ordem ou fora de ordem, de acordo com seu número.

Pode-se obter uma grande vantagem principalmente na instrução escolar caso se acostumem as crianças *desde o início* a pronunciar *todas juntas ao mesmo tempo* cada som que lhes seja ou falado, ou indicado pelo número de letras ou sílabas, de modo que o som pronunciado por todas seja ouvido como um único som. Esse ritmo torna o modo de ensino totalmente mecânico, e age com uma potência inacreditável nos sentidos das crianças.

Uma vez terminados completamente os exercícios de soletração no quadro, coloca-se entre as mãos da criança o próprio livro como seu primeiro livro de leitura, que é deixado aí até que ela tenha adquirido a mais perfeita aptidão para a leitura.

Dos sons cantados

Isto é o suficiente sobre os sons falados. Agora devo falar algo sobre a doutrina dos sons cantados. Mas, como o canto propriamente dito não pode ser considerado um meio para passar de intuições obscuras a conceitos definidos, isto é, ele não pode ser considerado entre os meios de instrução sobre os quais agora falo, mas sim como uma aptidão que deve ser desenvolvida de acordo com outros pontos de vista e com outras finalidades; tratarei disto mais adiante falando da essência da educação, e digo agora apenas isto: que a doutrina do canto deve estar de acordo com princípios gerais e começar do mais simples e, assim que completo, apenas gradualmente progredir de uma completude para um novo exercício, evitando sempre, por uma aparência infundada, paralisar essencialmente os fundamentos da força e lhe atrapalhar a atividade.

II. *Estudo das palavras*

O segundo meio de instrução derivado da força do som ou meio elementar do som é a

doutrina das palavras, ou melhor, a *doutrina dos nomes*.

Como eu já disse, a criança deve, também aqui, receber seu primeiro direcionamento do *Livro das mães*. O livro está estabelecido de modo a trazer à linguagem os objetos essenciais do mundo, principalmente aqueles que têm sob si uma série de objetos organizados em gênero e espécie. Ele tem em vista pôr a mãe em situação de tornar conhecidos e familiares à sua criança os nomes mais precisos desses objetos, o que conduz a criança, desde a mais tenra idade, à *doutrina dos nomes*, isto é, prepara-a ao segundo meio especial de instrução advindo da força do som.

Essa doutrina dos nomes consiste em uma *série* de nomes dos mais significativos objetos de todos os âmbitos do reino da natureza, da história e da geografia, das ocupações e relações humanas. Essas séries de palavras serão dispostas para as crianças como mero exercício no aprendizado da leitura assim que terminarem seu livro de soletração. E a experiência me mostrou que é possível que essas séries de nomes se lhes tornem completamente familiares e memorizadas, e isto no tempo que é exigido para levar a sua força de leitura à completa maturação. O ganho de uma consciência tão ampla e acabada de séries de nomes tão variadas e extensas, neste momento, facilitará incomensuravelmente a instrução posterior da criança.

III.

O terceiro meio especial de instrução que se depreende de nossa força dos sons é a própria:

doutrina da linguagem.

E aqui me vejo no momento em que começam a se mostrar as forma autênticas, de acordo com a arte, cuja utilização da característica mais bem formada [*ausgebildeten*] de nosso gênero, a linguagem, toma o mesmo passo que a marcha da natureza em nosso desenvolvimento. Então, o que digo? Abre-se a forma pela qual o homem, de acordo com a vontade do criador, arranca das mãos da cegueira da natureza e sua sensibilidade a instrução de nosso gênero, para colocar em suas mãos as melhores forças, que já há séculos ele desenvolveu em si mesmo. Abre-se a forma pela qual o gênero humano se autonomiza, como o homem, pelo desenvolvimento de sua força, alcança um direcionamento mais determinado e compreensivo, e uma marcha mais rápida. Abre-se a forma que permitirá à humanidade se apoiar sobre si mesma, que permitirá ao homem imprimir ao desenvolvimento de sua força uma direção mais precisa e mais geral ao mesmo tempo que uma marcha mais rápida para o desenvolvimento da qual a natureza lhe deu apenas forças e meios, mas nenhuma condução, a qual ela não poderia nunca lhe dar pois se trata do homem. Abre-se a forma pela qual o

COMO GERTRUDES ENSINA SUAS CRIANÇAS **157**

homem poderá fazer tudo isso sem estorvar a grandeza e a simplicidade da marcha física da natureza, nem a harmonia que preside o nosso desenvolvimento meramente sensível, sem nos roubar sequer uma parte de nós, nem mesmo um fio de cabelo do cuidado uniforme que a mãe natureza deixa prosperar também sem seu desenvolvimento meramente físico.

Tudo isto deve ser alcançado com a completude da arte da doutrina da linguagem e a mais alta psicologia a fim de dar o mais perfeito acabamento ao mecanismo da marcha da natureza que nos leva de intuições confusas a conceitos definidos. Mas isto nem de longe alcancei, e me sinto, sinceramente, como a voz de um chamado no deserto.

Mas o egípcio que primeiro atou uma pá ao chifre de seu touro, e assim lhe ensinou o trabalho dos escavadores, preparou assim a invenção do arado, embora não o tenha levado à perfeição.

Que meu mérito seja apenas o de ter sido o primeiro a virar a pá e a ligar sua força a um novo chifre. Mas por que falo em analogias? Posso e devo dizer abertamente e sem rodeios o que eu quero realmente.

Quero arrancar a instrução escolar tanto da ordem putrefata dos antigos mestres-escolas-criados[3] como da fraqueza dos novos, que são incapazes de os substituir na instrução comum do povo e a se conectar com a força inabalável da natureza e da luz que Deus inflama e vivifica nos corações dos pais e das mães, e ao interesse dos pais em que suas crianças se tornem benquistas a Deus e aos homens. Mas, para determinar a forma da doutrina da linguagem, ou antes, as distintas formas que podem alcançar sua finalidade, isto é, pelas quais devemos ser guiados para nos exprimir com precisão sobre os objetos que se nos tornam conhecidos e tudo que podemos reconhecer neles, devemos perguntar:

---

3 No original, *"Schulmeister-Knechte"*: *Knecht*, criado, servente, do verbo *knechten*, que carrega a ideia de oprimir. Pestalozzi parece aqui querer indicar que os mestres-escolas são seres subservientes à ordem escolar.

1. Qual é para o homem o fim último da linguagem?
2. Quais são os meios, ou antes, qual é a marcha da progressão com que a própria natureza nos conduz no desenvolvimento gradual da arte da linguagem para alcançar esse fim?

1. O fim último da linguagem é evidentemente o de conduzir nosso gênero das intuições obscuras aos conceitos definidos.
2. Os meios pelos quais a natureza nos conduz gradativamente para esse fim seguem incontestavelmente a seguinte sequência:
   a) Reconhecemos um objeto em geral e o denominamos como uma unidade, como um objeto.
   b) Gradualmente tomamos consciência de suas caraterísticas distintivas, e aprendemos a nomeá-las.
   c) Adquirimos pela linguagem a força de precisar essas propriedades dos objetos graças à proximidade de verbos e advérbios, e de tornar claras para nós as mudanças de estado em meio às variações das propriedades das próprias palavras e de suas composições.

1. Sobre os esforços para ensinar a nomear os objetos, expliquei acima.
2. Sobre os esforços para conhecer as características distintivas dos objetos e aprender a nomeá-las, assim se dividem:
   a) Esforços para ensinar as crianças a se expressar com precisão sobre o número e a forma.
      Número e forma são propriamente as características elementares das coisas, as mais compreensivas abstrações gerais da natureza física, e são os dois pontos aos quais se ligam todos os meios restantes para tornar definidos nossos conceitos.
   b) Nos esforços para ensinar as crianças a se expressar com precisão também sobre as demais características das coisas para além do número e da forma (tanto sobre aquelas que se nos tornam conhecidas pelos cinco sentidos, como

sobre aquelas que não se deixam conhecer pela simples intuição, mas antes por nossa imaginação e faculdade do juízo).

As primeiras universalidades físicas que nós, através do uso dos cinco sentidos, aprendemos a abstrair das características das coisas, de acordo com a experiência de milhares de anos, número e forma, devem ser trazidas habitualmente à consciência da criança logo cedo, não apenas como propriedades inerentes de coisas isoladas, mas como universalidades físicas. Não é preciso somente que possa, desde cedo, dizer de uma coisa redonda ou quadrada que é redonda ou quadrada, antes, é preciso, se for possível, impregná-la de antemão com o conceito de redondo, de quadrado – de unidade – como um conceito puro de abstração, de modo que tudo que encontrar na natureza como redondo, quadrado, simples ou múltiplo etc., ela possa ligar à palavra exata que exprime a universalidade desse conceito: aqui também deve ser visível que a razão pela qual a linguagem, enquanto meio para exprimir número e forma, deve ser considerada de modo especial e separado do modo como ela serve de meio para exprimir todas as demais propriedades que se deixam notar nos objetos da natureza através dos cinco sentidos.

Por isso eu começo já nesse livro para a primeira infância [*erste Kindheit*] por conduzir as crianças até a consciência clara dessas universalidades. Essa obra apresenta ao mesmo tempo uma visão compreensiva das formas mais habituais e dos mais simples meios para tornar compreensíveis à criança as primeiras relações numéricas.

Os demais passos para essa finalidade devem vir paralelamente aos exercícios de linguagem em um momento posterior, e se ligam sobretudo ao tratamento do número e da forma que, enquanto pontos elementares de nosso conhecimento, devem ser considerados individualmente após um panorama completo dos exercícios de linguagem.

Os desenhos contidos nessa obra elementar destinada a essa instrução – o *Livro das mães* ou livro para a primeira infância – foram escolhidos, estando todos bem misturados, de modo que todas as

160 JOHANN HEINRICH PESTALOZZI

formas de universalidades físicas que nos são conhecidas pelos cinco sentidos venham à linguagem, e a mãe seja colocada na condição de familiarizar a criança sem muito esforço com as expressões mais precisas sobre essas coisas.

Quanto às propriedades dos objetos que não nos são conhecidos imediatamente pelos cinco sentidos, mas pela intervenção de nossas faculdades de comparação, nossa imaginação e nossa capacidade de abstração, permaneço aqui fiel ao meu princípio de jamais dar ao juízo humano nenhuma aparência de maturidade antes do tempo. Mas me aproveito do conhecimento inevitável que as crianças têm nessa idade dessas palavras de abstração como mero trabalho de memória, como uma espécie de nutrição leve para seus jogos da imaginação e a sua faculdade de antecipação. Ao contrário, na perspectiva dos objetos que nos são conhecidos imediatamente pelos nossos cinco sentidos, trata-se de levar a criança tão rápido quanto possível a poder se exprimir com exatidão sobre eles, eu utilizo o procedimento que descrevo a seguir.

Escolho no dicionário substantivos que se distingam por características marcantes que nós reconheçamos por meio dos cinco sentidos, e coloco ao lado deles os adjetivos que exprimem essas características. Por exemplo:[4]

Enguia – escorregadia
Carniça – fedorenta
Noite – silenciosa
Eixo – forte
Campo – arenoso

---

4 Uma vez que o alemão permite, morfologicamente, a formação de adjetivos em uma única palavra, o que fica muito difícil em português, optou-se por selecionar um dentre os adjetivos que Pestalozzi agregou a cada substantivo. No primeiro caso, por exemplo, no qual temos *Aal – schlüpfrig, wurmförmig, lederhäutig*, a tradução literal seria *Enguia – escorregadia, formato de minhoca, pele de couro*, sendo que apenas escorregadio se configura como um adjetivo. Além disso, é preciso ter em mente que os substantivos selecionados por Pestalozzi, de acordo com o proposto em seu procedimento, são iniciados todos pela letra A, respectivamente: Aal, Aas, Abend, Achse, Acker.

Depois, inverto o procedimento e busco, do mesmo modo no dicionário, adjetivos que exprimam qualidades notáveis de objetos que nos são conhecidos pelos nossos cinco sentidos, e coloco ao lado deles substantivos dos quais são próprias as características designadas pelo adjetivo. Por exemplo:

redondo: bola, chapéu, Lua, Sol;
leve: pena, penugem, ar;
pesado: ouro, chumbo, carvalho;
quente: forno, dias de verão, brasa;
alto: torres, montanhas, gigantes, árvores;
profundo: mares, lagos, porão, cova;
suave: carne, cera, manteiga;
elástico: Stahlfedern, Fischbein etc.

Mas não procuro de nenhum modo com exemplos explicativos exaustivos diminuir o campo de reflexão da criança, antes, em cada caso, apresento alguns poucos exemplos, mas que sejam precisos para seus sentidos, e logo pergunto: "O que você conhece que é assim?". Na grande maioria dos casos, as crianças encontram novos exemplos no círculo de suas experiências e com frequência até mesmo exemplos que o professor não pensaria, e assim seu círculo de conhecimento se alarga e aclara, o que é impossível pela catequização, ou que só se pode alcançar com uma arte e um esforço cem vezes maiores.

Toda catequização aprisiona a criança em parte nos limites do conceito determinado que é objeto da catequização e em parte na forma dessa catequização, e por fim nos limites do círculo de conhecimento do professor, o que é pior, nos limites traçados com um cuidado temeroso para que ela não saia dos caminhos da sua arte. Amigo, que terríveis limites para a criança, e que desaparecem por completo com meu método!

Tendo realizado isto, procuro facilitar ainda mais para a criança que conhece bem os objetos do mundo, que gradativamente lhe sejam mais claros os objetos que já conhece, com um uso mais amplo do dicionário.

162 JOHANN HEINRICH PESTALOZZI

Divido, nessa perspectiva, o grande testemunho da Antiguidade sobre tudo o que é, primeiro em quatro rubricas principais:

1. *Geografia*
2. *História*
3. *Doutrina da natureza*
4. *História Natural*

Mas, para evitar qualquer repetição não essencial da mesma palavra e para encurtar o tanto quanto possível a forma de ensino, divido por sua vez essas rubricas gerais em aproximadamente quarenta subdivisões, e é apenas nestas últimas que deixo à vista para as crianças os nomes dos objetos.

Então foco no grande objeto de minha intuição, eu mesmo, ou antes, toda a série de nomes que, na linguagem, dizem respeito a mim, e distribuo tudo o que esse grande testemunho do passado, através da linguagem, falou sobre o homem, nas seguintes rubricas gerais:

Primeira rubrica: o que ela nos diz do homem compreendido como *mero ser físico* em relação ao reino animal?

Segunda rubrica: o que ela nos diz dele quando se eleva, pela *condição civil*, até a autonomia?

Terceira rubrica: o que ela nos diz dele que, compreendido como um ser racional, se eleva à *autonomia interior* ou que enobrece a si mesmo?

Em seguida, divido, como feito acima, essas três rubricas em quarenta subdivisões, e é nessas subdivisões que apresento as palavras às crianças.

A primeira apresentação dessas séries em ambos os domínios, tanto no que concerne ao homem como no que concerne aos demais objetos do mundo, deve ser meramente alfabética sem a influência de nenhuma opinião, nem a consequência de nenhuma opinião, mas apenas como a simples disposição conjunta de intuições simi-

COMO GERTRUDES ENSINA SUAS CRIANÇAS **163**

lares e de conceitos de intuição para o progressivo esclarecimento dessas séries.

Quando isto estiver finalizado, quando o testemunho da Antiguidade sobre tudo o que é tiver sido empregado em toda a simplicidade da ordem alfabética, eu lanço a segunda questão.

Como a arte encadeia esses objetos de acordo com suas determinações mais similares? Então começa um novo trabalho: as mesmas séries de palavras que a criança conhecia apenas alfabeticamente nas sequências de setenta a oitenta, e que se lhe tornaram familiares a ponto de serem indeléveis, são novamente apresentadas nas mesmas subdivisões, mas dessa vez em classificações que a arte separa ainda mais nessas subdivisões e, desse modo, permite à criança extrair por si mesma cada série e ordená-las de acordo com esse ponto de vista.

Isto ocorre assim: os diferentes domínios cuja arte dividiu esses objetos aparecem indicados no topo de cada série, e esses domínios são indicados por números, abreviações ou qualquer outro signo arbitrário.

A criança deve, desde o primeiro estudo de leitura, se apropriar dos diferentes âmbitos dessas divisões superiores até não mais esquecê-las, então ela encontra em cada uma das palavras da série o signo do domínio em que a perspectiva da arte o encadeou. Em seguida, deve estar em condição de determinar, assim que vê esse signo, a qual série, encadeada pela perspectiva da arte, pertence esse objeto, e assim transformar a nomenclatura alfabética em todos os domínios, por si mesma, em uma nomenclatura científica.

Não sei se é necessário explicar esse procedimento com um exemplo, e embora isto me pareça quase supérfluo, eu o farei, dada a novidade dessa forma de agir. Por exemplo: uma das subdivisões da Europa é a Alemanha. A criança começa aprendendo a divisão geral da Alemanha em dez distritos até se familiarizar com isso de forma indelével. Depois, as faremos ler, primeiro de acordo com a ordem puramente alfabética, as cidades da Alemanha. De antemão terão sido designadas cada uma dessas cidades pelo número do distrito no qual está situada. Assim que a leitura das cidades se lhe tornar bem familiar, faz-se que ela conheça a ligação entre os números e as subdivisões das rubricas gerais, e serão suficientes apenas algumas horas para que a criança esteja em condição de determinar toda a série de cidades da Alemanha de acordo com a subdivisões de suas rubricas gerais.

Colocaremos sob seus olhos, por exemplo, o nome dos seguintes lugares determinados com números:

Aachen 8	Allendorf 5	Altona 10
Aalen 3	Allersperg 2	Altorf 1
Abenberg 4	Alschaufen 3	Altranstädt 9
Aberthan 11	Alsleben 10	Altwasser 13
Acken 10	Altbunzlau 11	Alkerdissen 8
Adersbach 11	Altena 8	Amberg 2
Agler 1	Altenau 10	Ambras 1
Ahrbergen 10	Altenberg 9	Amöneburg 6
Aigremont 8	Altenburg 9	Andernach 6
Ala 1	Altensalza 10	
Allenbach 5	Altkirchen 8	

A criança os lerá do modo seguinte:

> Aachen está no distrito da Westfalia.
> Abenberg está no distrito da Francônia.
> Acken está no distrito da Baixa-Saxônia etc.

Evidentemente, a criança estará em condição de determinar, à primeira olhadela no número ou signo da rubrica superior ao qual o objeto de sua série está submetido, a qual categoria pertencem as palavras dessa série, e para assim transformar, como dito, a nomenclatura alfabética em nomenclatura científica.

COMO GERTRUDES ENSINA SUAS CRIANÇAS **165**

E aqui me encontro, nesse aspecto da questão, no limite ao qual chega por fim a parte pessoal de meu percurso e onde as forças de minhas crianças devem ter atingido um grau tal que as torne capazes, em todos os domínios da arte pelos quais elas se sintam atraídas e nos quais elas pretendam se lançar, de utilizar de modo autônomo os meios que já estão lá em todos esses âmbitos, mas que são de uma natureza tal que apenas uns poucos felizardos puderam chegar a utilizá-las: *é aí, e não adiante*, aonde eu procurava chegar. Não desejo nem nunca desejei ensinar ao mundo nenhuma arte ou ciência – não conheço nenhuma –, mas desejei e desejo facilitar a aprendizagem do povo em relação aos elementos iniciais de todas as artes e ciências, despertar a força esquecida e embrutecida dos pobres e miseráveis da terra com o acesso à arte, que é o acesso à humanidade. Se pudesse, incendiaria esses abatises que colocam os cidadãos inferiores da Europa, em vista da sua força autônoma, que é o fundamento de toda arte efetiva, muito atrás dos bárbaros do sul e do norte, por causa dos delírios de nosso benquisto Esclarecimento universal no qual nove a cada dez homens são excluídos do direito civil, do direito à instrução, ou ao menos da possibilidade de fazer uso desse direito.

Pudessem esses abatises queimar em flamejantes chamas atrás de meu túmulo! Ora, bem sei que não é senão um pequeno carvão que eu deposito na palha úmida e molhada. Mas vejo um vento, e ele não está mais longe, vai soprar sobre esse carvão: a palha úmida que me circunda secará pouco a pouco, esquentará, pegará fogo e queimará. Sim, Geßner, não importa quão úmida, ela queimará, ela queimará!

Mas, à medida que me alongo assim sobre o segundo meio especial da doutrina da linguagem, apercebo-me de que ainda nem toquei no terceiro desses meios, aquele que nos conduz ao fim último da instrução, a saber, o esclarecimento de nossos conceitos, e este é:

c) O esforço para levar as crianças a poderem determinar corretamente, através da linguagem, a ligação dos objetos entre si e em sua condição variável de acordo com o número, o tempo e a relação, ou antes, definir a essência, as propriedades e as forças de todos os objetos que a doutrina dos nomes nos leva à consciência, e pela disposição de seus nomes e suas propriedades de tornar, em certo grau, isto claro.

Desse ponto de vista descobre-se o fundamento do qual uma gramática efetiva deve provir, e ao mesmo tempo o prosseguimento da marcha progressiva que nos conduz por esse meio ao objetivo último da instrução, a saber, o esclarecimento de nossos conceitos.

Também aqui, para a primeira etapa, preparo as crianças a falar com uma simples instrução conduzida psicologicamente, sem dizer nenhuma palavra de modelo ou regra. Nesse momento, faço primeiramente a mãe pronunciar frases de exercícios diante da criança, com o fim único de a exercitar a falar: a criança as repetirá nesse período, tanto para formar seus órgãos de fala como para formar as frases elas mesmas. Devem-se separar de modo preciso, um do outro, os dois fins: exercício de pronunciação e aprendizado de palavras enquanto linguagem, e exercitar de modo suave o primeiro, independentemente do segundo. Depois, uniremos esses dois pontos de vista fazendo a mãe pronunciar as seguintes frases:

O pai é bom.
A borboleta é colorida.
Os animais com chifres são herbívoros.
O pinheiro é ereto.

Assim que a criança tiver pronunciado com frequência essas frases, de modo que a pronúncia lhe seja fácil, a mãe perguntará: Quem é bom? Quem é colorido? Depois, de modo contrário: Como é o pai? Como é a borboleta? etc.

Depois, virão as seguintes questões:

O que *é*? O que *são*?
Os animais de rapina são carnívoros.

Os cervos são ágeis.
As raízes são espalhadas.

Quem *tem*? O que *tem*?

O leão tem força.
O homem tem razão.
O cachorro tem um bom nariz.
O elefante tem uma tromba.

Quem *tem*? O que *têm*?

As plantas têm raízes.
Os peixes têm nadadeiras.
Os pássaros têm asas.
Os touros têm chifres.

Quem *quer*? O que *quer*?

O faminto quer comer.
O credor quer ser pago.
O prisioneiro quer ser libertado.

Quem *quer*? O que *querem*?

As pessoas razoáveis querem o que é justo.
As pessoas insensatas querem o que lhes dá prazer.
As crianças querem muito jogar.
As pessoas cansadas querem muito descansar.

Quem *pode*? O que *pode*?

O peixe pode nadar.
O pássaro pode voar.
O gato pode escalar.
O esquilo pode pular.
O boi pode chifrar.
O cavalo pode dar coice.

Quem *pode*? O que *podem*?

Os alfaiates podem costurar.
As mulas podem carregar.
Os bois podem puxar.
Os porcos podem grunhir.
Os homens podem falar.
Os cachorros podem latir.

Os leões podem rugir.
Os ursos podem bramir.
As andorinhas podem cantar.
Quem *deve*? O que *deve*?
O animal de tração deve se deixar equipar.
O cavalo deve se deixar montar.
O asno deve se deixar encargar.
A vaca deve se deixar ordenhar.
O porco deve se deixar abater.
A lebre deve se deixar caçar.
A justiça deve ser feita.
Quem *deve*? O que *devem*?
As gotas de chuva devem cair.
Os oprimidos devem obedecer.
Os vencidos devem sucumbir.
Os devedores devem pagar.
As leis devem ser respeitadas.

Prossigo então por toda a extensão das declinações e conjugações, unindo ao mesmo tempo a segunda fase desses exercícios com a primeira, e recorro principalmente ao emprego dos verbos, de acordo com uma forma, como nos seguintes exemplos:

Verbos simples:

> *prestar atenção* – às palavras do professor;
> *respirar* – pelo pulmão;
> *derrubar* – uma árvore;
> *amarrar* – o feixe, as meias etc.

Então segue-se o segundo exercício com os verbos compostos, por exemplo:

Achten: eu presto atenção [ich achte *auf*] às palavras do professor, a meu dever e meu bem; presto mais atenção [ich achte *mehr*] em um do que em outro; eu estimo [ich *erachte*] o que é deste ou

COMO GERTRUDES ENSINA SUAS CRIANÇAS **169**

daquele jeito; eu levo em consideração [in *Obacht*] um evento importante; eu observo [ich *beobachte*] o homem no qual não confio, a coisa na qual quero me aprofundar, e também meu dever; o homem honesto honra [*hochachtet*] o virtuoso e despreza [*verachtet*] o vicioso.

Na medida em que o homem presta atenção [*achtet auf*] a alguma coisa, ele é atento [*achtsam*], na medida em que ele não presta atenção é desatento [*unachtsam*].

Mais que tudo, eu devo respeitar a mim [*mich selbst* achten], e devo ser atento a mim [*auf mich selbst* achten] mais que a tudo.

Atmen: eu respiro debilmente, rapidamente, fortemente, lentamente, quando minha respiração para e retoma seu curso eu respiro de novo [ich atme *wieder*], eu inspiro [atme *ein*] o ar, o moribundo expira [atmet *aus*].

Depois avanço mais e amplio esses exercícios construindo frases gradativamente mais longas, que se tornam sentenças progressivamente sempre mais desenvolvidas e determinadas. Por exemplo:

Eu irei.[5]
Eu conservarei.
Eu não conservarei minha saúde de outro modo.
Eu não conservarei minha saúde de outro modo, após tudo o que padeci na minha doença.
Eu não conservarei a saúde de outro modo que pela moderação, após tudo o que padeci na minha doença.
Eu não conservarei a saúde de outro modo que por uma grande moderação, após tudo o que padeci na minha doença.
Eu não conservarei a saúde de outro modo que pela maior moderação possível e pela constância, após tudo o que padeci na minha doença.

---

5 No original, *"Ich werde"*. O verbo *werden* é indicativo do futuro, contudo, em português não se utilizam auxiliares como no alemão, o que impossibilita uma tradução apropriada da primeira sentença do exercício proposto por Pestalozzi. A ideia proposta pelo autor é encadear a expressão *"Ich werde"*, já indicando futuro, com a seguinte, *"Ich werde erhalten"*, eu conservarei.

Eu não conservarei a saúde de outro modo que pela maior moderação possível e por uma constância geral em todas as coisas, após tudo o que padeci na minha doença.

Algumas destas frases serão conjugadas em todas as pessoas e em todos os tempos.

Eu conservarei.
Tu conservarás.
Eu conservarei minha saúde.
Tu conservarás tua saúde.

As mesmas sentenças são então conjugadas em outros tempos. Por exemplo:

Eu conservei.
Tu conservaste.

Para essas frases que se gravam profundamente nas crianças, temos o cuidado de selecionar frases particularmente instrutivas, que elevam a alma, muito bem adaptadas à condição particular das crianças.

Agrego a estas exemplos de descrições de objetos sensíveis para aplicar e reforçar ainda mais a força das crianças adquirida com esses exercícios. Por exemplo:

Um *sino* é um vaso aberto embaixo, largo, espesso, arredondado, normalmente suspenso livremente, que vai se movimentando de baixo para cima, se recurva ovalado na sua parte superior e tem no centro um batedor perpendicular e livremente suspenso, que bate nos dois lados da parte inferior do sino quando ele é movido por um forte movimento e produz assim o som que chamamos repique.

Caminhar é o mover-se adiante passo a passo.

Estar em pé é repousar sobre as pernas com o corpo em uma posição vertical.

Estar deitado é descansar sobre alguma coisa com o corpo em uma posição horizontal.

Estar sentado é descansar sobre algo em uma posição em que o corpo faz habitualmente um ângulo reto.

Estar ajoelhado é repousar sobre as pernas em ângulo.

Pender é abaixar o corpo pela flexão dos joelhos.

Abaixar-se é infletir de cima para baixo o corpo colocado em uma posição vertical.

Escalar é mover-se de baixo para cima ou de cima abaixo, agarrando com os pés e as mãos.

Montar um animal é ser movido por um animal sobre o qual estamos sentados.

Viajar é ser transportado em uma casa móvel.

Cair é mover-se de cima para baixo, de propósito ou sem querer.

Cavar é, com uma pá, tirar a terra de onde está, deixá-la no mesmo lugar ou colocá-la em outro ponto.

Eu gostaria de finalizar esses exercícios de linguagem agrupados como um legado para meus pupilos depois de minha morte, no qual, com o uso dos mais significativos verbos que, de acordo com os pontos de vista que para mim são os mais importantes, e das experiências de minha vida em relação aos objetos que eles designam, chamando a atenção das crianças com pequenas apresentações sob a mesma luz que me chamou a atenção, e com esse exercício buscar ligar a verdade, a intuição correta e os puros sentimentos às palavras de todo agir humano. Por exemplo:

Respirar. Sua vida depende de um sopro. Homem, se bufas como um enfurecido e aspiras o puro ar da terra em teus pulmões como se fosse um veneno, que fazes senão te apressar em ficar sem ar e liberar aqueles que são ofendidos pela tua respiração? *Acumular*. Por ter sido acumulada, a terra foi partilhada. Eis a origem da propriedade cuja legitimidade deve sempre ser buscada nessa finalidade, com a qual ela jamais pode estar em contradição. Mas se o Estado permite ao proprietário ou a si mesmo o uso de força para alcançar esse fim, então as ações isoladas dos poderosos e dos ricos daí resultantes, onde são exercidas, suscitam um sentimento, jamais totalmente apagado no peito do homem, do seu direito original à igualdade de direito na partilha da terra, e produzem, quando é generalizado, enquanto os homens forem homens, revoluções nas quais os males não são atenuados e melhorados senão no retorno aos limites dessa finalidade em vista da qual o homem dividiu em parcelas de propriedade a terra que havia recebido gratuitamente de Deus.

Expressar. Tu te irritas de não poder te expressar sempre como queres, não te irrites que de tempos em tempos, mesmo contra tua vontade, sejas coagido a ser sábio.

Mas já é tempo de terminar estas considerações.

Demorei-me longamente sobre a linguagem compreendida como um meio do esclarecimento gradual de nossos conceitos. Mas é também o primeiro desses meios. Meu modo de instruir se mostra aqui claramente pelo fato de que faz um maior uso da linguagem como meio para elevar a criança de intuições obscuras para conceitos definidos, do que era feito até agora, e também se sobressai quanto ao princípio segundo o qual ele separa da primeira instrução toda coleção de palavras que pressuponha um conhecimento efetivo da linguagem.

Quem admite que a natureza conduz apenas pela claridade do singular à definição do todo, admite também, ao mesmo tempo, que é preciso esclarecer as palavras para as crianças antes de torná-las definidas em conjunto, e quem admite isto joga fora de um só golpe todos os livros de instrução elementar disponíveis, pois todos pressupõem um conhecimento de linguagem na criança antes que ele tenha sido dado.

Sim, Geßner, é um fato notável que mesmo o melhor livro de instrução deste século que acaba tenha se esquecido que a criança precisa aprender a falar antes que se possa falar com ela. É notável

COMO GERTRUDES ENSINA SUAS CRIANÇAS **173**

um tal esquecimento, mas é verdade, e, até onde sei, não me espanto mais que não se possa fazer de nossas crianças outros homens diferentes do que são, para os quais a piedade e a sabedoria do passado foram tão amplamente esquecidas. A linguagem é uma arte – é uma arte incomensurável, ou melhor, a quintessência de todas as artes que nosso gênero alcançou. É, em sentido autêntico, o retorno de todas as impressões que a natureza em toda sua extensão causou em nosso gênero. Também me sirvo da linguagem e busco, tendo como guia os sons pronunciados pelas crianças, produzir novamente as mesmas impressões que esses sons formaram e produziram no gênero humano. A dádiva da linguagem é enorme. Ela dá à criança, em um instante, o que a natureza levou milhares de anos para dar ao homem. Diz-se de um touro doente, o que ele seria se conhecesse sua força? E eu digo dos homens, o que seria deles se conhecessem a força da linguagem?

A lacuna que subsiste no coração da formação do homem [*Menschenbildung*] é tão grande que esquecemos – e não apenas nada fazemos para isto – de ensinar o povo inferior a falar, mas ainda fazemos o povo privado de linguagem aprender de cor palavras isoladas e abstratas.

Em verdade, os hindus não poderiam agir melhor para manter a classe inferior do povo sempre estúpida e para a deixar perpetuamente no grau mais baixo de humanidade.

Que me contradigam neste ponto, se puderem! Convoco todas as pessoas da igreja, todas as autoridades, todos os homens que vivem com um povo ao qual ainda é imposto, em meio a seu total desamparo, um modelo assim deturpado de aparente solicitude paternal. Quem vive em meio a tal povo, que se levante, e ateste que nunca experimentou o quão cansativo é apresentar a essas pobres criaturas qualquer conceito. Quanto a isso se é unânime: "Sim, sim!", dizem os religiosos, "quando as encontram, não entendem uma única palavra de nosso ensinamento." "Sim, sim!", dizem os juízes, "não importa o quão certo esteja, é impossível fazer um homem destes compreender seus direitos!" A dama fala de forma elevada e com compaixão: "Mal se elevam um passo acima do gado, não se pode empregá-los em nenhum serviço". São porcos que não podem con-

174 JOHANN HEINRICH PESTALOZZI

tar até cinco, consideram-nos tão idiotas quanto porcos! E pessoas vis dos mais variados tipos, cada uma com seus próprios gestos: "Graças a Deus isto é assim! Se fosse de outro modo nós não poderíamos comprar deles coisas boas nem lhes vender coisas tão caras!".

Amigo, mais ou menos assim falam os homens nesse camarote da comédia europeia-cristã sobre as pessoas da plateia, e não podem falar de outro modo, pois há séculos eles privaram de alma essa plateia, como nenhum asiático nem nenhum pagão jamais foi privado. Apresento mais uma vez o motivo. O povo cristão de nossa Europa está assim tão afundado porque há mais de séculos, nas instituições escolares, foi dado a palavras vazias um tal peso sobre o espírito humano que destruiu nele não somente a atenção às impressões da natureza mesma, mas até mesmo a sensibilidade receptiva para tais impressões. E digo uma vez mais que, agindo assim, degradando o povo cristão da Europa até torná-lo um povo de palavras e matraqueados, como nunca antes um povo na terra foi degradado, *não se lhes ensinou nem mesmo a falar*. Não é de espantar em absoluto que a cristandade deste século e desta parte do mundo tenha a aparência que tem. Seria antes de se espantar que a boa natureza humana, através de todas as artes estragadas experimentadas em nossas escolas de palavras e matraqueados, conservasse tanta força interna como em geral ainda se encontra nas profundezas do povo. Mas, Deus seja louvado! A idiotice e todas as macaqueadas encontram, por fim, na própria natureza humana, seu contrapeso, e deixam de ser danosas ao nosso gênero quando suas bobagens alcançaram o grau máximo que somos capazes de suportar. A idiotice e o erro trazem em si mesmas, de qualquer modo que estejam vestidas, a semente de sua efemeridade e destruição, apenas a verdade carrega em si mesma, em qualquer de suas formas, a semente da vida eterna.

O segundo meio elementar de onde procede e deve proceder todo conhecimento humano, e como consequência a essência dos meios de instrução, é:

a *forma*.

O estudo [*Lehre*] da forma pressupõe a consciência da intuição de coisas formadas [*geformter Dinge*] das quais, na instrução, a

COMO GERTRUDES ENSINA SUAS CRIANÇAS **175**

apresentação artificiosa [*Kunstdarstellung*] deve provir em parte da natureza da capacidade de intuição, em parte da finalidade determinada da instrução.

A massa completa de nossos conhecimentos provém:

1. Da impressão de tudo o que o acaso coloca em contato com nossos cinco sentidos. Esse modo de intuição é sem regra, confuso, e tem um andamento limitado e muito lento.
2. De tudo o que toca nossos sentidos por intermédio da arte e da direção, na medida em que estas dependem de nossos pais e professores. Essa forma de intuição é naturalmente, de acordo com o grau de perspicácia e atividade de pais e professores, mais ou menos vasta, mais ou menos coerente, mais ou menos psicologicamente encadeada. Também toma, de acordo com esse grau, um andamento mais ou menos rápido, alcançando a finalidade da instrução, que é a *definição dos conceitos* de forma mais ou menos rápida e segura.
3. De minha vontade de alcançar conhecimentos e de, pelo esforço autônomo de meios amplos, obter intuições. Essa forma de conhecimentos intuitivos dá a nossos conhecimentos valor interior próprio e nos aproxima, à medida que os resultados de nossas intuições proporcionam em nós uma existência autônoma, da responsabilidade moral de agir para nossa formação.
4. Dos resultados dos esforços e trabalho das ocupações e de todas as atividades que não têm como mera finalidade a intuição. Essa forma de conhecimento liga minhas intuições a situações e relações, ela coloca em sintonia os resultados destas com meus esforços para praticar o dever e a virtude, e ela tem essencialmente, tanto pelo caráter coercitivo de seu andamento, como pela sua abulia, a mais importante influência sobre a adequação, a continuidade e a harmonia de meus conhecimentos, até que alcancemos seu objetivo: *a definição de nossos conceitos*.
5. Por fim, o conhecimento sensível é analógico, na medida em que ele me ensina a conhecer as propriedades das coisas

tais que nunca chegam em realidade à minha intuição, mas das quais abstraio a semelhança a partir de outros objetos que vêm verdadeiramente à minha intuição. Essa forma de intuição faz progredir meu conhecimento que, como resultado de intuições reais, não é senão a obra de meus sentidos, para uma obra de minha alma e de todas as suas forças, e vivo assim em tantas formas de intuição quanto minha alma tem de forças. Mas, no que concerne a estas últimas intuições, a palavra tem uma extensão ainda mais ampla do que no uso corrente da linguagem e compreende toda a série de sentimentos que são inseparáveis da natureza de minha alma.

É essencial se familiarizar com as diferenças entre essas formas de intuição a fim de poder extrair para cada uma delas as regras que lhes são próprias.

Agora, retomo o meu caminho.

Da consciência de minha intuição de objetos formados surge a arte da mensuração. Mas esta repousa imediatamente sobre uma *arte da intuição*, que deve ser essencialmente separada da simples faculdade de conhecer, assim como dos modos de simples intuição das coisas. É a partir dessa intuição artificiosa que se desenvolvem então todas as partes da mensuração e suas consequências. Mas essa capacidade da força da intuição nos conduz igualmente, pelas comparações entre objetos e das regras mesmas da arte da mensuração, à livre imitação dessas relações entre as formas, à *arte do desenho*. Enfim, utilizamos igualmente as forças da arte do desenho também na *arte da escrita*.

Arte da mensuração

Este estudo pressupõe um *ABC da intuição*, isto é, ele pressupõe uma arte que simplifique e precise as regras de mensuração pela divisão exata de todas as desigualdades que se mostram na intuição.

Eu quero, meu caro Geßner, chamar uma vez mais sua atenção sobre a marcha empírica que me conduziu às perspectivas sobre

COMO GERTRUDES ENSINA SUAS CRIANÇAS **177**

este tema, e é com esse fim que reproduzo aqui um trecho de meu relatório como testemunho. "Admitindo o princípio", eu dizia nesse relatório,

de que a intuição é o fundamento de todos os conhecimentos, segue-se indiscutivelmente que a *adequação da intuição* é o verdadeiro fundamento do julgamento mais correto.

É evidente, contudo, que, em relação à arte da formação, a adequação perfeita da intuição é resultado da mensuração do objeto em ajuizamento, ou de uma força amplamente formada do sentimento de relação que torna supérflua a mensuração de objetos. Também se encadeia a aptidão para a mensuração correta, na arte da formação de nosso gênero, imediatamente, à necessidade da intuição. O desenho é uma determinação linear da forma, cujo contorno e conteúdo podem, pela força perfeita da mensuração, ser determinadas correta e suficientemente.

O princípio segundo o qual o exercício e a aptidão para tudo mensurar precedem o exercício do desenho, ou ao menos devem caminhar com o mesmo passo, é tão evidente quanto pouco praticado. Mas a marcha de nossa arte da formação é: começar com intuições incorretas e construir de qualquer jeito, depois demolir e mais cem vezes construir de qualquer jeito, até que, por fim e tardiamente, se alcance a maturação do sentimento de relação e cheguemos ao que deveria ter sido o início: *a mensuração*. Este é o andamento de nossa arte, e estamos há milhares de anos distanciados dos egípcios e etruscos, cujos desenhos repousam sobre uma perfeita força de mensuração, ou basicamente, não era outra coisa senão tais mensurações.

E então se pergunta: por qual meio a criança deve formar, baseado nesse fundamento de toda arte, a correta mensuração de todos os objetos? Manifestamente, através de uma sequência de regras seguras, determinadas e simples que compreendem o todo das possíveis intuições das divisões de mensuração do quadrado.

É verdade que jovens artistas, devido à falta de elementos de mensuração, *adquiriram* por uma longa prática de sua arte meios que lhes permitem alcançar com uma certa segurança a aptidão de poder representar no desenho cada objeto que lhes aparece, assim como ele é efetivamente na natureza. E é incontestável que muitos dentre eles, com muita dedicação e esforços perseverantes, alcançam com intuições as mais complexas um sentimento de proporção amplamente formado que torna supérflua a mensuração dos objetos. Mas, tantos os artistas, tantos os meios: nenhum pode dar um nome a esses procedimentos, porque nenhum deles tinha propriamente consciência disto, e nenhum pode, pela mesma razão, transmitir esses meios de forma apropriada a seus estudantes. Estes se encontravam na mesma situação que seus professores e precisavam, com esforços extremos e um longo exercício, criar para si seus próprios meios, ou ao menos, sem esses meios, chegar ao resultado que é o correto sentimento de proporção. Assim, a arte deveria permanecer nas mãos de uns poucos felizardos que tinham tempo e ócio para seguir esses caminhos estranhos em direção a esse sentimento. Desse modo, não se considerou nunca essa arte como um bem comum dos homens, nem tampouco a pretensão à sua formação como um direito comum dos homens. E, contudo, ela é, e isto não pode ser contradito por ninguém que admite que a pretensão a aprender a ler e escrever é um direito de cada indivíduo vivendo em um Estado cultivado, uma vez que, manifestamente, a inclinação para desenhar e a aptidão para medir se desenvolvem de maneira livre e natural na criança. Do contrário, as dificuldades pelas quais a devemos fazer passar para soletrar e ler devem ser ultrapassadas com grande arte ou grande violência caso se deseje que não mais machuquem a criança na proporção do valor que a leitura tem para ela. O desenho, se ele deve contribuir para a finalidade da instrução e *contribuir para lhe dar conceitos definidos*, está intimamente ligado à mensuração das formas. A criança à qual apresentamos um objeto para ser desenhado antes mesmo que ela possa se representar a forma em todas as suas proporções e se expressar sobre ela, não chegará jamais a fazer dessa arte aquilo que ela deve ser, a saber, um meio efetivo para passar de intuições obscuras aos conceitos definidos no todo da sua formação, e jamais estará em harmonia com a

COMO GERTRUDES ENSINA SUAS CRIANÇAS **179**

grande finalidade desta, não tendo nunca o valor real e efetivo que deveria ter.

Assim, para estabelecer sobre esse fundamento a arte do desenho, é necessário subordiná-la à arte de mensurar e organizar em formas de mensuração determinadas as divisões em ângulos e arcos, que provêm da forma primordial do quadrado, tal como a divisão deste último em linhas retas. Isto é algo dado, e creio ter organizado assim uma série de formas de mensuração cujo uso facilitará à criança a aprendizagem de todas as mensurações e tornará as proporções de todas as formas tão compreensíveis quanto o *ABC dos sons* lhe facilitou a aprendizagem da linguagem.

Mas esse *ABC da intuição*[6] é uma divisão uniforme do quadrado em partes iguais com formas de medidas determinadas e exige essencialmente um conhecimento exato de sua origem, a linha reta, em seu direcionamento horizontal e vertical.

A divisão do quadrado por essas linhas produzirá então modos seguros para determinar e mensurar todos os ângulos, assim como o círculo e todos os arcos do círculo, e é esse conjunto que chamo *ABC da intuição*.

Isto será ministrado para as crianças do seguinte modo:

---

6 Devo ressaltar aqui que o *ABC da intuição* não se apresenta aqui senão como essencial e o único meio verdadeiro de ensino para julgar verdadeiramente as formas de todos os objetos. Entretanto, esse meio tem sido até agora completamente negligenciado e perdido de vista até o ponto de ser totalmente esquecido. E o estudo do número e da linguagem, por outro lado, dispõe de centenas de meios desse tipo. E, assim, essa falta de procedimentos de ensino no que concerne à forma não se deve considerar somente como uma lacuna na formação dos conhecimentos humanos, mas ele aparece como a lacuna que mina o fundamento de todos os conhecimentos. Essa falta parece a lacuna dos conhecimentos em que se deveria absolutamente dominar o conhecimento dos números e o da linguagem. Meu *ABC da intuição* deve preencher essa lacuna essencial da instrução, assegurando a base sobre a qual os outros procedimentos de ensino deverão ser todos estabelecidos. Peço aos alemães que se sintam competentes em julgar, para considerarem esse ponto de vista como o fundamento do meu método, sobre a propriedade ou falsidade no qual repousa o valor ou a insignificância de todas as minhas empreitadas. [N. A.]

180   JOHANN HEINRICH PESTALOZZI

Mostramos à criança a característica da linha reta na medida em que ela existe em si mesma e sem qualquer ligação, em suas múltiplas posições e em diferentes direções arbitrárias, e a fazemos tomar clara consciência dessas múltiplas perspectivas sem considerar sua posterior finalidade de aplicação. Então começam-se a nomear as linhas retas como horizontal, perpendicular e oblíqua, oblíqua ascendente e descendente, ascendente à direita e à esquerda, descendente à direita e à esquerda, depois nomeiam-se as paralelas de acordo com as diferentes perspectivas: linhas paralelas horizontais, perpendiculares, oblíquas, então determinam-se os nomes dos principais ângulos que se formam pela sua união: retos, agudos, obtusos. Igualmente a faremos conhecer e nomear, em sua forma primordial, todas as formas de mensuração, o quadrado, que resulta da união de dois ângulos, e suas divisões determinadas, em metade, um quarto, um sexto e assim sucessivamente, depois o círculo e suas variações em suas formas longitudinais e suas partes.

Todas essas determinações serão apresentadas à criança como simples consequências de sua mensuração a olho, e, nesse processo, a nomeação das formas de mensuração são simplesmente quadrado, quadrilátero horizontal, quadrilátero vertical (ou retângulo), linha curva, círculo, meio círculo, um quarto de círculo, primeiro oval, meio oval, um quarto de oval, segundo, terceiro, quarto, quinto oval etc. Em seguida, conduzimos a criança ao emprego dessas formas como meios de mensuração e a ensinamos a reconhecer a natureza das relações que se produzem entre elas. O primeiro meio para alcançar esse fim é:

1. Se esforçar para fazer a criança conhecer e nomear as relações entre essas formas de mensuração.
2. Torná-la capaz de aplicar e empregar essas formas por si própria.

Já no *Livro das mães*, preparei a criança para esse objetivo: mostramos a ela diferentes objetos, quadrados, redondos, ovais, largos,

COMO GERTRUDES ENSINA SUAS CRIANÇAS 181

longos ou estreitos. Logo lhe mostramos as divisões mesmas do *ABC da intuição*, em cartões recortados, quarto, oitavo, sexta parte do quadrado etc., então círculos, meio círculo, um quarto de círculo, oval, meio oval, quarto de oval. Desse modo já se produz nela de antemão uma consciência obscura dos claros conceitos que, através do aprendizado da arte e da aplicação dessas formas, deverão se desenvolver. Também este último ponto já foi preparado no *Livro das mães* no qual foram dados, por um lado, os princípios de uma linguagem determinada sobre essas formas, e também os princípios do enumerar, pressuposto pela mensuração.

O próprio *ABC da intuição* conduz a criança para essa finalidade, pois torna claros os meios dessa arte, linguagem e número, que já no *Livro das mães* haviam sido trazidos à consciência de modo obscuro, com a finalidade determinada da mensuração, e assim a eleva a uma força segura para poder se exprimir de forma determinada sobre o número e a medida em cada forma.

3. O terceiro meio de alcançar esse fim consiste em fazer cópias desenhadas dessas próprias formas, o que leva a criança gradativamente, em ligação com os outros dois meios, não apenas a conceitos definidos sobre cada forma, mas também a uma força determinada para trabalhar corretamente sobre cada forma. Para alcançar essa primeira finalidade, empregam-se as relações das formas que elas aprenderam no primeiro curso como sendo quadriláteros horizontais e verticais, no segundo através do quadrilátero horizontal 2, que é 2 vezes mais longo que alto, o quadrilátero perpendicular 2, que é 2 vezes mais alto do que largo, e assim por diante, nomeando todas suas divisões. Também devemos aqui, por causa das diferentes direções das linhas oblíquas, fazê-las ver e nomear vários quadriláteros como quadrilátero horizontal 1 vez ½, quadrilátero vertical 2 vezes 1/3, 3 vezes ¼, 1 vez 1/6 e assim por diante. De acordo com essa perspectiva, determinamos as diferentes direções das linhas oblíquas como ângulos agudos ou obtusos, assim como os diferentes

182 JOHANN HEINRICH PESTALOZZI

segmentos do círculo e dos ovais resultantes das divisões do quadrado e das divisões dele mesmo.

Com o reconhecimento de tais formas determinadas, a força de mensuração desenvolvida eleva a errante faculdade de intuição de minha natureza à força da arte submetida a regras de onde surge a força de ajuizamento correto das relações de todas as formas, que chamo de arte da intuição. É uma arte nova que deverá preceder todas as velhas artes, familiares e conhecidas de nossa cultura como seu fundamento universal e essencial. Através dela, toda criança poderá chegar da maneira mais simples a ajuizar corretamente cada objeto da natureza de acordo com suas relações interiores e de acordo com suas relações com os outros, e se exprimir com precisão acerca disto. A criança chega por essa condução artificiosa, quando vê uma figura, a determinar com precisão não apenas a relação da altura com a largura, mas também a relação de cada desvio particular de sua forma em relação ao quadrado, em oblíquas e curvas, e pode nomear com os nomes com os quais esses desvios são indicados em nosso *ABC da intuição*. Os meios para alcançar a força da arte reside na própria arte da mensuração, e ela vai mais longe com a arte do desenho, e se desenvolve na criança ainda mais principalmente com a arte do desenho linear, e chega até o ponto em que as formas determinadas de mensuração dos objetos se alçam a uma familiaridade e uma espécie de sentido que, depois de terminados os exercícios iniciais, até mesmo nos mais complexos objetos, não precisam se apresentar aos olhos como um meio de mensuração real, mas que antes, também sem ajuda, os pode representar corretamente, segundo todas as relações de suas partes umas com as outras, e sobre isso se expressar de forma determinada.

São inefáveis a que resultados essa força desenvolvida pode elevar até mesmo a mais débil criança. Não deixarei ninguém me dizer que isto é um sonho! Eu conduzi crianças de acordo com esses princípios, e minha teoria não é para mim nada senão o resultado de minha experiência decisiva sobre esse ponto. Venha e veja! Minhas crianças estão apenas no começo dessa condução, mas esses começos são tão decisivos que agora é preciso uma espécie humana peculiar que esteja próxima de minhas crianças e não seja convencida rapidamente, e isto não é nada menos que extraordinário.

Arte do desenho

É uma aptidão para representar, pela intuição de um objeto, o seu contorno e as características interiores que ele contém em linhas similares e poder copiá-lo fielmente.

Essa arte é consideravelmente facilitada pelo novo método, pois ela aparece agora em todas as suas partes meramente como uma suave aplicação das formas que a criança não somente levou à intuição, mas que desenvolveu através do exercício da imitação em vista das aptidões reais para a mensuração.

Isto ocorre assim: tão logo a criança desenhe correta e prontamente a linha horizontal pela qual começa o *ABC da intuição*, buscamos em meio ao completo caos de todas as intuições, figuras cujo contorno não seja senão uma aplicação da linha horizontal que lhe é familiar, ou, ao menos, minimamente divergente desta.

Em seguida, passamos à linha vertical, depois ao ângulo reto etc. E, à medida que a criança se fortalece na fácil aplicação dessas formas, então variamos gradualmente as figuras de aplicação. As consequências disto, em harmoniosa conformidade com a essência das leis físico-mecânicas, não fazem menos para a arte do desenho que o *ABC da intuição* faz para a força de mensurar das crianças. Com essa condução, cada um deve também, nos primeiros desenhos, chegar à perfeição, antes de prosseguir; assim desenvolve em si, já nos primeiros passos dessa arte, uma consciência dos resultados de sua força em completação e, com essa consciência, um anseio pela perfeição e uma perseverança para a completude, o que a estupidez e a desordem jamais alcançaram na condução do homem. A base do progresso não está aqui apenas nas mãos, está fundamentada na força interna da natureza humana, e os livros de aplicação das formas de mensuração colocam nas mãos a sequência dos meios pelos quais esses esforços, com arte psicológica, e dentro dos limites das leis físico-mecânicas, elevaram a criança de grau em grau até o ponto que acabamos de tocar, a saber, que as linhas de mensuração que tem sob os olhos se tornaram completamente supérfluas para ela, e que dos meios de condução da arte não permaneceu senão a arte mesma.

A arte da escrita

É a própria natureza que subordina essa arte ao *desenho* e a todos os meios no qual este último pode se desenvolver na criança e chegar à perfeição, também, essencial e principalmente, a *arte de medir*.

A arte da escrita não deve, ainda menos que para o próprio desenho, começar e ser efetivada sem um exercício desenvolvido de mensuração, e não somente porque ela é uma espécie própria de desenho linear, e não tolera nenhum tipo de desvio arbitrário do direcionamento determinado de suas formas, mas antes, essencialmente, porque se a criança alcança essa aptidão antes do desenhar, a própria mão para este último se arruinará, ficará enrijecida em formas individuais, antes que a flexibilidade geral para todas as forças que o desenhar pressupõe tenha se formado de forma suficiente e segura. Precisa ainda mais o desenhar preceder o aprendizado do escrever pois facilita incomparavelmente para a criança a formação correta das letras, e ela é salva de um enorme desperdício de tempo de se desacostumar das habituais formas toscas de muitos anos, e por outro lado ela goza de uma vantagem essencial para o todo da sua formação, torna-se consciente, também nos inícios dessa arte, da força da sua perfeição e assim, já no primeiro momento da sua aprendizagem do escrever, inspira a vontade de não agregar nada de incompleto e imperfeito aos primeiros passos dessa arte levados à perfeição.

Para a escrita, como para o desenho, deve-se tentar primeiro com o buril sobre a ardósia, pois a criança está em uma *idade na qual é capaz* de fazer as letras perfeitamente com o buril, já que seria infinitamente penoso educá-la no uso da pena.

O uso do buril antes da pena, tanto para a escrita como para o desenho, é recomendável porque se pode apagar rapidamente, em qualquer caso, o erro, enquanto no papel, normalmente, a permanência de uma letra errônea se liga ao traçado ainda mais errado de uma nova.

Enfim, chamo atenção para uma vantagem essencial a mais dessa maneira de proceder: a criança apaga sempre de novo da sua lousinha de ardósia mesmo o que está perfeitamente executado, e não se acredita o quão importante é que isso aconteça se não se sabe o quão importante é para o gênero humano ser formado sem pretensão e não chegar muito cedo a ter uma vaidade desmesurada pelo trabalho de suas mãos.

Divido a aprendizagem da escrita em dois períodos:

1. Aquele no qual a criança deve se familiarizar, independente do uso da pena, com a forma das letras e sua combinação.
2. Aquele no qual ela exercita a escrita por si mesma com o uso do instrumento próprio, a pena.

Desde o primeiro período eu apresento às crianças as letras em dimensões exatas, e mandei gravar um livro de modelos através do qual, conjuntamente ao todo desse método e suas vantagens, ela pode se formar praticamente por si mesma, sem outra ajuda, para a aptidão da escrita. As vantagens desse guia são as seguintes:

1. Ele permanece o tempo suficiente nas formas iniciais e fundamentais das letras.
2. Ele liga, gradativamente, as partes das formas compostas das letras às formas mais simples.
3. Ele exercita as crianças na combinação de muitas letras desde o instante no qual elas saibam traçar corretamente cada uma delas, e conduz passo a passo a formação de tais palavras, que consistem em letras que elas já traçam perfeitamente.
4. Por fim, a vantagem de que ele pode ser recortado em linhas individuais dispostas para a criança de tal modo que a linha para escrever esteja, para o olho e para a mão, imediatamente abaixo das letras do modelo.

186 JOHANN HEINRICH PESTALOZZI

No segundo período, no qual se deve conduzir a criança ao uso do autêntico instrumento de escrita, a pena, ela já estará exercitada nas formas das letras e sua combinação com notável perfeição, e o professor terá apenas de fazê-la utilizar a perfeita aptidão para o traçado dessas formas, com o uso da pena, para a verdadeira arte da escrita.

É preciso que a criança, também aqui, ligue os novos progressos aos pontos em que ela já se exercitou. Seu primeiro escrito a pena é precisamente o mesmo que o modelo de escrita com o buril, e ela deve começar a utilizar a pena escrevendo as letras de uma forma tão grande como se as desenhasse, e apenas paulatinamente se exercitará na cópia das letras habituais em pequeno formato.

A psicologia em todos os âmbitos da instrução demanda uma separação entre seus meios e uma determinação rigorosa sobre quais destes a criança, em cada idade, pode e deve utilizar. Utilizo *esse princípio*, assim como em todos os campos, também na arte da escrita e através de sua ininterrupta observância, e pelo livro de modelos para o buril disso resultante, destinado a crianças de 4 a 5 anos, cheguei a ver que, de acordo com esse método, até um péssimo mestre-escola e uma mãe pouco exercitada estão em condição de formar a criança, até certo grau, no escrever correto e belo, o que sem ele não poderiam fazer. Aqui, como em tudo, a *finalidade essencial* do meu método é tornar possível novamente, ao povo desprezado, a instrução doméstica e, passo a passo, elevar cada mãe na qual o coração bate por sua criança, a segui-lo de forma autônoma, e poder se exercitar com sua criança até a completude de meus exercícios elementares. Para alcançar isto ela precisa, em cada caso, estar apenas um pouco adiantada em relação à própria criança.

Meu coração se eleva pelas esperanças que surgem daqui, mas, caro amigo, se eu mesmo de longe exprimo algumas dessas esperanças, homens por toda parte me gritam: *"As mães do campo não vão querer"*, e não apenas homens do povo, mas também homens que ensinam o povo, homens que ensinam o cristianismo ao povo!, me dizem em tom de desprezo: "Você pode percorrer nossas aldeias de cima a baixo, não achará uma só mãe que faça o que você pede".

COMO GERTRUDES ENSINA SUAS CRIANÇAS 187

E eu lhes respondo que quero, com os meios que estão em minhas mãos, conduzir as mães campesinas das regiões as mais afastadas do Norte a fazer, e se for realmente verdade que as *mães cristãs* na doce Europa, que as mães cristãs *em minha pátria*, não possam ser convencidas do que eu exijo das mães campesinas, a todo momento, no Norte selvagem, então eu poderia gritar a esses senhores que caluniam hoje o povo da sua pátria, que eles e seus *pais* ensinaram, instruíram e *conduziram até o presente*: "Vocês devem lavar suas mãos e dizer, nós *não somos responsáveis* por essa indescritível desumanização *do povo da doce Europa, somos inocentes* dessa indescritível desumanização *do mais bondoso, dócil e tolerante* dentre todos os povos europeus, *o povo suíço*. Vocês devem dizer, nós e nossos pais fizemos o que era nossa responsabilidade fazer para afastar essa infelicidade indizível, essa desumanização de nossa parte do mundo e de nossa pátria, e prevenir essa inefável decadência dos primeiros fundamentos da moralidade e da cristandade em nossa parte do mundo e em nossa pátria!". A esses homens que ousam me dizer: "Percorre o país de cima a baixo, as *mães deste país* não irão fazê-lo e não o querem", gostaria de responder: "Vocês deveriam gritar a essas mães desnaturadas de nossa pátria, como outrora o Cristo em Jerusalém: 'Mães, mães! Nós *quisemos* reuni-las sob as asas da sabedoria, humanidade e cristandade, assim como uma galinha reúne seus pintinhos, *mas vocês não quiseram!*'". Quando fizerem isto, então eu me calarei e acreditarei em sua palavra e em sua experiência, e não nas mães do país, não no coração que Deus colocou em seus peitos. Mas, se não fizerem isto, também não acreditarei em vocês, mas, antes, acreditarei nas mães do país e no coração que Deus colocou em seus peitos, e expor a miserável palavra com que eles afastam de si o povo do país como o produto de uma má criação, como uma difamação contra o povo, a natureza e a verdade, e sigo meu caminho como um viandante que em uma longínqua floresta ouve o vento do qual ele não pode sentir, de onde se encontra, o sopro. *Devo* seguir meu caminho em prol desse discurso – eu vi e lidei em toda a minha vida com *todas as espécies* de tais homens loquazes, ninados por sistemas e ideais, *sem conhe-*

cimento do povo e sem respeito ao povo –, mas eu conheço as pessoas que hoje, mais do que quaisquer outras, aviltam o povo desse modo nessa perspectiva. Tais homens acreditam que estão em uma tal altura e que o povo está muito abaixo deles nas profundezas, mas estão errados duplamente, e, como pobres macacos, por causa da pretensão de sua própria natureza miserável, impedem a si mesmos e se tornam incapazes de ajuizar corretamente acerca do valor puro das verdadeiras forças animais ou sobre as verdadeiras disposições humanas; esses homens loquazes se tornam, precisamente graças às belas artes de seu percurso inatural, incapazes de perceber que estão sobre palafitas, e que *precisam descer das suas ridículas pernas de pau para permanecer no chão de Deus com a mesma força que o povo*. Eu devo lamentá-los. Ouvi muitos desses ignóbeis falastrões, em um misto de inocência de freiras e sabedoria rabínica, falarem: *"O que pode ser mais belo para o povo do que o Catecismo de Heidelberg e os Salmos!"*, e por isso eu realmente preciso aqui levar a humanidade em conta e invocar em meu coração o *respeito pelas causas* desse extravio. Sim, amigo, desejo também perdoar *esses* errantes do extravio do espírito humano, sempre foi e sempre precisará ser assim. Os homens são os mesmos em todos os tempos, e os eruditos e seus discípulos também eram assim. Entretanto, não mais abrirei minha boca contra as tralhas discursivas dos preceitos dos homens, os guizos sonantes de seus serviços religiosos, e a disposição de ânimo vazia de amor e sabedoria que sua natureza deve produzir. Antes, direi apenas, com o maior dos homens que, contra os erros dos sábios, foi vitorioso em prol da verdade, do povo e do amor: *"Pai, perdoa-lhes, pois eles não sabem o que fazem"*.[7]

Retorno a minha exposição. A aprendizagem da escrita aparece em terceiro lugar como uma espécie de aprendizagem do falar. Em sua essência ela não é outra coisa que um exercício particular e especial dessa última arte.

Assim como, em meu método, a escrita, como *forma*, aparece em ligação com a mensuração e o desenhar, e nessa ligação se aproveita

---

7 Lucas, 23:34.

COMO GERTRUDES ENSINA SUAS CRIANÇAS **189**

de todas as vantagens produzidas pelo desenvolvimento precoce dessas forças artificiosas, ela também vale como uma *forma especial de aprendizagem do falar*, aparece ligada a tudo o que foi feito, com o método, desde o berço, para desenvolver essa força e se aproveita igualmente das vantagens já conseguidas e solidamente fundadas no desenvolvimento precedente de suas forças artificiosas no falar graças ao *Livro das mães*, o livro de soletração e o livro de leitura.

Uma criança guiada por esse método sabe o livro de soletração e o primeiro livro de leitura praticamente de cor: ela conhece em grande extensão os fundamentos da ortografia e da linguagem, e quando se exercitou com sua tabuinha de ardósia e os primeiros exercícios na escrita, chegando à aptidão para o traçado das letras isoladas e suas combinações, então ela *não precisa mais de modelos propriamente ditos* para a ampliação de seu aprendizado de escrita. Ela tem em sua cabeça a essência desses modelos graças a suas aptidões na linguagem e na ortografia, e, a partir de sua própria experiência, guiada pelos livros de soletração e leitura, preparará séries de palavras através das quais ela fortalecerá cada vez mais seu conhecimento da linguagem e exercitará sua memória e sua imaginação.

As vantagens desses exercícios de escrita assim encadeados e ligados aos exercícios de aprendizagem do falar são essencialmente estas:

1. Eles fortalecem cada vez mais as aptidões gramaticais já apresentadas à criança, e tornam seus fundamentos indeléveis em seu espírito. Não pode ser de outro modo, pois, de acordo com sua ordem no livro de leitura, no qual os substantivos, os adjetivos, os verbos, as preposições etc. estão separados em séries uma ao lado da outra – essas palavras são exercitadas com o agrupamento de acordo com sua série, e a criança chega a saber de modo absoluto a qual série a palavra que se apresenta pertence, e forma por si, para cada uma dessas séries, as próprias regras que lhe são aplicáveis.

190 JOHANN HEINRICH PESTALOZZI

2. Do mesmo modo, eles fortalecem através da linguagem, de acordo com a ordem do método, a força para alcançar de modo geral conceitos definidos, à medida que a criança pode utilizar seu dicionário para exercícios de escrita juntando em séries as rubricas e os sinais distintivos da subdivisão, podendo obter para si panoramas organizados sobre os gêneros individuais de todas as coisas.

3. Eles fortalecem os meios pelos quais, através dos exercícios de escrita, a criança chega paulatinamente a conceitos definidos, não apenas porque se exercita aprendendo a ler e a falar na *combinação* esclarecedora dos principais substantivos, verbos e adjetivos, mas também porque eleva com esses exercícios a sua força própria para a descoberta e adição de seus próprios conceitos de experiência às múltiplas séries das quais ela se apropria do conteúdo principal para a aprendizagem do falar.

Assim, por exemplo, nos exercícios de escrita, ela não apenas agregará ao que já aprendeu a nomear como alto e pontudo no livro de leitura, mas se exercitará, e será incitada, pela própria tarefa, a consultar seu próprio círculo de experiências para adicionar um objeto cuja forma lhe seja conhecida.

Gostaria de dar aqui um exemplo que iluminará o espírito inventivo das crianças na determinação de tais conjuntos explicativos.

Dei a elas uma palavra: *triangular*. E elas, junto com um mestre-escola de aldeia [*Landschulmeister*], apresentaram as seguintes determinações:

Triangular: o triângulo, o nível, o lenço dobrado pela metade, o esquadro, uma espécie de lima, a baioneta, o prisma, nozes de faia, a espátula do gravador, a ferida aberta pela mordida da sanguessuga, a lâmina da bengala-espada, o grão de trigo-sarraceno, o compasso, a parte inferior do nariz, a folha da erva-bom-henrique, a folha do espinafre, o pericarpo da tulipa, o número 4 e o pericarpo da pennigrama alpina.

Encontraram ainda exemplos em mesas e janelas com formas redondas, dos quais não conheciam o nome.

O mesmo se passava para juntar corretamente os adjetivos aos substantivos: as palavras *enguia, carcaça, noite* [*Aal, Aas, Abend*], não apenas todos os adjetivos que elas haviam aprendido no livro de leitura como sendo adjetivos relativos a enguia, carcaça e noite etc., mas também, a partir de seu círculo de experiências, aqueles que presumiam ser adjetivos apropriados, e chegavam por si mesmas com esse tipo de coleção de características de todas as coisas ao caminho mais simples de conhecer e tornar familiares, de modo múltiplo e em concordância com seu campo de experiências, com a natureza, a essência e as propriedades de todas as coisas. O mesmo ocorre com os verbos. Se elas, por exemplo, devem esclarecer o sentido da palavra *observar* agregando substantivos e advérbios, não a esclarecerão apenas com aquelas palavras que encontram certificadas no livro de leitura, antes, farão o mesmo que vimos antes.

As consequências desses exercícios são muito amplas, eles levam a criança a tomar as descrições aprendidas de cor – por exemplo, a do sino, a do caminhar, a da ortoestase, a dos olhos, da orelha etc. – como um guia determinado e universal que lhe permite se expressar, tanto oralmente como por escrito, sobre tudo o que é possível que ela conheça a forma e o conteúdo. É evidente por si só que este último resultado não poderia ser alcançado através do exercício isolado da escrita, mas através da sua ligação com toda a série de meios pelos quais o método eleva seu aluno gradativamente à claridade dos conceitos.

Do mesmo modo, é preciso compreender a totalidade da marcha dessa condução quando digo que a aprendizagem da escrita se completa não somente como arte, mas também como uma ocupação, e que, assim, a criança é levada à aptidão para se expressar em palavras desse modo artificioso da mesma forma fácil e geral como o uso que faz do próprio falar.

CARTA 8

O terceiro meio elementar de nosso conhecimento é o

número.

Enquanto o som e a forma nos conduzem através de diversos meios de instrução subordinados à sua constituição elementar, a conceitos definidos e à autonomia do espírito que eles têm por finalidade nos fazer adquirir, o cálculo é o único meio de instrução que não inclui em si nenhum procedimento subordinado, mas se apresenta sempre, até o ápice dos efeitos de sua influência, somente como a simples consequência da força elementar que nos leva à clara consciência através da relação do mais e do menos em todas as intuições, e nos dispõe através dessa relação pura e simples da força elementar que nos permite alcançar uma consciência clara do mais e do menos em todas as nossas percepções, e de nos representar da maneira mais definida essa relação até mesmo imensurável.

O som e a forma carregam em si, frequentemente e de modos distintos, o gérmen do erro e da ilusão, o número, nunca. Apenas ele conduz a resultados infalíveis, e se a arte de mensurar reivindica o mesmo direito, não pode pretendê-lo senão em razão de sua união com a arte do cálculo e do apoio que recebe dela, sendo ela infalível porque calcula.

Assim, se esse meio de instrução que alcança com mais certeza a finalidade da instrução, os *conceitos definidos*, deve ser considerado como *o mais importante* desses meios, então é evidente que se deve efetivá-lo *universalmente*, com grande cuidado e arte, e que, para alcançar o fim último da instrução, é da maior importância apresentar esse meio de instrução em formas que fomentem vantagens que possam garantir à instrução em geral uma psicologia profunda e o conhecimento mais amplo possível das leis imutáveis do mecanismo físico. Por isto me esforcei ao máximo para apresentar a arte de calcular à intuição das crianças como o resultado mais claro dessas leis, e não apenas para reduzir seus elementos no espírito humano, em geral, à simplicidade em que se apresentam na intuição real da natureza, como também para amarrar de forma precisa e sem lacunas seus progressos em todas suas mudanças a essa simplicidade dos pontos iniciais. Estou convencido de que mesmo os limites extremos dessa arte podem ser um meio para a verdadeira iluminação, isto é, um meio de chegar a conceitos definidos e noções puras, uma vez que se desenvolvem no espírito humano no mesmo grau em que provêm da natureza mesma desde seus primeiros pontos iniciais.

Arte de calcular

Ela provém completamente da simples soma e subtração de várias unidades. Como já dito, sua forma fundamental é essencialmente esta, *um e um são dois, dois menos um é um*. Também cada número, tal como é sempre seu nome, não é nada em si senão um meio de abreviação dessa forma primordial e essencial de todo contar. Mas é importante que a consciência da forma primordial nas relações dos números não seja enfraquecida em nosso espírito através do meio de abreviação que a própria arte do cálculo emprega, senão que seja gravada profundamente e com o maior cuidado nele pelas formas nas quais essa arte é ensinada, e que todo progresso dessa arte seja construído sobre o firme propósito buscado de manter na

COMO GERTRUDES ENSINA SUAS CRIANÇAS **195**

profundeza do espírito humano a consciência das relações reais nas quais todo o calcular se fundamenta. Se isto não acontece, então mesmo o primeiro meio para se chegar a conceitos definidos seria rebaixado a um joguete da nossa memória e da nossa imaginação, e assim tornado impotente para sua finalidade essencial.

Não poderia ser de outro modo. Se, por exemplo, nós simplesmente aprendemos de cor: três e quatro são sete, e depois construirmos a partir desse sete como se soubéssemos realmente que três e quatro são sete, nos iludiríamos a nós mesmos, porque a verdade interior desse sete não está em nós, uma vez que não somos conscientes de sua base sensível, a única que pode transformar em verdade a palavra vazia. A mesma coisa ocorre em todos os campos do conhecimento humano. Também o desenho, se não se liga à mensuração, de onde deriva, perde a verdade interior de sua essência que o eleva ao nível de meio capaz de nos conduzir aos conceitos definidos.

Começo, no *Livro das mães*, meus esforços para dar às crianças uma impressão sólida das relações numéricas como mudanças reais e efetivas, para mais e para menos, que elas encontram por si mesmas nos objetos que têm à vista. As primeiras tabelas desse livro contêm uma série de objetos que colocam à vista das crianças, em intuições determinadas, o conceito do um, do dois, do três e assim por diante, até o dez. Então eu as deixo procurar nessas tabelas os objetos que são designados como unidades, depois os objetos duplicados, depois triplicados... e assim por diante. Em seguida, faço-as encontrar novamente essas mesmas relações contando com os dedos, grãos ou pedrinhas e outros objetos que estejam à mão. Por fim, a consciência dessas relações se renovará diariamente para elas muitas centenas de vezes, facilitada pela tabela de soletração e pela divisão das palavras em sílabas e letras, uma vez que lhes lanço a pergunta: quantas sílabas há nessa palavra? Como se chama a primeira, a segunda, a terceira etc.? Desse modo, a forma primordial de todo cálculo se impregna profundamente na criança e ela se familiariza com os meios de abreviação empregados, os números, com plena consciência de sua verdade interior, antes de progredir em sua aplicação sem ter diante dos olhos a base da intuição. Independentemente da vantagem que há em tornar o cálculo o fundamento de conceitos mais definidos, é inacreditável o quanto essa arte se torna mais fácil para as crianças se assegurando a primazia da intuição. A experiência mostra agora que seus princípios parecem difíceis porque não empregamos essa regra psicológica em toda a amplitude que deveria ser empregada. Devo por isso ser um pouco mais extensivo na descrição da aplicação dessa regra.

Além dos meios indicados, e *depois* deles, utilizamos também a tabela de soletração para o estudo do cálculo: colocamos alguns dos tabletes que representam uma unidade e, ao mesmo tempo que a criança aprende a conhecer suas letras, começamos a lhe trazer à consciência também a relação numérica. Colocamos um tablete e perguntamos: "São vários tabletes?". A criança responde: "Não, apenas um". Agregamos outro e perguntamos: "Um e um, quanto é?". A criança responde: "Um e um são dois". E assim continuamos agregando apenas um tablete por vez, depois dois, três etc.

Assim que a criança compreendeu as adições de uma em uma unidade, até dez, e que ela sabe pronunciá-las com absoluta facilidade, colocamos à sua frente, do mesmo modo, tabletes sobre a mesa, mas mudamos agora a questão e perguntamos: "Quando você tem dois tabletes, quantas vezes você tem *um* tablete?". A criança olha, conta e responde corretamente: "Quando eu tenho dois tabletes, eu tenho duas vezes um tablete".

Quando a criança tem clara consciência da enumeração determinada e frequentemente revisada das partes, quantas unidades contêm os primeiros números, modifica-se novamente a pergunta, sempre colocando à sua frente os tabletes do mesmo modo, e perguntando: "Quantas vezes um é dois?" etc. E novamente: "Quantas vezes um está contido no dois, no três?" etc. Uma vez que ela conheça a forma simples e elementar da adição, da multiplicação e da divisão, e que esteja completamente familiarizada pela intuição com a essência dessas formas de cálculo, busca-se tornar-lhe conhecida e familiar, do mesmo modo, isto é, pela intuição, a forma elementar da subtração, e isto ocorre da seguinte maneira: retira-se um dos dez tabletes que foram adicionados e pergunta-se à criança: "Quando você retira um de dez, quanto resta?". Ela conta, encontra o nove e responde: "Quando eu retiro um de dez, restam nove". Retiramos em seguida o segundo tablete e perguntamos: "Um retirado de nove, quanto resta?". A criança conta de novo, encontra oito e responde: "Um retirado de nove, restam oito". E assim até o último.

Essa espécie de esclarecimento do cálculo pode agora, nas seguintes séries, de acordo com o modo que descrevemos, ser disposta:

1 11 11 11 etc.
1 111 111 111 etc.
1 1111 etc.

Assim que é completada a adição de cada uma dessas séries, passa-se do mesmo modo à subtração de cada um dos números que a compõem, como se segue:

Se, por exemplo, quando adicionamos 1 e 2 são 3, 3 e 2 são 5, 5 e 2 são 7, até 21. Então se retiram as tabuinhas e se pergunta: "2 retirados de 21, quanto é?" e segue-se até que não haja mais nenhuma.

A consciência do mais e do menos dos objetos que se produz na criança com a disposição de realidades materiais e móveis é assim fortalecida pelo uso das tabelas de cálculo nas quais as mesmas séries de relações numéricas são uma vez mais colocadas diante dos olhos sob a forma de traços e pontos. Essas tabelas, no modo de contar objetos naturais, servem de fios condutores assim como o silabário serve para a formação de palavras no quadro. E quando a criança se exercitou bastante em contar com objetos materiais e com pontos ou traços que os substituem, quando ela muito se exercitou nessas tabelas, que são completamente fundadas sobre a intuição, então a consciência das relações reais entre os números se lhe torna tão forte que as formas de abreviação constituídas pelos números simples são por ela compreendidas, mesmo sem a intuição, com uma facilidade incrível, pois as forças de seu espírito estão agora afastadas da confusão, das lacunas e dos enigmas lúdicos. De tal modo que se pode dizer, em são entendimento, que um tal calcular não é senão um exercício da razão, sobretudo não é nem um trabalho da memória, nem um trabalho manual rotineiro, é o resultado da mais clara e determinada intuição, e não conduz senão a conceitos definidos.

Mas como o aumento e a diminuição do número de todos os objetos não consiste apenas em um acréscimo ou subtração de unidades, mas no fracionamento de unidades em muitas partes, resulta daí uma segunda forma de cálculo, ou antes, abre-se uma segunda via na qual cada unidade pode ser tomada como base para uma divisão infinita de si mesma e para um fracionamento infinito das unidades ela contém.

Assim como para o primeiro modo do calcular, isto é, para o aumento e a subtração de unidades inteiras, o número *um* deve ser considerado como o ponto de partida de todo cálculo e como fundamento da *arte da intuição* para todas as transformações do número. Nessa segunda forma do calcular é preciso encontrar uma figura que desempenhe nesse modo de calcular o que o número um é na primeira, uma figura que possa de algum modo ser apresentada à intuição na qual as partes do fracionamento sejam infinitas, assim como uma parte do todo, e por outro lado apareçam como unidades independentes e inteiras, que cada relação de uma fração seja tão distinta e precisa que a criança perceba a relação dessa fração com o todo, assim como percebeu, em nosso método aplicado ao cálculo dos inteiros, que o número um está claramente contido três vezes no número três.

Ora, a única figura possível que preenche essas condições é o quadrado.

Com o quadrado, podemos tornar sensíveis aos olhos da criança a relação das partes da unidade, ou frações, em sua sequência progressiva, do ponto de partida universal de todo mais ou menos, a saber, do número um, do mesmo modo que podemos lhe apresentar sensivelmente o aumento e diminuição das unidades não divididas. Elaboramos uma tabela de intuição de frações que compreendem onze séries, cada uma composta de dez quadrados.

Os quadrados da primeira série são inteiros, os da segunda série são divididos igualmente em dois, os da terceira igualmente em três etc. até dez.

A essa tabela de divisões simples, segue-se uma segunda nas quais essas intuições de divisões seguem a seguinte progressão: os quadrados que estão repartidos, na primeira tabela, em duas partes iguais, são aqui divididos em 2, 4, 6, 8, 10, 12, 14, 16, 18, 20 partes, os da série seguinte em 3, 6, 9, 12 etc.

Assim como o *ABC da intuição* se compõe de formas de medida que têm como fundamento, de modo geral, a décima parte do quadrado, é evidente que fizemos da fonte comum do *ABC da intuição*, o quadrado, igualmente o fundamento do *ABC do cálculo* ou, melhor dizendo, colocamos em harmonia os meios elementares da forma e do número, de tal modo que nossas formas de medida são ao mesmo tempo os primeiros fundamentos das relações numéricas e os primeiros fundamentos das relações numéricas são os primeiros fundamentos das formas de medida.

Nesse caminho em que chegamos, podemos ensinar o cálculo às crianças apenas segundo a nossa maneira que utiliza esse mesmo ABC, que inicialmente utilizamos apenas como um *ABC da intuição* em sentido estrito, isto é, como fundamento da mensuração, da escrita e do desenho.

A consciência das relações reais de todas as frações se torna, pelo uso dessas tabelas, tão forte na criança, que o exercício de fracionamento dos números simples tanto como no cálculo dos números inteiros se torna incrivelmente fácil. A experiência mostrou que a criança, com esse método, domina esses exercícios quatro ou cinco anos mais cedo do que seria possível fazê-lo sem esse meio. O espírito da criança, com esse exercício, como com os precedentes, também é afastado do mesmo modo da confusão, das lacunas e dos enigmas lúdicos, e também é possível dizer com certeza que esse calcular é apenas exercício da razão, não é nem um trabalho da memória, nem um trabalho manual rotineiro, é o resultado da mais clara e determinada intuição, e não conduz senão a conceitos definidos.

CARTA 9

Amigo, se olho para trás e me pergunto: "Como trabalhei pela essência da instrução humana?", então respondo: "Eu estabeleci o princípio mais elevado da instrução com o reconhecimento da *intuição como o fundamento absoluto de todo conhecimento*, e procurei, com o afastamento de todos os *modos particulares de ensino*, encontrar a *essência do ensino* e a *forma primordial* na qual a formação de nosso gênero deve ser determinada pela própria natureza". Acredito que reduzi a totalidade da instrução a três meios elementares e que investiguei os meios especiais pelos quais foi possível erigir em necessidade física os resultados de todo ensino nesses três domínios.

Enfim, creio que harmonizei esses três meios elementares uns com os outros e que, assim, estabeleci o acordo da instrução não apenas com ela mesma, de modo variegado e nos três domínios, mas também com a natureza humana, e aproximei o curso da natureza ao desenvolvimento da espécie humana.

Mas, enquanto eu fazia isto, também descobri, e não poderia ter sido diferente, que a essência da instrução do modo como agora frequentemente é praticada nesta parte do mundo, *de modo geral e para o povo*, não reconhece de modo algum a intuição como o princípio mais elevado da instrução, que a própria forma originária no interior da qual a formação de nossa espécie, pela essência de nossa própria natureza, se determina. Antes, ela sacrifica *a essência de todo ensino* a um caos de *ensinos isolados*, e com migalhas de todo tipo de *fragmentos de verdades* e mata no espírito a própria verdade e destrói no gênero humano a força da autonomia sobre a qual essa verdade reside. Descobri, o que se revelou subitamente a mim, que o sistema de ensino não reconduz seus meios singulares nem aos princípios elementares nem às formas elementares. Que, negligenciando a intuição como fundamento absoluto de todo conhecimento, ele se coloca a si próprio fora da condição de, através de alguns de seus meios fragmentários, atingir a finalidade da instrução, isto é, a aquisição de conceitos claros e de elevar à necessidade física os limitados resultados que ele visa.

Essa situação determinada na qual metade da Europa, ao menos nove em dez homens, se encontra, assim como a situação determinada da instrução mesma da qual usufruem, parece, à primeira vista, inacreditável. Mas isto não somente é exato de um ponto de vista histórico[1] como é igualmente uma necessidade psicológica: e não poderia ser diferente, a Europa teria que afundar, por causa da instrução do povo, no erro ou mais ainda na loucura, na qual ela realmente afundou. Por um lado, ela se elevou a alturas inimagináveis por conta de *artes individuais*, por outro, perdeu todo fundamento da condução da natureza para o todo da espécie. Por um lado, nenhuma parte do mundo se elevou assim tão alto, mas, por outro, nenhuma afundou tão baixo. Ela se assemelha à estátua do profeta: sua *cabeça de ouro*, constituída pelas várias artes isoladas nas quais ela se sobressai, toca as nuvens, mas a instrução popular, que deveria ser o fundamento dessa cabeça dourada, lembra os pés desse colosso, por todo lado *feito da argila a mais tosca, quebradiça*

---

1 Até mesmo o bom e indulgente Lavater, que, mais que qualquer um, cultuava o positivo das coisas deste mundo, concordava e reconhecia isto. Um dia, tendo lhe perguntado: "Quais os meios simples e elementares que poderiam ser bem empregados para ensinar a arte, e especialmente para retificar a intuição de todas as coisas?" – "Eu não conheço nenhum e seria algo surpreendente, visto o estado da educação europeia". [N. A.]

e indigna. Essa desproporção, desastrosa para o espírito humano, entre as vantagens do que está no alto e as misérias do que está embaixo, ou antes, o ponto inicial dessa desproporção chocante na cultura de nosso mundo, remonta à invenção da imprensa. A Europa caiu no encanto dessa influência tão nova quanto ilimitada que esclareceria o conhecimento das palavras, com uma espécie de vertigem e confiança charlatã quanto à universalidade da sua eficácia. Para as primeiras gerações que se seguiram a essa descoberta isto foi muito natural. Mas que a Europa, depois de séculos, viva ainda agora essa vertigem, que ela tenha deixado degenerar em uma febre nervosa que mina o corpo e o espírito sem que se sinta doente, isso não poderia ocorrer em nenhuma parte do mundo senão na *nossa*. Além disso, foi necessária a influência dos sistemas dos capuchinhos, dos jesuítas, dos sistemas feudal e de gabinete,[2] para que essa arte obtivesse os resultados que obteve na Europa. Porém, com essas circunstâncias secundárias, não é somente compreensível que essa invenção tenha terminado por justapor uma condição positiva de nossas artes e uma condição positiva da instrução popular, lado a lado, tais como ambas estão dispostas, mas também é claro, dadas as circunstâncias, ela não pôde produzir a *menor* alteração na arte e tampouco *nenhuma melhora* na instrução, como efetivamente poderia produzir. É, pois, muito nítido como ela *teve* que chegar a reduzir incomensuravelmente para os europeus o uso dos seus cinco sentidos, e em particular a reduzir o papel do instrumento universal da intuição, os olhos, ao culto e à adoração do novo conhecimento, aquele das letras e dos livros. Eu poderia até mesmo dizer que a imprensa *deveria chegar a fazer* desse instrumento universal de nosso conhecimento um simples órgão para ver as letras, e nós a meros homens tipográficos.[3] A Reforma completou o que a imprensa

---

2 No original, *"Kabinett-Systemen"*: sistema de gabinete.

3 No original, *"Buchstabenmenschen"*, literalmente, homens de letras. Utilizamos aqui uma expressão que muito posteriormente, embora em uma leitura próxima à de Pestalozzi, foi utilizada por Marshall McLuhann para se referir ao surgimento dessa nova sociedade.

havia começado na medida em que abriu a boca, em um mundo ainda tomado pela idiotice feudo-monacal, para falar de conceitos abstratos que a sabedoria mais perfeita de nossa espécie em sua existência a mais liberal nunca poderá resolver.

Como uma torrente devastadora que é parada em seu curso por uma montanha toma uma nova direção e segue sua devastação ano após ano, de geração em geração, assim a educação do povo [*Volkskultur*] na Europa, uma vez que foi abandonada pela ação conjunta desses dois acontecimentos principais, o barco estável da intuição abandonado tomou uma direção sem fundamento e onírica, ano após ano, geração após geração, impeliu a devastação da humanidade até que, enfim, depois de séculos nesse caminho, levou ao completo esmagamento de nosso saber e nos conduziu ao ponto em que estamos, e no qual não podemos e onde não desejamos, de nenhum modo, permanecer mais tempo.

Não poderia ocorrer de outro modo: depois de ter desenvolvido desde muito uma arte tão profunda, de ter dado a nossos erros pontos de apoio ainda mais profundos, depois de nos ter longamente organizado para roubar de nossos meios de conhecimento e de instrução toda a intuição e de nós mesmos toda força de intuição, a dourada cabeça-vertigem de nossa cultura não poderia ter outros pés que a sustentassem senão estes. Não seria possível ser de outro modo. Os meios fragmentados de nossa cultura que eram propalados não poderiam em nenhum de seus domínios alcançar o verdadeiro fim da instrução pública, isto é, a aquisição pelo povo de conceitos *claros* que são essenciais conhecer e saber em todos os domínios. Mesmo os melhores meios, os recursos da aritmética e da gramática que existem em profusão, deviam perder sua força nessa condição, na medida em que eles eram totalmente desprovidos do meio artificioso similar capaz de assegurar o fundamento de toda instrução, a *intuição*. Assim, os dois modos de instrução, a palavra e o número, eles próprios subordinados ao fundamento geral do conhecimento, a intuição, deveriam inevitavelmente nos conduzir, nos meios de instrução subordinados, o número e a palavra, a um refinamento unilateral, superficial e sem finalidade, envolvido em abismos de erro

COMO GERTRUDES ENSINA SUAS CRIANÇAS 205

e de ilusão. Necessariamente, por causa das forças e do mecanismo graças ao qual a arte, de mãos dadas com a natureza, pode nos elevar à verdade e à sabedoria, estamos rebaixados à mentira e à estupidez, condenados a criar pobres homens, desprovidos de força e de intuição, homens de palavras e falatório [*Wort- und Maulmenschen*].

Até mesmo os conhecimentos intuitivos relativos à nossa posição social e nossa profissão que escapavam à loucura de nosso sistema, pois nenhuma arte, ainda que equívoca, é capaz de arrancar completamente *esses* conhecimentos do gênero humano, haviam se isolado em nós, e assim se tornaram unilaterais, ilusórios, egoístas e iliberais. Devíamos, e com um tal direcionamento não poderíamos fazer de outro modo, nos tornar *insensíveis* a toda verdade que se encontrasse fora do círculo limitado da intuição sensível e de nos contrapor a tudo o que fosse oposto a esse modo de intuição unilateral e iliberal. Devíamos, e não poderia, nessa circunstância, ser de outro modo, nos afundar cada vez mais, de geração em geração, no modo inatural de nossa limitação e das mesquinharias daí surgidas, o egoísmo, a violência ilegal e ambiciosa na qual nos vemos agora.

Assim se explica, meu querido Geßner, e de nenhum outro modo, como ocorreu que, durante o século que se vai, que em seu último quarto elevou ao extremo a ilusão dessa condição, afundamos de modo generalizado nesses sonhos, ou antes, nesse delírio e nesse furor de exigências sem fundamentos nos quais nossas visões de verdade e nossas reivindicações legítimas, de tal modo isoladas, se tornaram tóxicas a nós pela violenta agitação de nossos instintos selvagens e cegos. Foi assim que, por diversos lados e por muitas vias, tivemos que afundar num espírito de sans-culotismo que se impôs entre nós de maneira generalizada e multiforme e que deveria ter como consequência a desorganização interior de todos os nossos sentimentos naturais puros e todos os modos de humanidade [*Humanitätsmittel*] e que *mais tarde* teve como resultado inelutável a dissolução de *formas inumanas* de governo, sem que isto, infelizmente, operasse como uma vantagem para a humanidade.

Eis, meu querido amigo, o esboço de minha perspectiva sobre os mais recentes acontecimentos. Assim explico os dois sistemas, o de

Robespierre[4] e o de Pitt,[5] *assim como* o comportamento dos conselheiros *e o comportamento do povo*. Para justificar minha opinião nos dois casos, retorno à minha tese principal: as lacunas da instrução, ou antes, os meios intelectuais artificiais que tomaram o lugar de toda perspectiva natural, conduziram essa parte do mundo *para onde se encontra hoje*. E, contra as mudanças civis, morais, religiosas, que já ocorreram e que ainda ocorrerão, não há outro remédio que o de dar as costas às tendências superficiais, faltosas e charlatanescas da instrução popular [*Volksunterrichtes*] e de reconhecer que *a intuição é o fundamento absoluto de todo conhecimento* ou, em outras palavras, que *todo conhecimento deve provir da intuição e deve poder ser remetido a ela*.

---

4 Maximilien François Marie Isidore de Robespierre (1758-1794), figura emblemática da Revolução Francesa.

5 William Pitt, o Jovem (1759-1806), foi um eminente político inglês tendo sido até hoje a pessoa mais jovem, aos 24 anos, a assumir o cargo de primeiro-ministro britânico, que sustentou durante quase duas décadas. Considerado um governante exemplar, implementou uma série de reformas econômicas na Inglaterra.

Carta 10

Amigo, a intuição, enquanto é considerada como o ponto do qual provém a instrução, deve ser separada da *arte da intuição*, que é o estudo das relações de todas as formas, e enquanto fundamento universal dos três meios elementares da instrução precede em muito a arte da intuição, a arte do cálculo e a arte da linguagem. Caso se considere a intuição separadamente e em si mesma, em oposição à arte da intuição, ela não é outra coisa que a simples presença dos objetos exteriores *diante dos sentidos* e a simples agitação da consciência das impressões que eles produzem. Com ela, a natureza inicia toda a instrução. A criança de colo a recebe da natureza, a mãe a ministra. Mas a arte não havia feito *nada* para manter o passo alinhado com a natureza. Em vão se apresentava à sua vista o mais belo espetáculo, a mãe que mostra o mundo à sua criancinha, a arte não aproveitou desse espetáculo absolutamente *nada em prol do povo*.

Eu quero, meu querido Geßner, transcrever aqui uma passagem que escrevi há tempos sobre esse ponto de vista e que me inspirou o sentimento dessa arte mencionada:

> Desde o momento em que a mãe toma a criança em seu colo, ela a instrui à medida que aproxima a seus sentidos os objetos que a

natureza apresenta espalhados, a grande distância e confusos, torna fácil, agradável e atrativa a ação da intuição e, por conseguinte, o conhecimento que depende dela.

Sem forças, sem formação, aderindo à natureza sem guia e sem auxílio, a mãe em sua inocência não sabe ainda o que faz. Não tem a intenção de instruir seu filho, ela quer unicamente acalmá-lo, ocupá-lo, mas ela segue, não obstante, a elevada marcha da natureza em sua mais pura simplicidade, sem saber *o que* a natureza faz através *dela*, e a natureza faz muitíssimo. Desse modo, abre o mundo a seu filho, prepara-o para fazer uso de seus sentidos e para o desenvolvimento precoce de sua atenção e de suas faculdades de intuição.

Se essa elevada marcha da natureza fosse utilizada agora, que se ligue a ela tudo o que puder ser ligado, que ao coração das mães se torne possível, com a ajuda da arte, continuar a fazer, com uma mais sábia liberdade, para a criança em crescimento, o que ela já fez para a criancinha, seguindo um cego impulso natural. E que também o coração do pai se empregue para essa finalidade, e que também se torne possível a ele, com a ajuda da arte, ligar todas as aptidões às condições e relações da criança necessárias para, através de um bom cuidado de seus interesses fundamentais, alcançar em toda sua existência satisfação interior consigo mesma. Quão fácil não seria contribuir tanto desse modo para elevar nossa espécie e cada indivíduo, em toda a amplitude de sua posição, mesmo em meio às dificuldades de sua condição desfavorável e todas as mazelas dessa época aviltante, garantir para si uma vida calma, pacata e prazerosa.

Meu Deus, que ganho seria para a humanidade! Mas aqui também mais uma vez não estamos adiantados como a mulher do Appenzell, que desde as primeiras semanas de vida de sua criança pendura sobre o berço um grande pássaro de papel pintado com muitas cores, assim indicando com precisão o momento no qual deveria principiar a arte de dar à criança uma consciência clara e sólida dos objetos da natureza.

Querido amigo, quem viu como um bebê de duas ou três semanas busca agarrar esse pássaro com os pés e as mãos, pensa quão fa-

COMO GERTRUDES ENSINA SUAS CRIANÇAS **209**

cilmente seria possível à arte depositar na criança, por meio de uma série de tais apresentações sensíveis, um fundamento universal da intuição sensível de todos os objetos da natureza e da arte que então gradualmente, por caminhos variegados, poderia ser mais bem precisado e cada vez mais largamente ampliado. Quem refletir sobre tudo isto e não sentir o quanto negligenciamos, não apenas por causa de nossa *rotina de educação* gótico-monástica, mas também o quanto esmorecemos por causa dessa rotina, que nos causa asco, para ele tudo está completamente perdido.

O pássaro do Appenzell é para mim o que o boi é para os egípcios, uma divindade. Fiz tudo para iniciar minha instrução no ponto do qual parte a mulher do Appenzell. Contudo, fui mais além: não abandonei ao acaso, nem no início, nem em toda a série dos meios de conhecimento, o que a condição da natureza e o amor maternal trazem aos sentidos da criancinha. Fiz tudo o que foi possível, desviando do que era *acidental*, para trazer aos sentidos da *própria* criança já nessa primeira idade o *essencial* de todos os conhecimentos intuitivos, e para tornar a consciência de sua impressão indelével.

O primeiro percurso do *Livro das mães* não é mais do que uma tentativa para elevar a intuição a uma arte e para conduzir as crianças, nos três campos elementares de seu conhecimento, *forma*, *número* e *palavra*, à consciência mais ampla de todas as intuições cujo conhecimento preciso formará mais tarde o fundamento de seu saber.

Esse livro não deve ser somente a exposição mais ampla possível dos objetos mais essenciais de nosso conhecimento, ele deve conter o material das séries contínuas desses objetos que são próprios para suscitar nas crianças, desde as primeiras intuições, o sentimento das suas relações múltiplas e de suas múltiplas similaridades.

O *Livro de soletração*, considerado desse ponto de vista, realiza o mesmo que o *Livro das mães*. O simples *escutar os sons* e a mera excitação da consciência das impressões recebidas pela *audição* é para a criança uma tão boa *intuição* quanto a simples disposição de objetos *diante dos olhos* e a simples excitação da consciência da impressão produzida no sentido da *visão*. Baseado nisto, dispus esse *Livro de soletração* de modo que seu primeiro percurso não seja nada senão uma *mera intuição*, isto é, consiste apenas no *esforço de apresentar ao sentido da audição da criança* a série completa de sons que mais tarde lhe servirá de fundamento para seus conhecimentos de linguagem, e tornar a consciência desses sons inapagável, na mesma idade em que eu, no *Livro das mães*, apresento ao sentido da visão os objetos visíveis do mundo, cujo conhecimento preciso deverá ser o fundamento de sua posterior sabedoria.

Esse mesmo princípio, a saber, elevar a intuição a uma arte, vale igualmente para o terceiro meio elementar de nossos conhecimentos. Também o número em si mesmo, sem o fundamento da intuição, é um disparate para nosso espírito. A criança deve conhecer a forma antes de estar em condição de concebê-la como uma relação numérica, isto é, como o fundamento de sua clara consciência do mais e do menos. Por esse motivo, apresentei à criança, no *Livro das mães*, ainda nessa tenra idade, múltiplas intuições dos dez primeiros números como dedos, garras, folhas, pontos e, depois, também triângulos, quadriláteros, octógonos etc.

Depois que fiz isto nos três campos e depois de ter fixado a intuição simples como o fundamento absoluto de todo conhecimento sensível, elevo novamente a *intuição*, em cada um desses campos, à *arte da intuição*, isto é, um meio de compreender os objetos da intuição como *objetos de meu juízo e de minhas aptidões artificiosas*.

Conduzo a criança nesse caminho, em relação ao primeiro meio elementar de nosso conhecimento, *a forma*, depois de tê-la familiarizado com esta, no *Livro das mães*, através de variegadas intuições de objetos e seus nomes, a um *ABC da arte da intuição*. Através deste deve a criança ser colocada em condição de poder dar-se conta por si mesma da forma dos objetos acerca dos quais o *Livro das mães* deu uma consciência *precisa*, mas *não definida*. Esse livro deve, então, em relação às formas de todas as coisas, levar a criança a conceitos determinados sobre a relação entre seu conteúdo e o quadrado, e desse modo a descobrir em toda a extensão desses âmbitos da instrução uma série de meios para passar de intuições obscuras a conceitos definidos.

COMO GERTRUDES ENSINA SUAS CRIANÇAS   211

Em relação ao segundo meio elementar de nosso conhecimento, o *número*, tomo o mesmo caminho. Depois de tentar no *Livro das mães* levar as criancinhas a uma clara consciência do conceito dos *dez primeiros números fundamentais*, busco, com a adição gradual de *uma unidade após a outra*, familiarizá-las com essas expressões do mais e do menos em todas as coisas, com a natureza do dois, depois com a do três e assim sucessivamente. Assim, levo a criança à intuição a mais clara possível dos elementos iniciais de todos os modos de calcular, e a familiarizo com as expressões que designam essas formas até que se tornem indeléveis. E apresento os princípios da arte do cálculo sobretudo em séries que não são, desde seus pontos iniciais, nada senão uma progressão psicológica mais segura e contínua dos juízos intuitivos gravados profundamente na criança a uma nova intuição que é um pequeno agregado que cresce apenas de 1 para 2, de 2 para 3 etc. O resultado dessa marcha assegurado pela experiência é que, quando as crianças compreenderem completamente os princípios de um modo de calcular qualquer, estão em condição de, sem auxílio posterior, progredir desse modo e caminhar tão longe até onde a série mesma os conduza, segundo sua natureza.

Com respeito a meus métodos é de se notar que ele conduz a tornar tão claro às crianças os fundamentos de uma área, de modo que, em cada grau de sua aprendizagem, devem elas se apropriar até a perfeição do que podem assim que, em cada caso, na medida em que tenham progredido, possam ser também vistas como professoras [*Lehrmeister*] de irmãos menores.

O essencial, no que concerne à simplificação e ao esclarecimento da instrução dos números, é isto: eu não apenas torno indelével a consciência da criança da verdade interior das relações numéricas, mas também uno a consciência da verdade da intuição com a verdade da doutrina das grandezas e, além disso, elevo o quadrado a um meio comum da arte da intuição e da arte do cálculo.

O terceiro elemento fundamental de nossos conhecimentos, a *linguagem*, é, com respeito à aplicação de meus princípios, o mais capaz de ampliação.

Se, de um lado, o conhecimento da forma e do número deve *preceder* o conhecimento da linguagem, e este último deve, em parte, surgir dos primeiros, por outro lado *o progresso* na *arte da linguagem* é mais rápido que na *arte da intuição* e na *arte do cálculo*. Na verdade, a *impressão da intuição* da forma e do número precede *a força da linguagem, mas a arte da intuição* e *a arte do cálculo* se seguem da *arte da linguagem*. A grande marca distintiva da particularidade e da elevada constituição de nossa natureza, *a linguagem*, começa a se desenvolver pela força do som, torna-se gradativamente do som formado a *palavra definida*, e da *palavra definida*, torna-se gradativamente *linguagem*. A natureza precisou de milhares de anos para dar a nosso gênero uma arte da *linguagem acabada*, e aprendemos em alguns meses essa arte para a qual a natureza empregou milhares de anos. Assim, precisamos, e não devemos fazer diferente, seguir o mesmo caminho que a natureza fez o gênero humano seguir. E aqui também ela partiu, incontestavelmente, da intuição. Já o som mais simples por meio do qual o homem se esforçava em expressar a impressão produzida nele por um objeto, era uma expressão da intuição. A linguagem do gênero humano, por muito tempo, não foi outra coisa que a *força do som unida à mímica*, que imitava os sons da natureza viva ou inanimada. Da *mímica* e da *força do som* passou a linguagem aos *hieróglifos* e às *palavras isoladas*, e durante muito tempo deu a objetos *particulares* nomes *particulares*. Esse estado da linguagem está expresso de modo elevado no Primeiro Livro de Moisés, capítulo II, versículos 19 e 20: "O senhor fez vir à presença de Adão todos os animais da terra e todas as aves do céu, para que os *visse* e os *nomeasse*. E Adão deu a cada animal seu nome".

Desde esse momento, a linguagem continuou a ampliar-se pouco a pouco. Ela *mostrou* primeiramente as características distintivas mais destacadas dos objetos e os *denominou*. Em seguida, chegou à designação das propriedades e, com estas, às denominações das distinções das *ações* e das *forças* das coisas. Muito mais tarde desenvolveu-se a arte de *tornar polissêmica uma mesma palavra particular*, de designar a unidade, a pluralidade, a grandeza de seu conteúdo, o muito e o pouco de sua forma e de número e, por fim, de expressar com precisão todas as modificações e propriedades de um objeto que são produzidas nele pela variação de tempo e espaço, através das modificações da forma e da composição da mesma palavra.

COMO GERTRUDES ENSINA SUAS CRIANÇAS **213**

Em todas essas épocas a linguagem tem sido para o homem um meio artificial não somente para *representar-se* os progressos do efetivo esclarecimento de suas múltiplas intuições, através da força do som, como também *para tornar indeléveis* as impressões daí recebidas.

A instrução da linguagem não é, segundo sua natureza, outra coisa que um conjunto de ganhos psicológicos para externar as impressões (sensações e pensamentos) e para *torná-las duráveis e transmissíveis* com todas as suas modificações, ligando a essas palavras impressões que, do contrário, seriam *fugidias e incomunicáveis.* Mas, em virtude da identidade eterna da natureza humana, isto é possível somente com a harmonização da doutrina da linguagem com a marcha originária com que a natureza eleva nossa força de linguagem a uma arte da linguagem que atualmente possuímos. Isto quer dizer que toda instrução da linguagem deve partir da *intuição*, deve tornar supérflua a *mímica*, por meio da arte da *intuição* e da *doutrina dos números*, deve substituir a imitação dos *sons da natureza viva e inanimada* por séries de *sons artificiais.* Em seguida, deve passar gradualmente da *doutrina do som*, ou antes, do *exercício geral do órgão* em todos os sons humanos possíveis, à doutrina da *palavra*, desta à *nomenclatura*, desta à *doutrina da linguagem*, e desta às modificações e combinações das palavras. Mas ela também deve, nessa gradação, manter o passo lento e progressivo que a natureza indicou no desenvolvimento dos povos em direção à arte da linguagem

Contudo, agora se pergunta: *como mantive a marcha da natureza* nos três períodos em que a natureza e a experiência dividiram o desenvolvimento da força da linguagem, em relação à *doutrina do som*, à *doutrina da palavra* e à *doutrina da linguagem*, e como harmonizei as formas de meus meios de instrução nesses âmbitos com esses três períodos? Dei à *doutrina do som* a maior amplitude de que ela era capaz, mantendo e designando as vogais como as verdadeiras raízes de todos os sons, e com a adição paulatina de consoantes isoladas antes e depois das vogais, e com isso tornei possível à criança de berço levar a uma sólida consciência esses extensos sons da linguagem e suas séries. Ainda fiz o possível com essa instrução para deixar preceder, às criancinhas, uma intuição *interna* a uma intuição *externa*, uma vez que esta última apresenta signos arbitrários dos sons para a criança, dado que assegurei à impressão causada no ouvido a prioridade sobre a impressão causada nos olhos, pois assim está disposto, em vista da doutrina do som, na natureza. E depois facilitei a instrução desse campo ordenando, nesse livro, as séries de sons de tal modo que cada som que se segue a outro tem com o precedente a mais alta semelhança e quase sempre *só* se diferencia pelo agregar de *apenas uma* letra. Assim, ascendo de uma perfeita aptidão do soletrar para a *doutrina da palavra*, desta para a nomenclatura e apresento à criança a palavra, no primeiro livro de leitura, em dicionários, também em séries que, aproximando o máximo possível a semelhança de suas formas, tornam o progresso do aprendizado da leitura um jogo facílimo à medida que agrego continuamente a essa palavra uma nova letra que tenha sido anteriormente gravada de modo profundo e pronunciada com familiaridade. Ao mesmo tempo, o *Livro das mães*, com as variegadas intuições que o fundamentam, ensina as crianças a falar e lhes esclarece as palavras que deve pronunciar.

O círculo incomensurável dos conhecimentos intuitivos acerca dos quais a natureza torna a criança consciente desde a mais tenra idade está psicologicamente encadeado e concentrado nesse livro, e a grande lei da natureza em virtude da qual o *próximo* se grava sempre mais profundamente na criança do que o *distante*, se une com esse princípio tão importante para a instrução: deixar a *essência das coisas* causar uma impressão muito mais forte que a sua constituição variável. A incomensurável extensão da linguagem e dos conhecimentos intuitivos se tornam, nesse livro, pela concentração e encadeamento psicológico dos objetos, facilmente compreensível. Apenas os objetos isolados da natureza são inumeráveis, mas suas diferenças essenciais não o são, e assim podem também os objetos, quando organizados de acordo com essas diferenças, se tornarem facilmente compreensíveis à criança.

Esses mesmos princípios eu subordino também à autêntica doutrina da linguagem. Minha gramática não é outra coisa senão uma série de meios destinados a conduzir a criança das intuições obscuras a conceitos definidos, por uma espécie de modificação na composição das palavras. Empreguei, para esse fim, a própria arte da escrita, na medida em que ela pode ser considerada como doutrina da linguagem, e busquei utilizar todos os meios que a natureza e a experiência depositaram em minhas mãos para o esclarecimento dos conceitos. Os experimentos empíricos que aqui realizei a esse respeito me mostraram sobretudo que nossa instrução monástica [*Mönchsunterricht*], negligenciando toda psicologia, não somente nos distancia desse objetivo último de todos os campos da instrução, como também opera de forma determinada para nos roubar os meios que a natureza oferece para o esclarecimento de nossos conceitos, mesmo sem o auxílio da arte, e tornar impossível o emprego desses meios pela corrupção de nosso íntimo.

Amigo, sobrepassa toda crença o grau de *nadificação* a que afundou toda a força real de nossa parte do mundo por causa da desnaturalidade de nossa instrução monástica e toda miséria de seus estudos fragmentados e isolados, e em que grau todo meio natural pelo qual nos elevamos pela intuição até os conhecimentos corretos e todo encanto estimulante do esforço para essa finalidade desapareceram entre nós porque esse ensino fragmentado nos fascinou com o cálice de uma linguagem que falamos sem ter nenhum conhecimento intuitivo de qualquer dos conceitos que deixamos passar pela boca. E digo ainda mais: o enxame de nossas escolas públicas não somente nada nos dá, pelo contrário, ela ainda apaga em nós o que a humanidade, sem escolas, tem por toda parte, e que cada selvagem possui em algum grau, do qual não temos a menor ideia. E digo ainda mais: o enxame de nossas escolas públicas não somente não nos dá nada como, pelo contrário, apaga ainda em nós o que a humanidade possui por toda parte, mesmo sem escolas, e que o selvagem possui em um grau do qual não temos nenhuma ideia. Esta é uma verdade que não se pode aplicar a nenhuma parte do mundo melhor do que à nossa, a nenhuma época melhor do que à nossa. Um homem a quem a arte monástica formou como um *louco de palavras* é tão *insensível* à verdade como um selvagem, e também tão incapaz como *nenhum outro homem* de fazer uso do direcionamento da natureza e utilizar o que ela faz para o esclarecimento de nossos conceitos. Essas experiências me conduziram ao que é hoje para mim uma convicção: a instrução pública e universal nas escolas da Europa é uma carruagem que não apenas deve ser mais bem conduzida, ela deve, antes, ser posta em uma rua inteiramente nova. Essas experiências me convenceram de que o fundamento do erro de nossa instrução se encontra na *corrupção da linguagem* de nossa época, e precisamos primeiro *matar e enterrar os charlatães* antes que seja possível, *através da instrução e da linguagem, retomar a verdade e a vida em nosso gênero humano.* É um discurso duro, e eu mesmo quase me pergunto: Quem irá ouvir? Mas as experiências nas quais se fundamenta esse discurso me levaram a dispensar com resolução todas as meias medidas e a deixar de lado na instrução elementar precisamente todos os livros didáticos em que haja uma única linha que pressuponha que a criança possa falar antes de ter aprendido a falar. E uma vez que todos os livros didáticos que estão escritos na conformação habitual da consumada arte da linguagem pressupõem isto, então, se eu tivesse alguma influência, precisaria agiria realmente sem nenhuma piedade com as bibliotecas escolares ou ao menos com os livros elementares que são destinados às crianças mais jovens.

Querido amigo, na primeira época da formação dos povos para a linguagem, a natureza simplesmente desconhecia as múltiplas e artificiosas construções da consumada arte da linguagem, e a criança compreende essas construções tão pouco como o bárbaro, e, como ele, apenas pouco a pouco, e através de constante exercício em construções *simples*, chega a compreender as construções *complexas*. Por causa disso, meus exercícios de linguagem seguem desde o princípio um caminho que consiste em investigar os elementos da própria linguagem, deixando de lado todo saber e todo conhecimento que só pode ser alcançado pela completa arte da linguagem. Para a criança se apropriar das vantagens da linguagem formada *deve seguir a mesma sucessão* que a natureza seguiu para elevar o gênero humano a esse nível.

Caro amigo, me ignorarão os homens também aqui? Serão também aqui poucos os que desejam junto a mim que eu consiga colocar um limite e uma barreira nessa louca confiança em palavras vazias de sentido que emasculam nossa época, que eu consiga tirar o peso da palavra e do som das ideias dos homens e restituir na instrução a gravidade que pertence à intuição e sua evidente superioridade sobre palavras e sons?

Sim, amigo! Durante muito tempo haverá poucos homens assim. O charlatanismo crescente de nossa época está muito ligado ao ganha-pão e ao apego aos costumes em dezenas, centenas de milhares de indivíduos. Será preciso que muito, muito tempo passe antes que nossos contemporâneos aceitem com amor em seu peito verdades que se opõem a seus sentidos endurecidos. Contudo, prossigo meu caminho e digo ainda uma vez mais: toda doutrina científica que é ditada, explicada e analisada pelos homens que *não aprenderam a falar e a pensar em harmonia com as leis da natureza*, toda doutrina científica cujas definições enfeiticem a alma da criança como um *deus ex machina*, ou melhor, como o ponto teatral que sopra em seus ouvidos, enquanto seguir essa marcha, necessariamente afundará em uma miserável comédia. Ali onde se deixam dormir as forças fundamentais do espírito humano e sobre elas se enxertam palavras, então formam-se visionários cujos sonhos são tanto mais quiméricos quanto mais grandiosas e presunçosas são as palavras enxertadas em sua miserável essência bocejante. Tais educandos sonham com tudo antes de sonhar que sonham e dormem, mas as pessoas despertas a seu redor percebem suas pretensões e os consideram, se forem espertas, como sonâmbulos.

A marcha que a natureza segue no desenvolvimento de nosso gênero é invariável. Não há nem pode haver *dois bons* métodos de instrução, existe apenas *um*, e este repousa em sua completude nas leis eternas da natureza. Mas existe uma *infinidade de maus métodos*, e a *má qualidade* de cada um destes *aumenta* conforme mais *se distancia das leis da natureza, e diminui* conforme se aproxima de sua *observância*. Sei muito bem que o único bom método não está nem em minha posse nem em posse de nenhum outro homem, mas

218 JOHANN HEINRICH PESTALOZZI

procuro, com a força que tenho em mãos, me aproximar desse único método bom e verdadeiro.

Quanto ao ajuizamento de todos os outros, tenho apenas uma regra: *por suas obras os conhecereis*.[1] Força humana e senso comum, força humana e engenho, tais são os resultados que exijo de todo método, tais são, para mim, as únicas garantias de seu valor próprio. Porém, quando o aprendiz carrega em sua testa a marca das forças naturais asfixiadas e a falta de sentido comum e engenho, eu condeno todo método ainda que tenham outras vantagens. Não contesto que um método desse tipo possa formar alfaiates, sapateiros, comerciantes e soldados, mas contesto que ele possa formar um alfaiate ou um soldado que seja um *homem* no sentido elevado da palavra. Quem dera os homens de uma vez por todas considerassem seriamente que o objetivo eterno de toda instrução não é nem pode ser outra coisa que o desenvolvimento das aptidões e de conceitos definidos. Partindo desse ponto de vista, quem dera que a cada passo no caminho da instrução se perguntassem: "Isto conduz realmente a esse objetivo?".

Volto a considerar outra vez aquele dos objetivos da instrução que examino neste momento. Conceitos definidos são, para a criança, somente aqueles para cuja clareza sua experiência não pode mais contribuir. Esse princípio decide, primeiramente, sobre a sucessão das forças e aptidões em desenvolvimento pelas quais se alcança o encaminhamento gradual da clareza de todos os conceitos. Em segundo lugar, decide sobre a sucessão dos objetos pelos quais se deve começar e progredir, com as crianças, nos exercícios com definições, e, por último, decide sobre o momento em que, para a criança, cada tipo de definição pode conter verdades efetivas.

É evidente que se deve *trabalhar*, com as crianças, a *claridade dos conceitos* através da instrução antes que se *possa pressupor nela a aptidão para compreender seu resultado*, os conceitos definidos ou, antes, sua exposição verbal.

O caminho para conceitos *definidos* consiste em ordenar apropriadamente, para seu entendimento, o *esclarecimento* dos objetos

---

1 Mateus, 7:16.

cuja definição se busca. Mas essa ordem consiste, por sua vez, na *união* de todos os meios de arte que permitem às crianças se expressar com precisão sobre as propriedades de todas as coisas e particularmente sobre a medida, o número e a forma de cada objeto. Por esse caminho, e por nenhum outro, a criança é conduzida às definições que lhe dão os conceitos das coisas a definir. As definições não são outra coisa que a expressão mais simples e mais pura dos conceitos definidos, mas elas só contêm, para as crianças, uma verdade efetiva, se estas têm consciência com grande e ampla clareza da base sensível desses conceitos. Se a ela falta, na mais determinada clareza da intuição, o objeto sensível que a define, então ela aprende apenas a jogar com as palavras que tira do bolso, enganar a si mesma e acreditar cegamente em sons cujo soar não lhe trará nenhum conceito ou não ocasionará nenhum outro pensamento senão o de que ela acabou de proferir um barulho.

Hinc illae lacrimae![2]

Os fungos crescem mais rápido nos montes de esterco quando o tempo está chuvoso, e, do mesmo modo, definições sem intuição rapidamente produzem uma sabedoria mofada que, ao sol, rapidamente morre, e que deve reconhecer o céu límpido como um veneno para sua existência. A pompa sem fundamento das palavras de uma tal sabedoria sem fundamento produz homens que acreditam ter alcançado a finalidade em todos os campos, porque suas vidas são um falatório sem fim sobre essa finalidade, mas eles não correm atrás dessa finalidade porque em suas vidas nunca sua intuição teve esse encanto atrativo que é essencial para gerar qualquer esforço humano. Nossa época está *cheia* de gente desse tipo, e repousa sobre uma sabedoria enfermiça que nos arrasta para a finalidade do saber *pro forma*, como paraplégicos em pistas de corrida, sem jamais poder tornar essa finalidade a sua finalidade antes que seus pés estejam curados. Antes de definir, é preciso saber descrever completamente. Algo que é para mim totalmente claro não signi-

---

2 "Daí estas lágrimas!".

fica que eu possa *defini-lo*, mas posso perfeitamente *descrevê-lo*, isto é, posso dizer precisamente como é constituído, mas não o que esse algo é: eu conheço meramente o objeto, o indivíduo, mas não posso indicar nem seu gênero nem seu modo. Não posso dizer com precisão como é constituído o que não é totalmente claro para mim, quanto mais o que é; não posso sequer descrevê-lo, quanto mais defini-lo. Se um terceiro coloca palavras em minha boca com as quais um outro, para quem a questão era clara, a explicou a *pessoas de sua estirpe*, não por isso ela se tornou clara para *mim*, embora seja *clara* e permaneça clara *para outra pessoa* e não *para mim*, pois as palavras desse outro não podem ser para mim o que são para ele: a expressão determinada da completa claridade de seu conceito.

A finalidade de conduzir o homem com arte psicológica e de acordo com as leis do mecanismo físico até os *conceitos claros* e o último meio para tanto, as definições, demanda um *encadeamento de todas as apresentações do mundo físico que precede essencialmente este último meio* e que progride paulatinamente da *intuição* dos objetos isolados para sua nomeação, de sua nomeação para a determinação de suas propriedades, isto é, para a força de sua descrição, e, da força de descrevê-la, para a força de *esclarecê-la* ou defini-la. Sabedoria na condução para a *intuição* é também, manifestamente, o *ponto de partida* a partir do qual se deve construir esse encadeamento para alcançar conceitos definidos, e é também evidente que a última maturação da finalidade de toda instrução, a clareza de cada conceito, depende igualmente e de forma essencial da completa força de seu primeiro germinar.

Onde, no vasto círculo da natureza operante, um objeto qualquer é formado em seu gérmen de forma incompleta, ali a natureza perdeu sua força de, através de um amadurecimento completo, levar esse objeto à sua perfeição. Tudo o que não é perfeito em seu gérmen torna-se, em seu crescimento, isto é, no desenvolvimento exterior de suas partes, aleijado, e isto é tão verdadeiro nos produtos do espírito como nos produtos da horta, tão verdadeiro para os resultados de cada um de nossos conceitos intuitivos como para a condição determinada de uma cabeça de repolho crescida.

COMO GERTRUDES ENSINA SUAS CRIANÇAS **221**

O principal meio para se proteger a formação humana do erro, das lacunas e da superficialidade consiste principalmente no cuidado de oferecer, sempre que possível, aos sentidos das crianças, quando das suas *primeiras intuições, as impressões iniciais dos objetos mais essenciais* de nosso conhecimento, de forma muito determinada, correta e ampla. Desde o berço das criancinhas deve-se começar a arrancar a condução de nosso gênero das mãos dos jogos cegos da natureza para confiá-la às mãos dessa força melhor que aprendemos a tirar da experiência de milhares de anos com a essência das leis eternas da natureza.

Você deve aprender a separar de forma essencial as leis da natureza em sua marcha, isto é, de suas operações isoladas, das apresentações dessas operações. Em relação a essas leis, a natureza é eternamente verdade, e para nós sempre o prumo de toda verdade, mas em relação a sua marcha em sua apresentação particular, ela não satisfaz o indivíduo do meu gênero e não é para ele uma verdade satisfatória. Consagrada ao todo, ela parece despreocupada em relação a cada criatura individual, e especialmente ao homem, cuja autonomia ela não deseja diminuir com nenhuma forma de tutela.

Nesse sentido, e em nenhum outro, deve-se entender quando a chamamos de despreocupada e cega, e sua demanda de que arranquemos de suas mãos a condução de nosso gênero. Mas nesse sentido é igualmente verdadeiro e urgente para meu gênero: quando você abandona a terra à natureza, ali grassam ervas daninhas e cardos, e quando você abandona a formação de seu gênero, ela não irá para nada além de uma intuição confusa, que não está ainda nem organizada para a sua faculdade de apreensão, nem para a de suas crianças, como é preciso para a instrução elementar.

Por isto não é nem ao bosque nem ao prado que se deve deixar a criança ir para aprender a conhecer árvores e plantas, pois aqui nem as árvores nem as plantas se encontram em séries que são as mais apropriadas para tornar intuitiva a essência de cada espécie e através da impressão do objeto preparar um conhecimento geral desse âmbito. Para conduzir a criança pelo caminho mais curto para a finalidade da instrução, isto é, conceitos definidos, você deve com o maior

222 JOHANN HEINRICH PESTALOZZI

cuidado apresentar, em cada âmbito do conhecimento, primeiramente aqueles objetos que têm os sinais distintivos mais essenciais, visíveis e notáveis do âmbito ao qual pertencem, e que por isso são especialmente apropriados para mostrar sua essência distinta de suas propriedades mutáveis. Caso se negligencie isto, então você faz a criança considerar, à primeira visada do objeto, as propriedades mutáveis como essenciais, e desse modo se atrasar, ao menos no conhecimento da verdade, e perder o caminho mais curto em cada âmbito para passar de intuições obscuras a conceitos definidos.

Esse erro, contudo, foi evitado nesse modo de instrução, pois as séries nas quais todos os objetos de todos os âmbitos de sua instrução são levados à intuição da criança são, desde o princípio, ordenadas de tal modo que a impressão da essência de cada objeto começa, já na primeira destas, a elevar-se acima da impressão de suas propriedades. Assim, a partir já dessa primeira impressão, a criança aprende a subordinar as propriedades variáveis do objeto à sua essência, e caminha assim incontestavelmente pela via segura na qual, a cada dia, se desenvolve sua força para enlaçar, com a maior simplicidade, todas as propriedades acidentais dos objetos com a consciência profunda de sua essência e verdade interior para ler assim em toda a natureza como lê em seu livro aberto. Ora, do mesmo modo que uma criança abandonada a si mesma lança um olhar ao mundo sem entendê-lo e, pelos fragmentos de conhecimento isolados que encontrou, se afunda diariamente de erro em erro, por outro lado ascende dia a dia, de verdade em verdade, a criança que desde o berço foi conduzida por esse caminho. Tudo o que há, ou pelo menos, toda a esfera de experiência na qual vive, se liga com pureza e amplitude à sua força interior, e nessa medida ela não tem o erro como base de sua opinião. As primeiras causas da ilusão são ambas, na natureza de suas opiniões e em si mesma, suspensas, e em seu íntimo não se organizou nenhuma inclinação para o erro organizado de forma artificial e escolar, e o *nihil admirari*[3] que logo se manifesta como pretensão dos velhos, e com essa con-

---

3 Em latim no original, "nada admirar".

COMO GERTRUDES ENSINA SUAS CRIANÇAS **223**

dução se torna a herança da inocência e da juventude. A realização do fim último da instrução, conceitos claros – que nos conduzem à afirmação de que não conhecemos *nada* ou conhecemos *tudo*, o que é o mesmo –, é inevitável, se a criança é capaz e tem as disposições humanas. Para alcançar esse elevado objetivo, para organizar e dispor seguramente esses meios, e sobretudo para dar as primeiras impressões da intuição dos objetos sensíveis com amplitude e determinação essencialmente exigidas, e para construir sobre esse fundamento séries contínuas de nossos meios de conhecimento protegidas do erro generalizado e fundamentando universalmente a verdade, tive sempre em vista, em especial no *Livro das mães*, as mais amplas exigências dessa finalidade e, amigo, eu consegui, cheguei a fortalecer de tal modo, com esse livro, as faculdades sensíveis de conhecimento de minha natureza, que prevejo que a criança que seja conduzida de acordo com ele poderá deixar o livro de lado e buscar na natureza e em tudo que a rodeia um guia melhor para encontrar a minha finalidade do que aquele que eu forneci.

Amigo, o livro não existe ainda e eu já o vejo desaparecer novamente por seu próprio efeito!

Carta 11

Querido amigo, as palavras com as quais terminei minha última carta são grandiosas, e hoje eu digo ainda mais: a arte da condução à finalidade da instrução que até aqui descrevi é apenas um refinamento da marcha sensível da natureza para alcançar minha finalidade, mas é possível ainda um meio mais elevado para tal, é uma elevada completude desse aperfeiçoamento da marcha sensível da natureza, é uma pura marcha do entendimento, é a pura formação do entendimento [*Verstandesbildung*].

É possível à minha natureza elevar todas as oscilações na intuição humana a uma verdade determinada, é possível a ela arrancar da própria intuição a oscilação de sua mera sensibilidade, e transformá-la em obra da mais elevada força de meu ser, em obra do entendimento. A arte enobrecida como auxílio da natureza pode agregar à força de intuição vívida do selvagem não somente o mero mecanismo de minha sensibilidade, é possível a ela associar a essa vívida força de intuição também a força de minha razão, a ela é possível unir o restabelecimento dessa vívida força da intuição ainda com a mais sublime doutrina de meu gênero, com a doutrina da verdade completamente certa.

Querido amigo, se minha vida tem algum valor, então este é o de ter feito do quadrado a base de uma doutrina da intuição [*Ans-*

226 JOHANN HEINRICH PESTALOZZI

chauungslehre] que o povo jamais teve. Com isto forneci ao fundamento de nossos conhecimentos uma série de meios artificiosos que até então apenas os meios de instrução a ela subordinados, a linguagem e o número, tinham, mas que faltava à própria intuição. Harmonizei entre si intuição e juízo, o mecanismo sensível e a marcha do entendimento puro, e assim, através desse método, coloquei de lado o variegado caos de milhares de verdades isoladas, reconduzindo a instrução à verdade.

Amigo, eu realmente não sabia, vinte anos atrás, até onde chegariam as seguintes palavras que coloquei no prefácio a *Leonardo e Gertrudes*: "Eu não tomo parte nenhuma nas controvérsias dos homens sobre suas opiniões. Mas o que pode torná-los piedosos, honestos, confiáveis e respeitáveis, o que pode trazer a seu coração o amor a Deus e ao próximo, e a suas casas a felicidade e a bendição, tudo isto, penso, está fora de controvérsia e foi colocado, em todos nós e para todos nós, em nossos corações".

Hoje meu método faz dessa passagem, em certa medida, uma realidade na qual eu não poderia então pensar. Atualmente é incontroverso que com esse método não tomo parte nas controvérsias dos homens, não ensino com ele uma verdade, nem um erro, ele não estende sua circunscrição nenhum passo além do que é incontroverso, não toca de nenhum modo alguma opinião sobre a qual os homens estejam em conflito, ele não é a doutrina das verdades, é a doutrina da verdade e unifica as consequências da necessidade física que o mecanismo de minha arte alcança com a certeza absoluta de meu juízo.

Amigo, não há em minha alma nenhuma pretensão, não desejei durante toda minha vida e não quero hoje outra coisa que o bem do povo que eu amo e cuja miséria sinto como poucos a sentem, pois suportei com ele seus sofrimentos como poucos. Entretanto, quando digo que existe um mecanismo cujos resultados são uma necessidade física, não digo por isso que eu tenha desenvolvido em toda sua amplidão as leis desse mecanismo, e quando digo que há na instrução uma marcha do entendimento puro, não digo por isso que tenha apresentado em toda sua elevada perfeição as leis dessa marcha. Em toda apresentação do meu fazer, busquei sempre muito mais tornar clara a certeza de meus princípios do que estabelecer a atividade altamente inibida de minha individualidade oscilante como parâmetro para o que pode e deve provir para o gênero humano do completo desenvolvimento desses princípios. Eu mesmo não sei, e a cada dia sinto mais o quanto não sei.

O que em todas as minhas exposições é teoria e juízo não é absolutamente nada senão a consequência de uma empiria [*Empirik*] limitada e laboriosa no mais alto grau e, devo admitir, de uma rara felicidade. Não devo e não quero calar: se o homem a quem as pessoas capazes, ou pelo menos as consideradas como tais, haviam declarado unanimemente *incapaz* de fazer qualquer coisa até nos umbrais da *velhice*, se esse homem, desde sempre presa da desgraça e da infelicidade, não tivesse podido, enfim, *chegar a ser mestre-escola*, se Buß, Krüsi e Tobler não tivessem vindo em meu auxílio com uma força que eu nunca esperaria, para remediar meu desamparo inominável em toda arte e em toda aptidão, então minha teoria sobre esse assunto, como as brasas de um vulcão em atividade que não pudessem chegar à erupção, teria se extinguido dentro de mim, e eu seria levado a meu túmulo como se fosse um *estúpido visionário* sobre o qual não há nenhum juízo mais suave, apenas *incompreendido* pelos bons e *desprezado* pelos maus. E meu único mérito, *minha vontade*, minha vontade inflexível e nunca contida, os esforços de meus dias, o *sacrifício de minha vida para o bem-estar do povo*, até a minha própria morte, seriam hoje pilhérias de alguns boçais sem que tivesse um único amigo que ousasse fazer justiça a minha memória ultrajada. Eu mesmo não teria me feito justiça, não o teria podido e teria descido ao sepulcro furioso comigo mesmo e desesperado com a miséria, *tanto a minha como a do povo*. Amigo, eu não poderia ter conservado, com esse colapso, senão a triste força de acusar-me por meu destino, e não poderia ter feito diferente, teria imputado a mim unicamente a culpa por minha derrocada, e a pavorosa imagem da minha vida seria então, a meu ver, como uma sombra única e completa sem um único raio de luz.

Amigo, imagina meu coração, meu desespero e essa imagem da sombra, e o pensamento de que, com minha nulificação, eu teria destruído o objetivo de minha vida, e é verdade, eu o teria realmente, por minha própria culpa, destruído, e o teria realmente perdido. Foi Deus que me mostrou novamente esse objetivo, depois de eu o ter perdido. Mil vezes o teria perdido, mesmo se parecesse que, como a uma criança, tivessem colocado em minhas mãos os meios para alcançá-lo. Ah! Eu me comportei por muito tempo como ninguém se comportou, e por muito tempo me aconteceu o que a ninguém aconteceu. Não apenas havia obstáculos a meus objetivos em minha falta completa de aptidões práticas não formadas, desde minha infância, mas também uma gritante desproporção entre a extensão de minha vontade e a limitação de minhas forças. A cada ano me tornei mais e mais incapaz para tudo o que parecia absolutamente necessário para a realização exterior de meu objetivo.

Mas é culpa minha que o curso de uma vida, sempre e de novo *pisoteada*, já não me deixasse de há muito, em nenhuma parte, seguir o caminho do coração não despedaçado? É culpa minha que a atenção dos felizes, ou ainda daqueles que são apenas não miseráveis, desde muito se apagou completamente de minha alma como os rastros de uma ilha submersa nas profundezas? É culpa minha se, ah, desde muito tempo os homens ao meu redor não viram em mim e no que me rodeava senão um cadáver sangrento, pisoteado, jogado na rua e que não sente mais a si mesmo, no qual o objetivo de sua vida, tal como uma espiga entre espinhos, cardos e juncos não germina senão sempre muito lentamente, sempre com o perigo da morte e da asfixia? É minha culpa que o objetivo da minha vida hoje me pareça como um rochedo nu em meio às ondas e que, lavado eternamente pelo avanço das águas, perdeu até o último vestígio da bela terra que antes o cobria?

Sim, amigo, é culpa minha, e o sinto profundamente e me enterro no pó, certamente não por causa dos juízos dos homens vis, que zunem ao redor de mim como um enxame de vespas irritadas, mas sim diante da imagem de mim e da dignidade interior à qual eu poderia ter me alçado se tivesse sido capaz de me elevar em meio à noite eterna de minha vida perdida por sobre meu destino e por sobre o horror dos dias nos quais certamente tudo o que engrandece

COMO GERTRUDES ENSINA SUAS CRIANÇAS **229**

e eleva a natureza humana desaparecia a meu redor. E tudo, tudo que a turva e a torna indigna, caía sobre mim inexorável e ininterruptamente, e com toda a violência despencava sobre a fraqueza de meu coração e não encontrava em minha cabeça nenhum contrapeso a todas as impressões que o destroçavam. E, ainda assim, é minha culpa, amigo! Minha infelicidade é minha culpa. Eu teria podido, eu teria *devido* e, me permita dizer, eu desejei, desejei elevar-me sobre meu destino – se se pode chamar de *querer* o que não pude *realizar*. É verdade também que envelheci, e a miséria de meus dias me trouxe à beira de meu caixão antes que a derrocada total de meus nervos, por fim, destruísse completamente meu equilíbrio e a última rebelião de meu ser por fim me fizesse desprezar a mim mesmo e ao gênero humano.

Amigo, uma mulher, maior que qualquer homem, uma mulher, que durante uma vida excedeu em infelicidade a minha miséria, apenas se enobreceu e nunca se tornou indigna, viu a proximidade de minha queda há muito tempo e respondeu às palavras da minha insanidade, *"pouco importa!"*, o seguinte: *"Ó, Pestalozzi, quando um homem chega a pronunciar essas palavras de desespero, que Deus o ajude, ele não pode mais ajudar-se a si mesmo"*.

Vi seu olhar de tristeza e preocupação quando ela assim me advertiu, e, amigo, mesmo que eu não tivesse outra culpa no naufrágio do melhor de mim além de ter ouvido essas palavras e me esquecido delas, minha culpa seria maior que a culpa de todos os homens que não puderam presenciar essa virtude nem ouvir essas palavras.

Amigo, permita-me agora por um momento esquecer minha obra e meu objetivo e me abandonar por completo ao sentimento de tristeza que me acomete, pois ainda vivo e já não sou *eu mesmo*. Perdi tudo, perdi *a mim*. E ainda assim, tu, ó Senhor!, conservaste em mim as aspirações de minha vida, e não destruíste, diante de meus olhos, o objetivo pelo qual padeci, como destruíste o objetivo de milhares de homens que corromperam seus próprios caminhos, a seus próprios olhos e aos meus. Conservaste o trabalho de minha vida em meio à minha derrocada, e, em meu desesperançoso e decrépito envelhecer, deixaste cair ainda um crepúsculo cuja amável vista compensou todos os meus sofrimentos. Senhor, não sou digno da misericórdia e da confiança que Tu me demonstras! Tu, apenas Tu te compadeceste da lesma pisoteada, apenas Tu não quebraste o galho dobrado, apenas Tu não apagaste o pavio candente e Teu rosto não se afastou, até a minha morte, da oferenda que desde minha infância quis trazer aos desamparados da terra e que jamais pude trazer.

Carta 12

Querido amigo, minha emoção não me permitiu falar mais em minha última carta, deixei minha pena de lado, e fiz bem. O que são palavras quando o coração se inclina para um sombrio desespero ou quando se eleva pelo mais deleitoso sentimento até as nuvens? Amigo, o que são as palavras fora dessas alturas e dessas profundidades?

Vejo no eterno nada da característica mais elevada do gênero humano e, por sua vez, também na sublime força desse eterno nada, *na palavra do homem*, a marca [*Brandmal*] da limitação excessiva do invólucro em que meu espírito aprisionado se debilita. Vejo nesse nada a imagem da inocência perdida de nosso gênero, mas também a imagem da vergonha que a sombra dessa santidade perdida que se faz sempre mais forte em mim, enquanto sou digno dela. Enquanto sou digno, sempre cresce em mim uma força para buscar novamente o que foi perdido e a me recompor novamente em meio à minha corrupção. Amigo, enquanto o homem é digno da sublime característica de seu gênero, a linguagem, enquanto ele carrega consigo a vontade pura de se enobrecer por meio dela, a linguagem é para ele um elevado templo de sua natureza. Mas, quando não é mais digno dela, quando faz uso dela sem a vontade de enobrecer-se, a linguagem é o primeiro meio de sua decadência, um pobre auxiliar de suas

232 JOHANN HEINRICH PESTALOZZI

múltiplas misérias, fonte inesgotável de um sem-número de ilusões, um lamentável manto para seus crimes. Amigo, é uma verdade espantosa, mas ainda assim uma verdade: nos homens corrompidos, sua própria corrupção aumenta pela linguagem. Através dela, as misérias dos miseráveis se tornam ainda maiores; por ela, a noite dos errantes se torna ainda mais escura; através dela, os crimes dos pérfidos se tornam ainda mais graves.

Amigo, na Europa, a degeneração aumenta pelo falatório [*Maulbrauchen*]! É imprevisível para onde conduzirão os catálogos de livros sempre crescentes, uma geração cujas fragilidades, confusões e violências chegaram ao ponto em que já estão, e que nós vemos.

Mas retomo meu caminho. Nas investigações empíricas sobre meu tema não parti de nenhum conceito positivo de ensino [*positiven Lehrbegriff*]. Eu não conhecia *nenhum*, e me perguntei de forma muito simples: o que você faria se quisesse apresentar a uma única criança todo o conjunto daqueles *conhecimentos* e *aptidões* das quais ela precisaria para *alcançar um bom cuidado de suas questões mais essenciais e a satisfação íntima consigo mesma*?

Mas agora vejo que em toda a sequência de cartas que enviei a você, apenas considerei os primeiros pontos de vista da questão sobre a condução da criança ao *conhecimento*. Contudo, de nenhum modo considerei sua condução às *aptidões*, na medida em que estas não são propriamente aptidões dos âmbitos da instrução. E, contudo, as aptidões que o homem necessita para chegar à satisfação íntima de si mesmo estão longe de se limitar àqueles âmbitos que a essência do meu método de instrução [*Unterrichtswesens*] me obrigou a abordar.

Não posso deixar essas lacunas intactas: é talvez o presente mais terrível que o gênio mais hostil deu à época: conhecimento sem aptidões.

Homem sensível! Você, criatura física que de tanto necessita e tudo deseja, você deve, por causa de seus desejos, de suas necessidades, conhecer e pensar, mas também, por causa desses mesmos desejos e necessidades, você deve também agir. Pensamento e ação devem estar em uma tal relação como o rio e a fonte: quando cessa

COMO GERTRUDES ENSINA SUAS CRIANÇAS **233**

um, o outro também se detém, e vice-versa. Mas isto não pode ocorrer nunca se as *aptidões*, sem as quais é impossível a satisfação de seus desejos e suas necessidades, não foram formadas em você com a mesma arte, e não se elevam com a mesma força com que seu conhecimento distingue entre os objetos de suas necessidades e os de seus desejos. Mas a formação [*Bildung*] de tais aptidões reside nas mesmas leis mecânicas que fundamentam a formação de nossos conhecimentos.

O mecanismo da natureza é um e o mesmo nas plantas viventes, nos animais meramente sensíveis e também nos sensíveis, mas capazes de vontade, os homens. Ele sempre é igual a si nos *três* resultados que pode produzir em mim. Em primeiro lugar, suas leis podem operar apenas de modo meramente *físico*, assim como em toda natureza animal, sobre meu ser físico. Em segundo lugar, elas operam em mim *determinando as causas físicas de meu juízo e minha vontade*, e nesse aspecto são o fundamento sensível de minhas ideias, minhas inclinações e minhas decisões. Por fim, em terceiro lugar, elas operam sobre mim *permitindo-me adquirir as aptidões físicas cuja necessidade sinto pelo meu instinto*, reconheço pela minha inteligência e cuja aprendizagem imponho pela minha *vontade*. Mas, também nesse aspecto, a arte deve tirar das mãos da natureza sensível, ou antes, de suas condições acidentais em relação a cada indivíduo, a formação de nosso gênero, e colocá-la nas mãos da inteligência, das forças e ações que já há séculos deu-nos a conhecer para nossa vantagem.

Individualmente, o homem não perdeu o sentimento dessas necessidades essenciais de sua formação, o instinto de sua natureza, junto com os conhecimentos que ele tem, o impele a esse caminho. O pai não abandona seu filho à natureza, assim como o mestre a seu aprendiz, mas os governantes enganam o homem sempre e cada vez mais. O instinto não impele ao agrupamento dos homens, e quando ele não opera, cada verdade goza sempre apenas de metade de seus direitos.

É verdade que não se pode responsabilizar um pai pelo seu filho, um mestre pelo seu aprendiz, mas se pode responsabilizar um go-

234 JOHANN HEINRICH PESTALOZZI

verno pelo povo. Em relação à formação de aptidões que o homem necessita para que, com um bom cuidado de seus assuntos mais essenciais alcance uma satisfação íntima, o povo da Europa não goza de nenhuma influência pública e geral do governo. Não goza de nada em relação a uma educação pública [öffentliche Bildung] para aptidões, exceto para a de matar homens. A organização militar devora tudo o que se deve ao povo, ou antes, tudo o que o povo deve a si mesmo.

Ela devora tudo o que se extrai e que se deve extrair dele em uma progressão cada vez mais crescente, porque não se compreende a razão para tal. Mas isto que se diz e não se cumpre nunca é de uma natureza tal que, se fosse cumprido, o que se lhe retira se transformaria em justiça, e a miséria do povo, em consequência da justiça, deveria se transformar em tranquilidade e felicidade pública. Mas agora se arranca da viúva o pão que ela tira de sua própria boca para dar a seu filhinho sem nenhuma utilidade nem finalidade para o povo, mas sim contra seu bem, para tornar legais, e de acordo com a lei, a injustiça e a indignidade, com o mesmo espírito que se arrancava o pão da viúva e do órfão para tornar canônico e eclesiástico o nepotismo. Nos dois casos, o nepotismo espiritual e a injustiça mundana, o mesmo meio foi utilizado, sobrecarregar o povo de obrigações e encargos, ambos sob a justificativa do bem-estar público, um para a salvação da alma, o outro para sua felicidade temporal, e ambos se efetivaram por sua notória e essencial aplicação contra a salvação da alma e contra a felicidade temporal do povo.

O povo da Europa é órfão e miserável, e a maior parte dos que estão perto o suficiente dele para poder socorrê-lo tem sempre alguma outra coisa para fazer do que pensar no que ocasiona o bem-estar do povo. Em estábulos, e junto a gatos e cachorros, você pensaria e até acreditaria que são humanos, mas não o são para com o povo. Em relação ao povo, muitos deles não são humanos, eles não têm coração para o povo, vivem dos rendimentos da terra, mas em uma ininterrupta negligência sobre a condição que esses rendimentos criam, não sabem absolutamente nada até que grau a sempre crescente arrecadação de impostos e os erros de arrecadação, não

COMO GERTRUDES ENSINA SUAS CRIANÇAS **235**

sabem absolutamente nada até que grau a eterna diminuição da confiança no emprego dessas rendas, não sabem nada até que grau a sempre crescente falta de responsabilidade no mau uso dos bens públicos, e com isso o terrível crescimento da debilitação física, seguramente não *de jure*, mas *de facto*, de homens e classes de homens irresponsáveis que querem lavar suas mãos manchadas nesses rendimentos, torna o povo indigno, confuso, apático e desumano. Não sabem nada em que grau a necessidade de uma profissão é agora tão grande, não sabem nada em que grau as dificuldades para ser religioso e honrado neste mundo e para deixar suas crianças, quando morrer, em uma boa condição, crescem dia a dia. Menos ainda conhecem a desproporção entre o que o seu poder demanda do pobre no campo e os meios que lhe deixam para adquirir até mesmo o que exigem dele.

Eis, meu querido amigo, aonde me conduz minha santa simplicidade!

A formação das aptidões físicas, assim como a formação das ideias essenciais, que o Estado deveria fornecer de maneira ampla e poderia proporcionar facilmente ao povo, se baseia, como todo ensino, em um mecanismo de apreensão profunda, em um *ABC da arte*, isto é, sobre regras artificiosas gerais cuja observância poderia formar a criança em uma série de exercícios, progredindo gradualmente da mais simples até a mais intricada aptidão, que deveriam resultar, com segurança física, em garantir uma facilidade crescente dia a dia em todas as aptidões necessárias exigidas para sua formação.

Mas esse ABC também não foi encontrado. Muito naturalmente, é raro que se encontre o que ninguém busca. Mas seria tão fácil encontrá-lo: ele deve partir das manifestações mais simples das forças físicas que contêm as bases das mais complexas aptidões humanas. Golpear, carregar, arremessar, empurrar, puxar, tirar, torcer etc. são as mais notáveis exteriorizações de nossas forças físicas. Essencialmente diferentes umas das outras, compreendem em seu conjunto, e cada uma em si, as bases de todas as aptidões possíveis, inclusive as mais complexas, nas quais residem as ocu-

236 JOHANN HEINRICH PESTALOZZI

pações humanas. O *ABC das aptidões* deve, assim, evidentemente, começar desde cedo com exercícios estabelecidos e dispostos psicologicamente, se aplicando a todas as aptidões em geral e a cada uma em particular.

Mas, assim como no *ABC da intuição* estamos muito atrás da *mulher do Appenzell* e da arte de seu pássaro de papel, no *ABC das aptidões* estamos muito abaixo dos mais *miseráveis selvagens* e sua arte para golpear, arremessar, empurrar, pegar etc.

É certo que a série graduada de exercícios, desde os iniciais até sua completa arte, isto é, até o mais alto grau desse ritmo nervoso que garante centenas de variações do golpear, do empurrar, do impulso e do arremesso, e que assegura os movimentos contrários e concorrentes das mãos e dos pés, tudo isto são para nós apenas castelos de areia *em relação à educação popular*. O motivo é claro: não temos senão escolas de soletração, de escrita, de catecismo, e precisamos de *escolas de homens* [*Menschenschulen*]. Mas estas não servem aos princípios do nepotismo e da injustiça que são a razão de ser do emprego rotineiro de nossas receitas públicas. E ao mesmo tempo elas não se podem unir com as disposições nervosas particulares das pessoas que tomam para si, nesta parte do mundo, a maior parcela dos resultados do nepotismo e da injustiça.

O mecanismo das aptidões segue absolutamente a mesma marcha daquele do conhecimento, e seus fundamentos são, em vista da autoformação [*Selbstbildung*], talvez muito mais amplos do que os fundamentos dos quais provém nosso conhecimento. *Para poder*, devemos em cada caso agir, para conhecer, *precisamos* em muitos casos apenas nos comportar passivamente, precisamos em muitos casos apenas ver e ouvir. Ao contrário, no tocante a nossas aptidões, somos não apenas o centro de seu desenvolvimento como, em muitos casos, ainda determinamos sua aplicação externa, ainda que sempre dentro dos limites que as leis do mecanismo físico estabeleceram para nós. Se no imenso mar da natureza morta, situações, necessidades, relações determinaram o aspecto individual específico de cada coisa, no mar imenso da natureza viva que produz o desenvolvimento de nossas forças, situações, necessidades, relações, determinam o específico dessas aptidões das quais temos particularmente necessidade.

A partir desses pontos de vista, deve-se então determinar essencialmente a aplicação da força de nossas aptidões, e todo direcionamento que na aplicação de nossas forças e aptidões nos afasta do ponto central no qual se apoia nosso cuidado pessoal para tudo o que o homem está obrigado, durante toda a extensão de sua vida, a realizar, a suportar, a adquirir e prover. Todo direcionamento que nos rouba as particularidades específicas das aptidões necessárias exigidas de nós pela situação da própria localidade e personalidade, ou nos coloca em desacordo com essa situação ou de algum modo nos torna inúteis, deve ser considerado como um desvio das leis da natureza, na contramão da boa arte de formação [*Kunstbildung*] humana, da harmonia de mim comigo mesmo, e com tudo o que é, consequentemente, um obstáculo à minha autoformação, minha formação profissional, ao desenvolvimento da consciência do dever, e como desvio enganoso que põe em risco a minha própria essência, um desvio da pura e amorosa ligação à verdade efetiva de minha individualidade, de minhas relações positivas.

Um tal modo de instrução [*Unterrichtsweise*] que carrega em si a semente de tal mal para a vida cheia de obstáculos do homem deve ser, para cada mãe e cada pai que carrega no coração a tranquilidade da existência de suas crianças, tanto mais causa de terror, uma vez que todos os males incomensuráveis de nosso pseudoesclarecimento [*Scheinaufklärung*] sem fundamento e a miséria da nossa miserável revolução de mascarada têm de procurar sua fonte principalmente nos erros desse tipo, que há gerações se encontram na instrução e na não instrução [*Nichtunterricht*] de nosso povo.

Assim, a condução psicológica para o desenvolvimento de nossa faculdade de conhecer deve estar fundado em um *ABC da intuição*, e deve guiar a criança para se elevar, seguindo os fios desse fundamento, à mais alta pureza dos conceitos definidos. Deve-se também, do mesmo modo, para a formação das aptidões, nas quais repousam a fundação sensível de nossa virtude, encontrar um ABC do desenvolvimento dessa força que sirva de fio condu-

238   JOHANN HEINRICH PESTALOZZI

tor para guiar uma preparação sensível da disposição física exigida pela sabedoria e virtudes da vida de nossa espécie, e que devemos reconhecer como as faixas-guia [*Gängelband*] de nosso tempo de aprendizado da virtude até que nossa sensibilidade enobrecida por essa condução torne as faixas-guia desnecessárias e tenhamos nos elevado à autonomia da virtude perfeita e madura.

Nessas perspectivas se desenvolve a única forma que pode ser reconhecida como uma forma de formação [*Bildungsform*] do gênero humano para a virtude. Trata-se de passar de aptidões perfeitas para o reconhecimento das regras, assim como as formas de formação da compreensão passam de intuições perfeitas para conceitos definidos e, destes, em sua expressão discursiva, até as definições. Disto se segue também que o uso prematuro das definições antes da intuição torna os homens uns loucos pretensiosos, assim como os esclarecimentos sobre a virtude antes das aptidões exercitadas na virtude conduzem os homens ao vício pretensioso. Não acredito que aqui a experiência me contradiga. As lacunas na formação sensível para a virtude não poderiam ter outra consequência senão as lacunas na formação prática para a ciência.

Mas aqui me vejo no início de um problema muito mais grave que acreditava ter solucionado, me vejo no início deste problema:

"Como pode a criança ser formada, tanto em vista da essência de sua destinação [*Bestimmung*], como em vista das variações de sua condição e de suas relações, de tal modo que, o que, no decorrer da sua vida, a necessidade e o dever demandem, se torne facilmente e sempre que possível uma segunda natureza?"

Encontro-me no ponto inicial da tarefa de fazer da criança que ainda veste suas roupinhas a mulher que satisfará seu marido, a grande mãe que estará à altura de sua posição; encontro-me no ponto inicial da tarefa de fazer da criança que ainda veste suas roupinhas, o homem que satisfará sua mulher, o grande pai que estará à altura de sua posição.

Que tarefa, meu amigo, tornar o espírito de seu chamado futuro, para os filhos dos homens, uma segunda natureza! E que tarefa ainda mais elevada, levar ao sangue e às veias os meios sensíveis de facilitação de uma disposição de ânimo virtuosa e sábia, antes que os prazeres efervescentes do livre desfrutar da natureza tenham estragado profundamente o sangue e as veias para a sabedoria e a virtude.

Amigo, também esse problema está *solucionado*. As mesmas leis do mecanismo físico que desenvolvem em mim os fundamentos sensíveis da *sabedoria* desenvolvem também os meios de facilitação da minha virtude. Mas, agora, amado amigo, não é possível entrar em detalhes sobre essa solução, o que reservo para outro momento.

Carta 13

Amigo, isto teria, como já disse, me levado muito longe se eu quisesse entrar nos detalhes dos princípios e das regras sobre as quais repousa a formação [*Bildung*] das mais essenciais aptidões práticas para a vida. Entretanto, não quero terminar estas cartas sem tratar da pedra angular de todo meu sistema, quero dizer, sem abordar a questão: como a essência da *piedade* se liga aos princípios que, de modo geral, tomei como verdadeiros do ponto de vista do desenvolvimento do gênero humano?

Busco também em mim a solução da minha tarefa, e me pergunto: como brota o conceito de Deus em minha alma? Como é possível que eu acredite em um Deus, que me lance em seus braços, que me sinta feliz ao amá-lo, quando confio nele, quando lhe agradeço, quando lhe obedeço?

Logo observo que os sentimentos de amor, confiança, gratidão e a prontidão para obedecer devem já estar necessariamente desenvolvidos em mim antes que eu os possa aplicar a Deus. É preciso que eu ame os homens, é preciso que tenha confiança nos homens, é preciso que tenha gratidão aos homens, é preciso que saiba obedecer aos homens antes que possa elevar minha alma a Deus, amar a Deus, agradecer a Deus, confiar em Deus, obedecer a Deus: "Pois

242 JOHANN HEINRICH PESTALOZZI

quem não ama a seu irmão, ao qual viu, como pode amar a Deus, a quem não viu?".[1]

Então eu me pergunto: Como posso amar aos homens, confiar neles, ter gratidão a eles, obedecer-lhes? Como são possíveis os sentimentos sobre os quais repousam essencialmente o amor à humanidade, a gratidão, a confiança, assim como as aptidões pelas quais se desenvolve a obediência, como tudo isso é possível em minha natureza? E descubro que esses sentimentos provêm principalmente da *relação que existe entre a criancinha e sua mãe*.

A mãe, não pode ser diferente, é levada necessariamente, pela força de um instinto totalmente sensível, a cuidar da criança, alimentá-la, deixá-la em segurança e agradá-la. Ela o faz, ela satisfaz suas necessidades, afasta dela o que lhe é desagradável, ajuda-a em sua impotência – a criança é cuidada, está contente, e *o gérmen do amor se desdobrou nela*.

Eis então que um objeto que ela nunca viu antes surge diante de seus olhos, ela fica surpresa, tem medo, chora. A mãe a aperta mais forte contra seu peito, brinca com ela, a distrai, seu choro diminui, mas ainda por um bom tempo seus olhos permanecem úmidos. O objeto reaparece, sua mãe a coloca novamente em seus braços protetores e lhe sorri mais uma vez, e agora a criança não chora mais, responde ao sorriso de sua mãe com um olhar alegre e límpido, *o gérmen da confiança se desenvolveu nela*.

A cada necessidade da criança a mãe corre para o berço. Ela está aí na hora da fome, ela lhe dá o que beber quando tem sede. A criança se cala quando ouve o barulho de seus passos, estende suas mãos quando a vê, seus olhos brilham quando está aninhada em seu colo, ela está satisfeita. *Mãe* e *satisfação* se tornam para ela um e mesmo pensamento, ela *agradece*.

Logo se alargam os gérmens do amor, da confiança e da gratidão. A criança conhece os passos da mãe, ela sorri para sua sombra, ela ama tudo o que parece a mãe: um ser que se parece com ela é para a criança um ser bom. Ela sorri para a imagem de sua mãe, sorri para

---

1 João, 4:20.

COMO GERTRUDES ENSINA SUAS CRIANÇAS 243

a figura humana. Ela ama quem ama *sua mãe*, aquele em cujos braços sua mãe repousa, ela repousa igualmente, aquela que ela beija, a criança também beija. *O gérmen da filantropia [Menschenliebe], o gérmen do amor fraternal [Bruderliebe] se desenvolveu nela.*

A obediência é, em sua origem, uma aptidão na qual os impulsos se contrapõem às primeiras inclinações sensíveis da natureza. Sua formação repousa na arte, ela não é uma simples consequência de impulsos da natureza, mas se desdobra no mesmo andamento. Assim como a *necessidade* precede o amor, a satisfação da necessidade *a gratidão*, a apreensão a *confiança*, do mesmo modo um *impetuoso desejo* precede a obediência. A criança grita antes de esperar, ela é impaciente antes de obedecer. A paciência se desenvolve antes da obediência, a criança não se torna realmente obediente senão pela paciência. As primeiras aptidões dessa virtude são puramente passivas e elas surgem sobretudo do sentimento da dura necessidade. Mas também esse sentimento se desenvolve primeiro sobre o colo da mãe, a criança precisa esperar que a mãe lhe dê o seio, precisa esperar que a mãe a acolha. Muito mais tarde se desenvolve a *obediência ativa*, e ainda mais tarde a verdadeira consciência de que é bom obedecer a mãe.

O desenvolvimento do gênero humano advém de um desejo forte e violento da satisfação de nossas necessidades sensíveis. O seio materno apazigua o primeiro ímpeto dos apetites sensíveis, ele gera o *amor*, e logo após se desenvolve o *temor*. O braço materno acalma o *temor*, gesto que produz a *união* dos sentimentos *de amor* e de confiança e desenvolve os primeiros gérmens da *gratidão*.

A *natureza* se mostra *inflexível* diante da criança *impetuosa*, ela bate na madeira e na pedra, a natureza *permanece* inflexível, a criança *não bate mais* na madeira e na pedra. Ora, a *mãe* permanece inflexível diante de seus desejos desordenados, ela *esperneia e grita*, a mãe permanece inabalável, e ela *não grita mais*, habitua-se a submeter a sua vontade à vontade de sua mãe: *os primeiros gérmens da paciência, os primeiros gérmens da obediência se desenvolveram.*

Obediência e amor, gratidão e confiança, *unidos*, desenvolvem na criança o primeiro gérmen *da consciência*, a primeira leve sombra

244 JOHANN HEINRICH PESTALOZZI

do sentimento de que *não é correto* estrebuchar contra a mãe, a primeira leve sombra do sentimento de que sua mãe *não está no mundo apenas para ela*, a primeira leve sombra do sentimento de que nem tudo no mundo *existe apenas por causa dela*, e com isso brota ainda o segundo sentimento, de que ela mesma não está no mundo *apenas para si*, que no mundo nem tudo existe *apenas para ela*. E, junto com esse primeiro sentimento, se desenvolve igualmente o segundo: sente que ela mesma não está no mundo apenas para si. A primeira sombra do *dever* e do *direito* estão brotando.

Estes são os primeiros delineamentos do desenvolvimento próprio que nasce da relação natural entre o bebê[2] e sua mãe. Nela reside ainda, em toda sua plenitude e extensão, a essência do gérmen sensível dessa disposição de ânimo que é própria da ligação com o criador de nossa natureza. Isto quer dizer que o gérmen de todos os sentimentos de devoção a Deus pela fé, em sua essência, é o mesmo que aquele que gerou a ligação da criancinha com sua mãe. Também o modo como esses sentimentos se desenvolvem é um único e mesmo nos dois lados.

Nos dois casos, a criancinha escuta, crê e obedece, mas, neste ponto, ela não *sabe*, em nenhum dos casos, no que crê nem o que faz. Entretanto, os *primeiros motivos* de sua fé e de seu agir começam logo a desaparecer. A força autônoma que começa a se desenvolver faz a criança soltar a mão de sua mãe, ela começa a sentir-se a si própria e se desenvolve em seu peito um tranquilo pressentimento: *não preciso mais de minha mãe*. Esta lê o pensamento que brota em seus olhos, aperta contra seu peito mais forte do que nunca sua querida criança e lhe diz, com uma voz que ela nunca ouviu: "Minha criança, há um *Deus* do qual necessitas, agora que não necessitas mais de mim, há um Deus que te tomará em seus braços, quando eu não puder mais te proteger, há um Deus que te prepara felicidade e alegria para quando eu não mais puder te trazer nem felicidade nem alegria". Então, ocorre no coração da criança alguma coisa de inexprimível, uma índole sagrada se agita em seu peito, uma inclinação para a fé

---

2 No original, *"Säugling"*, refere-se ao lactente.

COMO GERTRUDES ENSINA SUAS CRIANÇAS **245**

se agita no peito da criança que a eleva para além de si própria. Tão logo a mãe lhe pronuncia o nome de Deus, ela se alegra, ela se regozija em ouvir. Os sentimentos de amor, de gratidão, de confiança, que se desenvolveram no seio materno, se alargam e de agora em diante abarcam Deus como o pai, Deus como a mãe. A aptidão para a obediência obtém um novo e maior espaço. A criança, de agora em diante, crê nos olhos de Deus como nos olhos da mãe, agora tudo faz segundo a *vontade de Deus*, assim como fazia segundo a *vontade da mãe*.

Essa primeira tentativa feita pela inocência materna e pelo coração materno para *harmonizar o primeiro sentimento da força autônoma pela inclinação para a crença em Deus com os sentimentos morais* já desenvolvidos nos revela os pontos de vista fundamentais que devem essencialmente visar à instrução e à educação, se elas desejam efetivar com segurança nosso aperfeiçoamento.

Assim como o *primeiro desabrochar* do amor, da gratidão, da confiança e da obediência não foi senão o simples resultado de uma *conjunção de sentimentos instintivos* entre a mãe e a criança, assim o *desenvolvimento posterior* desses sentimentos nascentes pertencerá agora a uma *arte humana superior*, mas a uma *arte* na qual o *fio* se romperá entre suas mãos a partir do instante em que você *perder* de vista os *primeiros pontos* que formaram seu fino tecido. É um grande perigo para sua criança, e cedo aparece. A criança balbucia o nome da mãe, ela a ama, manifesta-lhe reconhecimento, confia nela, obedece-Lhe. Ela balbucia o nome de Deus, ela O ama, é-Lhe grata, confia Nele e obedece-Lhe. Mas as razões da gratidão, do amor, da confiança *desaparecem desde o primeiro gérmen do "ela não precisa mais da mãe"*. O mundo que agora a circunda *lhe grita* com toda a sedução que essa nova aparição exerce sobre seus sentidos: *Agora você é meu!*

A criança *ouve essa voz, é preciso que ela a ouça.* O instinto *da menoridade se extingue*, o instinto de suas *forças crescentes toma seu lugar* e o gérmen da moralidade, *na medida em que ele nasce de sentimentos que lhe pertencem desde toda a primeira infância*, desaparece e ele desaparecerá necessariamente *se ninguém amarrar esse*

246 JOHANN HEINRICH PESTALOZZI

instante da primeira batida desses sentimentos superiores da sua natureza moral como o fio da vida à roca de ouro da criação. Mãe, ó mãe, o mundo começa agora a separar tua criança de teu coração e se ninguém, nesse instante, juntar para ela os sentimentos de sua natureza superior à nova aparição do mundo sensível, então isto ocorre. Mãe, ó mãe, tua criança é arrancada de teu coração, o *novo mundo* se lhe torna *mãe*, o novo mundo se lhe torna *Deus*. O *prazer sensível* se lhe torna *Deus*, sua *força própria* se lhe torna *Deus*.

Mãe, ó mãe! Ela *a* perdeu, perdeu *Deus*, perdeu-se a si mesma, a chama do amor nela se apagou. Deus não está mais nela, o gérmen da *consideração de si* nela morreu, ela caminha em direção à ruína na aspiração incondicional pela satisfação sensível.

Humanidade, humanidade! Eis a passagem dos sentimentos desvanecentes de menoridade [*Unmündigkeitsgefühle*], eles desaparecem e dão lugar às primeiras sensações, independentes da mãe, do mistério do mundo. Aqui, o solo sobre o qual se desenvolveram os mais nobres sentimentos de nossa natureza começa a ruir sob os pés da criança! Eis a hora na qual a mãe começa a não ser mais para ela o que foi até agora e então, pelo contrário, o gérmen da confiança nessa nova aparição do mundo se desenvolve nela, na qual o encanto dessa nova aparição vai começar a *asfixiar* e *devorar* a confiança na mãe, que não é mais para ela o que fora antes e, com ela, a confiança no Deus que ela nem vê nem conhece. Assim, na natureza selvagem, as raízes rudes e densas das ervas daninhas asfixiam e cortam o tecido delicado das raízes das plantas mais nobres. Humanidade, humanidade, eis o período da vida no qual se opera a *separação* entre os sentimentos de confiança da criança em sua mãe e em Deus, e aqueles que ela tem em relação a essa nova aparição do mundo, assim como a tudo que há nele. É aqui, nessa *encruzilhada, que devemos colocar em ação toda nossa arte para conservar puros* na criança os sentimentos de gratidão, de amor, de confiança e de obediência.

Deus está nesses sentimentos, e toda a força de nossa vida moral está intimamente ligada à manutenção deles.

COMO GERTRUDES ENSINA SUAS CRIANÇAS **247**

Humanidade, sua arte deve fazer tudo, quando as causas físicas, que são a origem do nascimento desses sentimentos na criancinha, silenciam, *para que ela tenha em mãos novos meios de os vivificar, e não deixar os encantos da nova aparição do mundo tocarem os sentidos da criança que cresce, senão os associando a esses sentimentos.*

É aqui, pela *primeira vez, que você não deve confiar na natureza*, que *deve fazer todo o necessário* para *arrancar a criança de sua cega condução e colocá-la sob regras e forças que a experiência de séculos nos legou.* O mundo que aparece agora aos olhos da criança *não é a primeira criação de Deus*, é *um mundo* que perdeu ao mesmo tempo a inocência de seu prazer sensível e os sentimentos de sua natureza interior, *um mundo* cheio de guerra como meio do egoísmo, cheio de contrassenso, cheio de violência, cheio de arrogância, de mentira e engano.

Não é mais a primeira criação de Deus, antes, é *um mundo* que atrai sua criança para a dança das ondas de um torvelinho abissal, para o abismo que é morada da falta de amor e da morte moral. Não é mais a criação de Deus, antes, a coerção e a arte da sua própria corrupção que *esse* mundo coloca diante dos olhos da sua criança.

Pobre criança! Seu *quarto* é seu mundo, mas seu pai está em sua oficina, sua mãe hoje tem dissabores, amanhã visitas, depois de amanhã estará de mau humor. Você, você se entendia. Você pergunta, a empregada não lhe responde, você quer sair para a rua, não pode... eis que você briga com sua irmã por causa de um brinquedo... Pobre criança! Que coisa miserável, sem afeto, corrompedor de corações é o *seu mundo*! Mas você é algo a mais se passeia em uma carruagem dourada sob a sombra das árvores? Sua governanta engana sua mãe, você sofre menos, mas se torna pior do que todos os sofredores. O que você ganhou com isso? Seu mundo é para você um fardo pior do que para todos os que sofrem.

Este mundo está agora em uma tal corrupção de sua arte inatural e de uma disciplina inatural que os meios da natureza para conservar a pureza do coração no peito dos homens não têm mais nenhum sentido, ao contrário, tal como a mais ríspida madrasta com seu enteado, ela deixa na época a mais delicada, a inocência do homem à

248 JOHANN HEINRICH PESTALOZZI

incúria que *prepara e que não pode senão preparar*, inúmeras vezes, a derrocada dos últimos meios capazes de elevar nossa espécie. Nessa época, com efeito, o mundo aparece à criança em toda sua novidade, sem um contrapeso à preponderância e ao encanto exclusivo de suas impressões sensíveis. É assim que a representação, por sua unilateralidade e vivacidade, sustém uma superioridade decisiva sobre as impressões produzidas *pela experiência e sobre os sentimentos* que são a *base* da educação intelectual e moral de nossa espécie. Assim, abre-se um espaço enorme e infinitamente renovado para seu egoísmo e sua degradação moral. Por outro lado, a criança perde esse estado de ânimo que ela deveria começar a adquirir pela intuição e que constitui a base das forças essenciais de sua sensibilidade e de sua reflexão. Ela vê, por assim dizer, se *fechar* diante dela os portões muito estreitos de sua moralidade, e toda a sensibilidade de sua natureza deve tomar uma direção que separa a *via da razão* daquela *do amor, a formação do espírito* da disposição a *crer em Deus*, a fazer de um egoísmo mais ou menos refinado o único móbile de utilização de suas forças, e, como consequência, a orientar-se na sua formação no sentido de sua corrupção.

É inconcebível que a humanidade não conheça essa *fonte universal de sua corrupção*, inconcebível que a *preocupação geral da arte* que ela desenvolve não consiga estancar essa fonte e *submeter a instrução de nossa espécie a princípios que não destruam a obra de Deus*, que desenvolvam, pelos sentimentos de amor, de gratidão, de confiança. É necessário, ao contrário, visar, nesse período crítico para nossa inteligência e nosso coração, favorecer os *meios que Deus colocou em nossa natureza tendo em vista alcançar nosso aperfeiçoamento intelectual e nossa elevação moral*. Esses princípios deveriam, ainda, *efetivar a união* da instrução e da educação, de modo geral, *por um lado, com as leis do mecanismo físico* segundo as quais nosso espírito se eleva de intuições obscuras a conceitos claros, *de outro lado, com os sentimentos da minha natureza íntima*, pelos quais o desenvolvimento gradual permite a meu espírito se elevar até o reconhecimento e a adoração da *lei moral*. É inconcebível que a humanidade não tenha chegado ainda a abrir uma *série contínua e graduada de todos os meios de desenvolvimento de meu espírito e de meus sentimentos*, no qual o fim essencial deveria ser construir a utilidade da instrução e de seu mecanismo para a manutenção do princípio de formação moral, de proteger, mantendo a pureza do coração, o egocentrismo da razão dos danos de sua corrupção pela busca exclusiva do interesse pessoal e, acima de tudo, de *subordinar* minhas impressões sensíveis à minha convicção, meus apetites a meu bem-estar e meu bem-estar a minha vontade justificada.

As causas que comandam essa subordinação residem no fundo de minha natureza. Assim como se *formam* minhas forças sensíveis, também sua *preponderância*, por conta das necessidades essenciais do meu enobrecimento, começa a *desaparecer*, isto é, devem ser *subordinadas* a *leis mais elevadas*. É ainda preciso que cada etapa de meu desenvolvimento *seja completada antes que possam subordinar--se* a um fim mais elevado, e essa subordinação do que se aperfeiçoa ao que vai se aperfeiçoar demanda justamente, antes de tudo, a manutenção da *pureza dos princípios* de todo conhecimento e o progresso gradual, nitidamente contínuo, desses princípios até a finalidade última de sua completude. A primeira lei dessa continuidade é esta: que a primeira instrução da criança não seja nem coisa da *cabeça* nem coisa da *razão*, mas que seja sempre coisa dos *sentidos*, coisa do *coração*, coisa da *mãe*.

A segunda lei, que se segue, é a seguinte: que a instrução humana passe *lentamente* do exercício *dos sentidos* ao exercício *do juízo*, que permaneça *muito tempo* assunto *do coração* antes de ser assunto *da razão*, que permaneça muito tempo assunto *da mulher* antes de ser assunto *do homem!*

Que mais posso dizer? Com essas palavras, as leis eternas da natureza me conduzem para tuas mãos, *mãe! Mãe!* Minha inocência, meu amor, minha obediência, essas vantagens da minha nobre natureza, não as posso conservar, quando em contato com novas impressões do mundo, *senão ao seu lado*. Mãe, mãe, se você ainda tem uma mão, se ainda tem um coração para mim, não me deixe afastar-me de você, e se *ninguém lhe ensinou* a conhecer o mundo como eu devo aprender a conhecê-lo, *nós aprenderemos a conhecê-lo juntos* como você o deveria ter conhecido e como eu deveria ter aprendido a conhecê-lo. Mãe, mãe, neste momento crítico no qual corro o risco de ver a nova aparição do mundo me distanciar de você, de Deus e de mim mesmo, *não nos separemos*. Mãe, mãe, *santifique para mim essa passagem entre seu coração e este mundo, conservando seu coração!*

Caro amigo, devo me calar! Meu coração está comovido e vejo lágrimas nos seus olhos. Adeus!

CARTA 14

Amigo, agora vou mais além e me pergunto: que fiz eu para me opor aos males que sobrevieram em minha vida também do ponto de vista religioso? Meu amigo, se meu método consegue satisfazer as necessidades da minha espécie, seu próprio valor supera toda esperança que eu tinha em relação a ele... E ele o faz!

O gérmen do qual brotam os sentimentos que são a essência da religião e da moral é o mesmíssimo do qual nasce a essência de meu modo de ensino [*Lehrart*]. Este provém inteiramente das relações naturais que se estabelecem entre a criancinha e sua mãe, e se baseia essencialmente na arte de encadear a instrução, desde o berço, a essas relações naturais, construí-la, por uma ação contínua, sobre uma disposição de ânimo que é a mesma que aquela sobre a qual repousa a devoção a nosso criador. Ele faz tudo para evitar que o gérmen dos nobres sentimentos, que brota dessa relação, morra, quando ocorrem os primeiros abalos das relações físicas entre a mãe e a criança, e oferece novos meios para reavivar esses sentimentos quando os primeiros rompimentos dessa relação acontecem. Emprega, em um momento crucial da primeira separação entre um e outro, dos sentimentos de confiança da criança em relação à mãe e a Deus, e, daqueles em relação às manifestações do mundo, toda força e arte para nunca colocar diante dos olhos das crianças os *encantos* dessas novas manifestações do mundo a não ser *associadas* aos nobres sentimento de sua natureza. Emprega toda força e arte para lhe apresentar essa manifestação como a *primeira criação de Deus* e não apenas como um mundo pleno de mentira e ilusão. Limita a preponderância e o encanto unilateral dessa nova manifestação vivificando a devoção a Deus e à mãe. Limita o incomensurável espaço de jogo do egoísmo ao qual a aparição de toda ruína do mundo arrebata minha natureza sensível e não permite que o caminho da minha razão se separe em absoluto do caminho do meu coração, e que a formação [*Ausbildung*] de meu espírito não se separe em absoluto da minha inclinação para a fé em Deus.

A essência de meu método não é somente, no momento no qual desaparecem as causas físicas da ligação entre a mãe e sua criança, restituí-la à sua mãe, mas colocar nas mãos desta uma série de meios artificiosos que lhe permitam prolongar essa *ligação* de seu coração com sua criança, até que os meios sensíveis de facilitação da virtude ligados aos meios sensíveis de facilitação da inteligência permitam a autonomia da criança, amadurecida pelo exercício, em tudo que diz respeito ao direito e ao dever.

Meu método torna fácil para toda mãe que tem seu coração unido à sua criança, não apenas preservá-la, na época mais crítica, do perigo de ser afastada de Deus e do amor e de ser abandonada em seu íntimo à mais terrível desolação e a um embrutecimento inelutável, como também a ajuda a conduzir a criança, guiada por seu amor e com os sentimentos mais nobres mantidos puros, na melhor criação de Deus antes que seu coração tenha, por conta da mentira e da ilusão deste mundo, se fechado por completo às impressões da inocência, da verdade e do amor.

O círculo miserável de sua situação e seus limites não é mais, para a mulher que se apropriou de meu método, o círculo de conhecimento ao qual sua criança está limitada. O *Livro das mães* abre, para sua criança, o mundo que é o mundo de Deus. Ele ensina a linguagem do amor a mais pura para tudo o que sua criança vê graças a ela. Depois de lhe ter ensinado no seu seio a balbuciar o nome de Deus,

COMO GERTRUDES ENSINA SUAS CRIANÇAS **253**

ela agora lhe mostra o omniamor [*Alliebenden*] no sol que se levanta, no rio que corre, nas fibras das árvores, no desabrochar da flor, nas gotas do orvalho, ela lhe mostra a onipresença [*Allgegenwärtigen*] nela mesma, na luz de seus olhos, na maleabilidade de suas articulações, nos sons da sua fala. Em tudo, por todo lado, ela lhe mostra Deus, e lá onde a criança vê Deus, seu coração se eleva, e ali onde ela vê Deus no mundo, ela ama o mundo, a alegria que lhe causa o mundo de Deus se entretece nela à alegria que Deus lhe dá. Ela abarca Deus, o mundo e sua mãe em um único e mesmo sentimento. A ligação desfeita é reatada, ela ama agora mais ainda sua mãe do que quando repousava sob seu seio. Agora, ela se encontra um grau acima: graças a este mesmo mundo que a teria embrutecido se o tivesse conhecido sem a ajuda de sua mãe, ela agora se elevou. A boca que lhe sorriu tantas vezes desde o dia de seu nascimento, a voz que ouviu frequentemente, desde o dia de seu nascimento, anunciando-lhe uma alegria, essa voz ensina agora a criança a falar. A mão que a apertou frequentemente contra o coração enamorado lhe mostra agora imagens das quais ela muitas vezes já ouviu os nomes. Um sentimento novo germina em seu peito. Ela toma consciência verbalmente daquilo que vê: o primeiro passo da gradação da unificação de sua formação espiritual e de sua formação moral é agora dado, e a criança o fez tomando sua mãe pela mão. A criança aprende, conhece, nomeia, quer conhecer ainda mais, impulsiona sua mãe a aprender com ela, a mãe aprende com a criança, e as duas crescem a cada dia em conhecimento, em força e em amor. Ela ensaia agora, com a criança, os primeiros fundamentos da arte, linhas retas e curvas. A criança logo a ultrapassa, e a alegria de ambas é a mesma. Novas forças se desenvolvem em seu espírito, *ela desenha, mede, calcula*. Sua mãe lhe mostrou Deus no panorama do mundo: ela lhe mostra Deus em seu desenho, em suas medidas, em seus cálculos, ela lhe mostra Deus em cada uma de suas forças, vê a Deus no aperfeiçoamento de si mesma, a lei de seu aperfeiçoamento é a lei de sua conduta, ela as reconhece no primeiro traço perfeito, em uma linha reta ou curva, sim, amigo, na primeira vez em que chega à perfeição no traçado de uma linha reta ou curva, na primeira vez em que chega à perfeição na pronúncia de uma palavra, desdobra-se em seu peito o primeiro sentimento desta elevada lei: "Seja perfeito como teu Pai celestial é perfeito". E como meu método consiste essencialmente numa aspiração constante à perfeição de cada indivíduo, ele contribui vigorosamente e de modo amplo a imprimir *profundamente*, desde o berço, o espírito dessa lei no coração da criança.

A essa primeira lei de seu enobrecimento moral se liga uma segunda, à qual a primeira está intimamente entretecida, a saber: que o homem não está no mundo para si mesmo, que ele não aperfeiçoa a si senão com o aperfeiçoamento de seus irmãos. Meu método parece ser apropriado a fazer que a união dessas duas elevadas leis se torne para as crianças uma segunda natureza, antes mesmo que saibam distinguir o que é direita e o que é esquerda. A criança de meu método está apta a falar apenas quando já é professora [*Lehrer*] de suas irmãs e irmãos, e ajudante da sua mãe.[1]

Amigo, não é possível apertar a faixa que une os sentimentos sobre a qual a verdadeira adoração a Deus se assenta mais do que ela o é pela essência do meu método. Ele permite que a criança se conserve com sua mãe, possibilitando uma mais *longa influência* de seu coração. Com ele, uni a natureza humana com a piedade e assegurei sua conservação pela vivificação dos mesmos sentimentos dos quais germinam em nosso coração a inclinação para a fé. Através dele, mãe e Criador, mãe e Providência se tornam para a criança um e o mesmo sentimento, a criança permanece mais tempo *a criança de sua mãe* e também *a criança de seu Deus*. O progressivo desenvolvimento unificado de seu espírito e seu coração repousa mais tempo nos puros elementos dos quais seus primeiros gérmens brotam. O caminho do amor à humanidade [*Menschenliebe*] e de sua sabedoria se lhe abre de modo grandioso e confiável. Com ele, sou o pai dos pobres, o descanso dos miseráveis. Do mesmo modo que a mãe deixa de lado o filho *saudável* para se dedicar ao *enfermo, e tem cuidado redobrado com o que sofre, ela o faz porque deve,*

---

1 Esse é o cenário descrito por Pestalozzi no romance *Leonardo e Gertrudes*.

COMO GERTRUDES ENSINA SUAS CRIANÇAS **255**

porque ela é mãe, porque ela ocupa o lugar *de Deus* junto à criança. Se *a mãe* substitui *Deus, Deus* substitui a *mãe* em meu coração e o preenche, *eu* devo agir como ele. Um sentimento parecido ao sentimento maternal *se impõe* a mim: o *homem* é meu *irmão*, meu *amor* abraça *todo* o gênero humano, mas eu me dedico aos *miseráveis*, sou *duplamente* seu pai. *Minha natureza* se torna um agir da *divindade*, sou uma criança de Deus. *Acreditei* em minha mãe, seu coração me *mostrou* Deus. Deus é o Deus de *minha mãe*, é o Deus de *meu coração*, é o Deus de *seu coração*. Não conheço outro Deus, o Deus de *minha mente não é senão uma fantasmagoria.*[2] Não conheço nenhum outro Deus a não ser o Deus *de meu coração*, e não é senão na fé no Deus *de meu coração* que me sinto um homem. O *Deus de minha mente é um ídolo*, eu me corrompo *adorando-o*. O Deus *de meu coração é meu Deus*, eu me *enobreço* em seu *amor*. Mãe! Mãe, você me *mostrou* Deus em suas *ordens*, e eu o encontrei na minha *obediência*. Mãe! Mãe, se esqueço *Deus*, eu esqueço você, e se eu *amo* Deus, eu *a substituo* junto à sua criancinha, eu me consagro à sua criança *sofredora*, sua criança *que chora* repousa em meus braços como entre os *braços de uma mãe.*

Mãe! Mãe, se eu a amo, eu amo Deus, e *meu dever é meu bem supremo.* Mas se eu a *esqueço*, mãe, eu *esqueço* Deus, e a sofredora *não repousa mais* entre meus braços e *não* estou mais no lugar de Deus para aquela que sofre. Se *a* esqueço, esqueço *Deus*, vivo então *para mim*, como o leão, e, confiando *em mim*, emprego minhas forças *para mim mesmo contra minha própria espécie*, nenhum sentimento paternal existe *mais* em minha alma, *nenhum sentido divino* santifica minha obediência, e meu pretenso *sentimento de dever* não é senão uma *aparência* enganosa.

Mãe! Mãe, se eu a amo, eu amo Deus. *Mãe e obediência, Deus e dever*, não são para mim senão uma e mesma coisa – a *vontade de Deus* e o que eu possa realizar de *mais nobre, de melhor*, não são para mim senão uma e a mesma coisa. Então, não vivo mais *para mim*,

---

2 No original, *"Hirngespinst"*: literalmente, um fio fiado pela minha mente, um fio produzido pela minha mente.

eu me perco no círculo *de meus irmãos*, das crianças de meu Deus. *Não vivo mais para mim*, vivo *para Aquele* que me tomou em seus braços maternais e que, com uma mão paternal, me tirou da poeira de meu invólucro terrestre para me elevar a seu amor. E mais eu o amo, a Ele, o Eterno, mais honro seus mandamentos, mais *me ligo a Ele*, mais *me perco a mim mesmo* e pertenço a Ele, mais e mais minha natureza assume uma essência *divina*, mais sinto-me em harmonia com minha essência e com todo o gênero humano. Mais eu O amo, mais O sigo, mais escuto por toda a parte a voz do Eterno: "Não tema nada, eu sou teu Deus, eu não vou te abandonar, siga meus mandamentos, minha vontade é tua felicidade!".[3] E mais eu obedeço, mais O amo, mais Lhe agradeço, mais confiança tenho no Eterno, mais *reconheço que Ele é, que Ele foi e que Ele será* para sempre a causa de minha existência, independente de mim.

Reconheci o Eterno *em mim*, vi os caminhos do Senhor, *li* na poeira as leis do Todo-Poderoso, *sondei* em meu coração as leis de seu amor – *sei* em quem *acredito*. Minha confiança em Deus se torna absoluta pelo conhecimento de mim mesmo e da compreensão que se desdobra daí em relação às leis do mundo moral. A ideia do absoluto se entretece em minha natureza com o conceito de eterno; eu espero por uma vida eterna. E quanto mais O amo, o Eterno, mais espero por uma vida eterna, mais confio Nele, mais Lhe agradeço e mais O sigo, mais minha fé em sua bondade eterna se me torna verdade, mais minha fé em sua bondade eterna me convence da minha imortalidade.

Calo-me outra vez, meu amigo! O que são as palavras quando devem expressar uma certeza que brota do coração? O que são as palavras sobre um assunto acerca do qual um homem, que por sua cabeça e seu coração, merece minha veneração, assim se expressa:

Não há conhecimento de Deus a partir do simples saber; o verdadeiro Deus vive apenas na fé, da fé da criança.

---

3 Essa passagem parece remeter ao livro do profeta Isaías, capítulo 41, versículo 10.

O que nenhum entendimento vê,
Vê na simplicidade uma alma infantil.[4]

Pois apenas o coração conhece Deus, o coração que, elevando-se acima das preocupações de sua existência limitada, abarca a humanidade, seja em seu conjunto, seja em suas partes.

Este coração humano puro clama e realiza, por seu amor, sua obediência, sua confiança, sua adoração, um modelo primordial personificado, uma vontade suprema sagrada que seja a alma de toda a comunhão dos espíritos.

Pergunta ao bom homem: por que o dever é para você o que há de mais elevado, por que você crê em Deus? Se ele lhe dá provas, não é senão a tradição [*Schule*] que fala através dele. Uma razão mais exercitada vira essas provas de cabeça para baixo, ele tremerá um instante, mas seu coração não poderá, contudo, renunciar à ideia do divino, regressará, desejoso e amoroso, como a criança ao seio de sua mãe.

Então, de onde vem a convicção do bom homem de que há um Deus? Não do entendimento, mas desse impulso inexplicável em palavras, que nenhum conceito pode fazer compreender, que o leva a transfigurar e eternizar sua existência na existência superior e imutável do todo. "Nada para mim, tudo para meus irmãos. *Nada para minha individualidade, tudo para a espécie!*", este é o preceito absoluto da voz divina de nosso íntimo. No apreender e obedecer a essa palavra reside a única nobreza da natureza humana.

A essa passagem que decifra a autêntica origem do sentimento do sagrado da adoração a Deus, agregarei uma outra, na qual um homem, do qual aprecio igualmente a cabeça e o coração, descreve o surgimento exterior da religião considerada como questão dos povos e sociedades humanas. O doutor Schnell,[5] de Burgdorf, me escreveu há alguns dias:

---

4 Pestalozzi se utiliza aqui de dois versos de um poema de Friedrich Schiller (1759-1805) intitulado *Palavras da fé*.

5 Ver nota 24 à p.66.

O homem reflete muito mais cedo sobre o que ele vê com os olhos e pega com as mãos do que sobre sentimentos não desenvolvidos que repousam na intimidade de sua alma, e que apenas surgem em alguns momentos, como sombras informes, no fundo da consciência. É então necessário que ele aprenda a conhecer o mundo físico antes de poder chegar à consciência do mundo intelectual.

Assim que o homem veio a ter consciência de si, sua reflexão foi despertada por fenômenos naturais inabituais, como os terremotos, as inundações, trovões etc., e sua propensão que o faz querer justificar tudo o fez refletir sobre as causas primordiais desses fenômenos, antes de conhecer sua essência. Mas essas reflexões não levaram muito além da personificação dessas causas: relampeava, pois Zeus assim queria etc. Desse modo, cada ordem de fenômenos tinha seu autor particular, chefe ou deus, e esses diferentes chefes ou deuses, às vezes de forma pacífica, às vezes violentamente, dividiam entre si o reino das causas.

Mas o espírito humano, por sua natureza, procura sempre reduzir a diversidade à unidade, portanto, um amontoado de ídolos não o satisfez por muito tempo, e ele começou a considerá-los como um bando de obreiros subalternos na grande oficina da natureza, e perguntou pelo seu *mestre*. A imaginação, que havia guiado os homens até aí, conduziu-os uma vez mais nessa busca: ela mostrou a eles uma figura que devia representar esse mestre, e eles o chamaram *Destino*, um conceito que designa mais ou menos um tipo de vontade suprema desprovida de inteligência, o capricho personificado que não sabe dar a seus mandamentos outro motivo que não sua própria autoridade: tal é minha estrita vontade, tal é minha ordem.

E esta é a causa suprema, o Deus único que indica o entendimento humano, e lá onde o entendimento encontrou sua finalidade, a imaginação não tem senão que recolher suas asas porque não pode pintar uma figura sem emprestar da experiência as cores de sua paleta, e sua arte não chega a exprimir uma mistura de cores na qual entrariam tintas que não existem na paleta.

O homem tinha de permanecer nesse grau de cultura até o momento no qual observações e investigações frequentes o fizes-

COMO GERTRUDES ENSINA SUAS CRIANÇAS   259

sem descobrir que todas as variações da natureza, quaisquer que elas sejam, têm entre elas relações mais ou menos próximas, mais ou menos distantes, e por causa disto dependem necessariamente, em menor ou maior medida, umas das outras.

Ele viu que um dos pratos da balança se abaixava quando o outro se levantava, e veio a encontrar ordem e harmonia lá onde antes só havia encontrado desordem e confusão. Desde esse instante, julgou os fenômenos e as transformações em torno dele não mais como um jogo do acaso ou como consequência de ordens caprichosas de um déspota, mas como os movimentos regulares de um mecanismo que funciona segundo regras determinadas, em busca de um fim determinado, por ele ainda desconhecido. Ele conheceu agora o relógio inteiro, molas e mostradores, e mesmo a causa e a finalidade do movimento.

O conceito de *regra*, de *lei*, que deveria ser trazido ao seu entendimento por suas investigações, parecia corresponder a um sentimento interior obscuro que frequentemente já o havia inquietado, mas que ele não podia ainda exprimir porque lhe faltava a palavra. Então chegou a esclarecer esse sentimento com um objeto do mundo sensível, o símbolo o havia conduzido à coisa, então ousou aplicar o que havia descoberto no mundo conhecido a um mundo desconhecido apenas pressuposto.

Quando agia ou queria agir, quase sempre sentia que, em seu mais íntimo, um juízo, que era impossível de sufocar, havia sido pronunciado sobre seus atos, e nem sempre estava de acordo com o juízo pronunciado por seu entendimento, sobre os fins, alcançados ou não, que ele havia se proposto alcançar com sua ação. Ele era, contudo, muito consciente de que esse sentimento era incapaz de, contra sua vontade, determinar a favor ou contra a realização de uma ação. Entretanto, ele era tocado por um sentimento de que a desobediência a essa voz interior fazia crescer em seu coração um inimigo que nem a amizade do mundo inteiro era capaz de contrabalançar.

Então aplicou esse mesmo conceito de regra, de lei, que tinha descoberto, a essa coisa desconhecida, e viu que seu pressentimento não o havia enganado. Descobriu que os mandamentos dessa voz interior eram mandamentos tão absolutos como as leis nas quais ele havia descoberto a necessidade absoluta e que obedeciam ao retorno periódico das estações. Mas descobriu também que seus desejos não estão subordinados a esses mandamentos de forma tão absoluta como a natureza é submetida a suas leis. Ele diz, então, a si mesmo:

"A natureza deve obedecer a suas leis, ela não tem vontade. Mas eu posso não obedecer, se não quiser, à lei que carrego em meu coração. Sou meu próprio juiz, e sou, por isso, um ser mais nobre que todo o resto da natureza."

Com esse conhecimento, um novo sol se levanta para a humanidade, sobre um novo mundo. O homem se viu na fronteira que separa o mundo físico do mundo do espírito, e descobriu que ele era cidadão de ambos, em um pelo corpo, em outro por sua vontade. Descobriu que as leis desses dois mundos são, no fundo, uma única e mesma lei, pois não demandam outra coisa que ordem e harmonia, e que sua aparente diferença provém apenas da diversidade das naturezas às quais esses mandamentos se dirigem.

As naturezas dotadas de conhecimento *devem* obedecer à lei, e elas também desejarão obedecer-lhe, porque deverão reconhecer que a lei as conduz a viver em paz consigo mesmas, isto é, com sua verdadeira finalidade. Mas as naturezas que não são dotadas de conhecimento obedecerão *necessariamente* à lei porque não têm uma finalidade própria, e ficariam estagnadas se ninguém as impulsionasse.

E somente agora deveria sua criatura levantar os olhos da terra nutriz de homens para o céu eterno, e ela Te encontra, Tu, conhecido e desconhecido, que não falhou em nenhuma de suas obras... E Tu, nesse olhar da tua criatura, Tu, autor de todas as leis do mundo sensível e do espiritual, reconhecestes com satisfação que esta obra também era boa, porque através dela a criatura se eleva do pó da terra e anseia pela liberdade e por Ti como a finalidade do mundo sensível e como meio para tua finalidade do mundo moral, etc.

SOBRE O LIVRO

Formato: 14 x 21 cm
Mancha: 23,7 x 42,5 paicas
Tipologia: Horley Old Style 10,5/14
Papel: Off-white 80 g/m² (miolo)
Cartão Supremo 250 g/m² (capa)
1ª edição Editora Unesp: 2023

EQUIPE DE REALIZAÇÃO

Capa
Marcos Keith Takahashi (Quadratim)

Imagem de capa
Ilustração de Hans Bendel para o romance *Lienhard und Gertrud*, de Johann Heinrich Pestalozzi, 1844

Edição de texto
Tulio Kawata (Copidesque)
Marina Silva Ruivo (Revisão)

Editoração eletrônica
Eduardo Seiji Seki

Assistência editorial
Alberto Bononi
Gabriel Joppert

Rua Xavier Curado, 388 • Ipiranga - SP • 04210 100
Tel.: (11) 2063 7000 • Fax: (11) 2061 8709
rettec@rettec.com.br • www.rettec.com.br